◎ 高等院校经济与管理核心课经典系列教材 ◎

金融学专业

外汇交易与管理

刘　园 ◎ 主　编
彭烨春 ◎ 副主编

WAIHUI JIAOYI YU GUANLI

（第三版）

首都经济贸易大学出版社
Capital University of Economics and Business Press
·北　京·

图书在版编目(CIP)数据

外汇交易与管理/刘园主编．--3版.--北京:首都经济贸易大学出版社,2020.3
(高等院校经济与管理核心课经典系列教材)
ISBN 978-7-5638-3067-1

Ⅰ.①外… Ⅱ.①刘… Ⅲ.①外汇交易—研究②外汇管理-金融法-中国
Ⅳ.①F830.92②D922.286

中国版本图书馆CIP数据核字(2020)第027308号

外汇交易与管理(第三版)
刘 园 主编
彭烨春 副主编

责任编辑 田玉春
封面设计 砚祥志远·激光照排 TEL: 010-65976003
出版发行 首都经济贸易大学出版社
地 址 北京市朝阳区红庙(邮编100026)
电 话 (010)65976483 65065761 65071505(传真)
网 址 http://www.sjmcb.com
E-mail publish@cueb.edu.cn
经 销 全国新华书店
照 排 北京砚祥志远激光照排技术有限公司
印 刷 唐山玺诚印务有限公司
开 本 710毫米×1000毫米 1/16
字 数 303千字
印 张 17.25
版 次 2007年3月第1版 2011年2月第2版
2020年3月第3版 **2021年11月总第8次印刷**
书 号 ISBN 978-7-5638-3067-1
定 价 38.00元

第三版前言

进入2019年以来，包括美国、欧盟、日本在内的发达经济体，先后进入了降息周期，以刺激不断下降的经济运行，而新兴市场国家也开始经历经济衰退、资本快速流出的新一轮危机的挑战。这其中，由美元资本回流、经济增速骤降带来的本币贬值、外汇风险，如梦魇一般缠绕着各国的管理者和百姓。如何正确判断汇率的走势、经济的趋势，有效管理国家和个人的财富，已成为人们社会和经济生活中必须要回答好的重要命题。

本书在第二版的基础上，重点为读者提供了全新的我国外汇管理新规和改革措施，补充了对外汇交易经典案例的深度剖析和数字货币、区块链等金融创新的最新成果介绍，以期为读者再现外汇市场的全新变化，使读者能够适应市场实操带来的挑战，从而较好地防范和管控外汇交易中面临的风险。

本版仍由对外经济贸易大学国际经贸学院博士生导师刘园主编，彭烨春担任副主编，此外，王亦豪、王健等均对本书的最后成稿做出了贡献，在此一并感谢。

刘　园

2019年12月于北京

第二版前言

2008年的夏天，一场席卷全球的金融危机重创了世界经济。时隔三年，欧洲国家正在蒙受主权债务危机的冲击，美国经济正在面临二次探底的危险，亚洲主要国家更在和由于刺激经济而加速印钞所引起的通货膨胀进行拼命抗争，各国政府均在为后危机时代如何早日走出低谷而殚精竭虑。出于各国自身利益的考虑，为了降低不断高企的失业率，各国政府开始了竞相贬低本币汇率以刺激经济的"汇率战争"，外汇市场的交易和监管制度变得异常重要并因此备受瞩目。

这场战后波及范围最广、影响程度最深的金融危机的爆发，使金融市场的从业者和金融市场本身面临了前所未有的压力。衍生金融工具的畸形发展而导致的巨大的金融风险，外汇交易工具的极端滥用而导致的资本市场的病态膨胀，使得各国政府的金融监管都上升到了前所未有的高度。为适应金融市场和金融环境的变化，进一步深化我国外汇市场和金融业的改革，我国政府主管部门对我国外汇管理条例进行了修订，无论是对国际收支的经常项目还是资本项目，我国的有关政策规定均发生了一定变化，大大推进了人民币汇率形成机制的改革和人民币的国际化进程。这些新内容的补充正是本书再版的目的所在。

本书再版主编由对外经济贸易大学国际经贸学院博士生导师刘园教授和金融界资深业内专家王戈宏担任，副主编由韩斌（负责第九章）、袁博（负责第十章）、孙彦廷（负责第八章）、王云升（负责第一章）四位博士担任。此外，朱同和、郭珺、万山峰、龚美若、樊菊隐、江笛、张雪、安倩等均对本书的最后成稿做出了贡献，在此一并致谢。

刘　园

2010 年底于北京

前　言

21世纪是经济全球化的世纪，也是国际金融环境日益面临巨大挑战的世纪，更是全球外汇市场各种金融创新活动层出不穷的世纪。

20世纪90年代中后期席卷东南亚、横扫俄罗斯、震荡拉美的金融危机，不仅使危机发生国的金融市场遭到重创，更波及各国经济的稳定乃至社会的安定。在发生金融危机的主战场——各国的外汇市场上，规模庞大的国际游资所带来的冲击力，衍生金融工具令人眼花缭乱、难以想象的投机手段，信息不对称导致人的非理性行为的无与伦比的破坏性，都给各国如何实现充分发挥外汇市场的作用和对外汇市场进行有效监管提出了全新的课题。

《外汇交易与管理》一书，根据全球外汇市场的结构和特性，从如何进行外汇交易和政府怎样进行外汇管理两个不同角度出发，全面系统地介绍了现代外汇市场主要金融工具的运作原理和规律，并用大量的案例示范了如何实际操作金融工具进行资本运作、规避金融风险的具体过程。在此基础上，本书还详细阐述了各国特别是我国外汇管理的相关政策和法规，为有志在外汇市场从事外汇业务实践的业内外人士提供了全景式的指引与参考，具有很强的系统性、时效性和操作性。

本书既可作为金融专业和其他相关经济专业研究生、本科生的教材，也可作为业内人士的操作指南。本书由对外经济贸易大学国际经贸学院金融系博士生导师刘园教授、吉林农业大学吴莹博士担任主编，王梦阳、陈晶、张爽、刘宁担任副主编。由于作者水平有限，书中不免有疏漏、错误之处，还请读者不吝赐教。

刘　园

2007年2月于北京

目 录

1. 外汇和外汇市场

新闻导引

外汇局:10 月份境内外汇市场供求基本平衡①

国家外汇管理局 19 日发布数据显示,10 月份境内外汇市场供求基本平衡,跨境资金流动保持稳定。

数据显示,10 月,银行结售汇逆差 44 亿美元,低于前 9 个月平均水平。如果综合考虑远期、期权等其他供求因素,10 月境内外汇市场供求基本平衡。10 月,企业、个人等非银行部门涉外收付款顺差 109 亿美元,此前 3 月至 9 月总体表现为小幅逆差。10 月末外汇储备余额为 31052 亿美元,环比增加 127 亿美元。

国家外汇管理局新闻发言人、总经济师王春英表示,外汇市场预期更趋平稳,主要渠道跨境资金流动稳中向好:货物贸易跨境收支和结售汇顺差环比和同比均有所上升;外国来华直接投资和证券投资跨境资金流入同比继续增加。服务贸易跨境支出和购汇稳中有降,10 月同比分别下降 6%和 14%,主要是个人旅行支出和购汇有所减少;对外直接投资跨境资金流出和购汇保持基本稳定。

"我国经济体现了巨大的韧性、潜力和活力,经济运行保持在合理区间,高水平对外开放持续推进,为外汇市场稳定提供坚实基础。"王春英说,市场主体外汇交易行为理性有序,显示我国外汇市场更加成熟,有助于外汇供求延续基本平衡的格局。

学习要求

学习本章应熟悉外汇的概念和种类,掌握外汇市场的特点和作用,了解世界主要外汇市场的功能与地位,把握我国外汇交易的现有格局和变化趋势。

① 资料来源:新华网,2019 年 11 月 19 日。

1.1 外汇概述

1.1.1 外汇的概念

外汇是国际汇兑(Foreign Exchange)的简称。外汇的概念有动态和静态之分,动态的外汇,是指把一国货币兑换为另一国货币以清偿国际间债务的金融活动。从这个意义上说,外汇同于国际结算。静态的外汇又有广义与狭义之分。

1.1.1.1 广义的外汇

广义的外汇泛指一切对外金融资产(Foreign Financial Assets)。我国现行的《中华人民共和国外汇管理条例》第三条规定,外汇是指以外币表示的可以用作国际清偿的支付手段和资产,它们包括以下几种:

- 外国货币,包括纸币、铸币;
- 外币支付凭证,包括票据、银行存款凭证、邮政储蓄凭证等;
- 外币有价证券,包括政府债券、公司债券、股票等;
- 特别提款权、欧洲货币单位;
- 其他外汇资产。

1.1.1.2 狭义的外汇

狭义的外汇,是指以外币表示的用于国际结算的支付手段。只有为各国普遍接受的以某种货币表示的支付手段,才能用于国际结算。为此,狭义外汇必须具备以下三个特征:

(1)必须具有国际性,即必须是以外币表示的金融资产,而不能是以本币表示的金融资产。例如,美元虽为国际支付中常用的货币,但对美国人来说,只有当他们收付了用其他国家或地区的货币表示的支付手段,才算发生了外汇收付问题。

(2)必须具有可兑换性,即持有者可自由地将其兑换成其他货币或以其表示的支付手段。

(3)必须具有可偿付性,即在国外能得到普遍认可,承认其代表一定的价值量,能作为支付手段偿付对外债务。

按照上述三个特征,我们可以得出:

第一,不能把狭义外汇与外币等同。

第二,广义外汇中的一些金融资产是不能视为狭义外汇的。具体理解为:①以外币表示的有价证券和黄金不能视为狭义外汇,因为它们不能用于国际结算,而只有把它们作为在国外的银行存款才能用于国际结算;②外币现钞也不能算作狭义外汇,诚然,外币在其发行国是法定货币,然而,它们一旦流入他国,便立即失去法定货币的身份与作用,外币持有者须将这些外币向本国银行兑换成本国货币才能使用,即使是银行,也须将这些外币运回其发行国或境外的外币市场出售,并变为在国外的银行存款,才能用于国际结算;③只有在国外的、以可兑换货币表示的银行存款,以及能索取这些存款的外币票据与外币凭证,如汇票、支票、本票和电汇凭证等,才是狭义外汇,需要指出的是,国外银行存款才是狭义外汇的主体。

1.1.2 外汇的种类

外汇的种类主要有三大类,即按照能否自由兑换,分为自由外汇和记账外汇;按照来源和用途,分为贸易外汇和非贸易外汇;按照外汇交易中资金实际收付的时间,分为即期外汇和远期外汇。

1.1.2.1 自由外汇和记账外汇

(1)自由外汇(Free Foreign Exchange),即不受任何限制就可兑换为任何一种货币的外汇,或可向第三国进行支付的外汇。

(2)记账外汇(Foreign Exchange of Account),亦称协定外汇(Agreement of Foreign Exchange),即两国政府间支付协定项下的只能用于双边清算的外汇,未经缔约国货币当局允许,不能兑换为其他货币外汇或对第三国进行支付。

1.1.2.2 贸易外汇和非贸易外汇

(1)贸易外汇(Foreign Exchange of Trade),是指一国通过出口贸易所获得的外汇,并用于进口及从属费用(运费,保险费,样品、宣传与推销费等)的支付。

(2)非贸易外汇(Foreign Exchange of Invisible Trade),是指经常项目中除进出口贸易及其从属费用以外的项目所获得并用于这些项目支付的外汇。

1.1.2.3 即期外汇和远期外汇

(1)即期外汇(Spot Foreign Exchange),亦称现汇(Spot Exchange),是指交易达成后,交易者在2个营业日之内就可完成资金收付的外汇。

(2)远期外汇(Forward Exchange),亦称“期汇”,是指达成交易后,交易者只有在合同规定的日期才能实际办理资金收付的外汇。

1.1.3 外汇的作用

外汇与本币一样,是国民经济建设中不可缺少的重要资源,在促进国际贸易和国际经济合作方面发挥着重大作用,具体表现在以下几个方面:

第一,它实现了购买力在国与国之间的转移,促进了国际贸易和世界经济的发展,便利了资金在国家间的流动。

第二,外汇作为国际购买手段,进行国家间的货物、服务等产出的买卖。

第三,外汇作为国际支付手段,对国际商品、国际金融、国际劳务和国际资金等方面的债权、债务进行清偿。

第四,外汇作为国际储备手段,支付一国必须偿付的债务,维持本币汇率稳定,促进经济发展与增长。

第五,外汇作为国际财富的象征,实际是对国外债权的持有,并能转化为其他资产。

1.2 外汇市场概述

1.2.1 外汇市场的特点

外汇市场(Foreign Exchange Market)是指从事外汇交换、外汇买卖和外汇投机活动的场所,是国际金融市场的重要组成部分。

随着经济金融全球化和自由化不断地深入,金融产品的创新层出不穷并不断更新,促进了国际资金全球化流动,使得外汇市场的格局发生巨大变化,形成了统一的全球性国际外汇市场。外汇市场的特点如下。

1.2.1.1 统一的全球性的外汇市场具有时间上的连续性和空间上的统一性

当今世界,各国基本上取消或放松了外汇管制,加上发达的通信网络,使得各国外汇市场连成一体。同时由于全球各国所处地理位置的差异所造成的时差,使得世界主要外汇市场的交易活动相互承接,形成了一个全天候的外汇交易市场,投资者在任何时间都可以进行外汇买卖活动。

以北京时间为参照,每天早晨 8 点,日本东京外汇市场开市;9 点中国香港地区和新加坡外汇市场相继开市;欧洲则在 14~15 点,先是德国法兰克福外汇市场、瑞士苏黎世外汇市场开市,16 点英国伦敦外汇市场开市;21 点美国纽约外汇市场开市,直到第二天凌晨 5 点,纽约外汇市场收市;这时新西兰的惠灵顿外汇市场开市,接着 7 点澳大利亚悉尼外汇市场开市;8 点又回到日本东京外汇市场开市。

这种 24 小时连续不断的全球外汇市场为投资者提供了一个没有时间与空间限制的投资条件,使其可以在外汇市场寻找最佳的交易时间与机会,从而获取最大化利润。

1.2.1.2 各个外汇市场之间的汇率差价日益缩小

由于现代通信网络高度发达,各国外汇市场上汇率的细微变化都会招致大量游资对其冲击,从而促使各个外汇市场对汇率及时进行调整。同时各国外汇市场开市与收市相互连接,使得一个外汇市场的收市汇价往往是另一个外汇市场上的开市参考汇价。例如,中国香港市场收市汇价就是伦敦市场开市参考汇价,伦敦市场收市汇价就是纽约市场开市参考汇价,接着旧金山市场上的收市汇价就是东京市场开市的参考汇价。这也是各个外汇市场汇率差价缩小的原因之一。

1.2.1.3 外汇交易规模加速增长和交易币种集中

根据国际清算银行的统计,目前全球所有外汇市场外汇日交易总规模达2万亿美元。这主要是由于现代科学技术的发达和交易手段的不断更新,加速了国际间的资金流动,使其频繁地在各个外汇市场上进行套利活动。

尽管外汇交易规模巨大,但交易的币种却不多。当今外汇市场的交易币种主要是美元、英镑、欧元、瑞士法郎和日元等几种国际性货币。其中,美元占有80%以上的交易量,这与美元在各个外汇市场上被作为基础货币有关。

1.2.1.4 外汇掉期交易成为市场主流的交易类型

目前银行间的掉期交易约占外汇交易量的80%。因为掉期交易是银行规避汇率风险和进行流动性管理的主要手段,所以银行在外汇市场上利用掉期交易频繁地进行外汇头寸和现金流量的调整交易。

1.2.1.5 外汇市场金融产品的创新层出不穷

由于外汇市场的全球化以及汇率风险的加大,银行为了防范风险的需要,不断地进行金融产品创新以替代传统的金融产品,以便更好地实现套期保值和分散金融风险的目标,如货币互换、远期利率协议和综合远期汇率协议等。

1.2.1.6 外汇市场的汇率波动频繁且幅度加大

由于世界各国经济发展不平衡以及外汇市场运行机制存在着差异,这就给国际外汇投机者进行外汇投机创造了条件。他们的投机行为加剧了外汇市场动荡,加大了外汇市场风险,对外汇市场所在国家或地区带来巨大冲击,有时甚至是破坏。例如,1997年7月,国际投机者针对东南亚有些国家的经济情况,在其外汇市场进行大肆炒作,导致这些国家的货币大幅度贬值,从而爆发了东南亚有史以来最严重的金融危机,给这些国家的经济造成了巨大的破坏。因此,当今外汇市场的全球化促使各国货币当局联合起来对外汇市场进行干预。

1.2.2 外汇市场的类型

1.2.2.1 有形外汇市场和无形外汇市场

外汇市场按照有无固定交易场所可以划分为有形外汇市场和无形外汇市场。

有形外汇市场,又称欧洲大陆式外汇市场,是指有固定的交易场所,参加外汇交易的双方按照规定的营业时间和交易程序在交易所内进行交易的外汇市场。欧洲大陆的德国、法国、荷兰、意大利等国的外汇市场就属于这一类,如德国的法兰克福外汇市场、法国的巴黎外汇市场、荷兰的阿姆斯特丹外汇市场等。目前这种外汇市场的交易十分有限,一般只做部分当地现汇交易。

无形外汇市场,又称英美式外汇市场,是指没有具体的交易场所,也没有一定的开盘和收盘时间,而是由参加外汇交易的银行和经纪人,通过电话、电报、电传或计算机终端等组成的通信网络达成交易的外汇市场。英国、美国、加拿大等国家的外汇市场属于这一类。世界上规模较大的外汇市场都是无形市场,例如伦敦、纽约、东京、苏黎世等外汇市场。

当今世界的外汇市场是有形市场和无形市场的相互渗透、相互依存的有机体,有形市场的集中交易形成了世界外汇市场的基准汇率,而无形市场扩大了交易的范围,降低了交易的成本,同时又影响着有形市场基准汇率的形成。

1.2.2.2 客户与银行间外汇市场、银行与银行间外汇市场、中央银行与银行间外汇市场

外汇市场按照交易对象可以分为三种类型,这也反映了外汇市场的三个层次:

(1)客户与银行间外汇市场,也称商业市场(Commercial Markets)、客户市场(Customer Markets)。客户可以是个人,也可以是厂商,包括进出口商、跨国公司以及出国旅游者等外汇的供给者和需求者。客户出于各种动机向银行买卖外汇,在此过程中,银行实际是在外汇供给者和外汇需求者之间起中介作用,赚取外汇的买卖差价。这是外汇市场的第一层次。

(2)银行与银行间外汇市场,也称同业市场(Interbank Markets)。其产生起源于弥补客户与银行交易产生的买卖差额的需要,目的在于避免由此引起的汇率波动风险,调整银行自身外汇资金的余缺。同业市场的交易金额一般都比较大,每笔至少 100 万美元。银行同业间的外汇交易占外汇市场总额的 90%以上,因此同业市场也被称为批发市场,它是外汇市场的第二层次。

(3)中央银行与银行间外汇市场,是外汇市场的第三层次。各国中央银行通过与银行的外汇交易来干预市场,稳定本国货币的汇率和调节国际收支。

1.2.2.3 官方外汇市场和黑市

外汇市场按照政府的外汇管制程度可以划分为官方外汇市场和黑市。

官方外汇市场(Official Foreign Exchange Market)是指由政府批准设立的按照政府的外汇管制法令来买卖外汇的市场,参与交易者要按照官定汇率进行外汇交易。由于一个国家的外汇数量以及汇率水平的波动会影响该国的经济,所以各国政府都会在一定程度上对外汇交易进行限制。

黑市是指政府限制或法律禁止的非法外汇市场。是由于官方汇率偏离实际外汇市场汇率水平,造成外汇的供需不平衡,为满足外汇交易者的需要而产生起来的场外外汇交易市场。它虽是不合法的,但政府又很难取缔它,黑市属于政府外汇管制的产物。

1.2.3 外汇市场迅速发展的原因

1.2.3.1 浮动汇率制是外汇市场发展的前提条件

1973 年布雷顿森林体系瓦解,主要发达国家纷纷实行浮动汇率制。汇率的浮

动既给市场参与者带来了投资机会,吸引了无数投资者参与外汇市场交易,又使得汇率风险急剧上升。市场参与者为了规避汇率风险,把目光转移到外汇市场上,运用技术手段掌握汇市行情,通过外汇交易产品的创新来规避汇率风险,从而促进了外汇市场的发展。

1.2.3.2 金融自由化和全球化使得外汇市场向深度和广度迅速发展

从20世纪70年代末期开始,一场波及主要工业化国家的金融改革拉开了帷幕,这些国家的金融制度开始朝自由化方向迈进。西方国家的金融自由化主要表现在三个方面:其一,金融市场的自由化,即放松或取消外汇管制,资本的输入和输出更趋向自由;其二,利率自由化,即放松或取消银行存款与贷款的限制;其三,金融业务自由化,即放松或取消银行业务与证券公司业务的交叉限制。其中,放松或取消外汇管制是金融自由化的主要内容。

美国在1980年通过了新的银行法,促使美国的金融业朝自由化、多样化方向发展。1979年英国宣布取消实施了40年的外汇管制,建立了金融业自我约束的机制。1980年12月,日本通过了新的外汇法,开始逐步推进金融国际化,1984年,日本政府取消了日元兑换的管制,允许日元自由兑换。金融自由化和全球化使国际间资金流动的成本越来越低,国际间资金自由流动,在各个外汇市场上进行频繁地套利,加速了外汇市场超常发展,外汇交易规模持续增加,形成了超越时空界限的、全球统一的外汇市场。

1.2.3.3 计算机和通信网络的广泛运用为外汇市场的发展奠定了物质基础

第二次世界大战以后,随着以计算机、新材料等科学技术为代表的第三次科技革命的出现,尤其是20世纪70年代以后,大型计算机、超大型计算机的研制与应用,加之小型计算机的普及,促进了外汇交易向计算机化发展。1970年4月,纽约建立了通过电脑网络清算的纽约同业清算系统,当时的电脑技术尚处于初级阶段,当日无法处理全部的美元收付,必须在第二天方能完成全部清算工作。1986年10月,纽约当日结算系统开始运行。另外,伦敦电子自动收付系统和西欧与北美15国组成的环球银行同业金融电信系统也相继投入运行。此外,西方主要工业国家利用卫星通信网络,实现全球各地的终端机联网,形成了全球外汇交易网,而且,结算的速度十分迅速,成百上千万乃至上亿元的资金在十几秒钟甚至几秒钟就能完成从一个账户划拨到另一个账户、从一个国家划拨到另一国家的操作。

1999年,欧美日等国约60家主要金融机构达成协议,设立外汇清算专门银行,在一天24小时任何时段皆可同时清算美元、日元等主要货币的外汇交易,以降低因时差造成的汇兑风险,维护市场稳定。外汇清算专门银行总部设在伦敦,花旗银行、德意志银行及汇丰银行等世界主要银行都参与其中,日本第一劝业银行、富士银行、农林中央金库等也参与该系统。参加该系统的各国银行分别拥有不同货币的清算账户,通过此账户,能同时进行外汇交易清算。未加入此清算系统的金融机构则可委托参与银行进行清算。

此前,两种货币的清算是分别在货币发行国进行,由于时差的关系,如果甲方的货币交割之后银行破产,便无法处理乙方的货币交割,从而使有往来的银行面临连锁性危机。例如,1974 年德国赫斯塔特银行破产,将马克汇入该行的同业银行无法在纽约获得应得的美元。随着金融全球化的发展,因一家银行破产而使得对方银行应取得的资金迟滞,造成无法清算的风险也在提高,而且所造成的金融混乱形势会连锁性地跨国扩散。但若利用外汇清算专门银行,两种货币的清算则可同时进行,从而能回避风险,即使某一国的银行发生破产,也易于防止事态在国际上的扩散。

新技术革命促进了计算机和通信网络的发展,为外汇交易双方快捷清算以及资金国际间划拨提供了物质基础。市场参与者利用网络技术在任何时间和地点都可以方便、准确和安全可靠地进行外汇买卖,从中获利,从而吸引了众多投资者加入。同时,新技术也使得各外汇市场紧密相连,形成了全球性的外汇交易网,提高了外汇交易效率。

1.2.4 外汇市场参与者

外汇市场的参与者是由外汇供给者与需求者组成,这些参与者出于各自的交易目的进行外汇买卖。这些参与者因目的不同,从而对外汇市场的影响也不同,以下我们将对其进行逐一分析。

1.2.4.1 中央银行

中央银行(Central Bank)是外汇市场重要的参与者,其参与外汇买卖活动的目的是稳定外汇市场及保持其本币汇率的稳定,使本币汇率朝着有利于本国经济发展的方向变动,而不是出于赢利的目的。各国的中央银行随时密切关注着外汇市场的情形和本币汇率的变动情况,在分析各种影响因素后,作出是否进行市场干预的决定。由于汇率变化会影响国际市场上商品和劳务的价格,中央银行作为中央政府管理外汇市场的机构,一方面,需要通过外汇的买卖来防止本国货币与外币价格暴涨暴跌对本国经济带来的不利影响;另一方面,又要利用外汇市场来促使商品和劳务在国际市场上的转移有利于本国的利益。因此,中央银行的干预往往使其本币价格在一定程度上会偏离市场决定的水平。近年来,不仅单独的一国中央银行在干预外汇市场,而且一些主要国家的中央银行在联合干预外汇市场。

中央银行干预外汇市场通常通过外汇经纪人或指定的外汇银行进行,根据市场的情况作出冲销或非冲销操作以影响外汇市场。在一般情况下,中央银行参与外汇市场的交易程度比较浅,但其影响比较大,往往会引起汇率的变动。这是因为,外汇市场其他参与者都密切注视中央银行在外汇市场上的动作,以便能及时获取有关可利用的宏观经济信息,从而作出有利于自己的外汇买卖决策。可以说,对于一个有效运行的外汇市场来讲,中央银行对外汇市场具有绝对影响力,市场参与者必须对中央银行的管理能力抱有信心,一国的中央银行是其外汇市场的最终求援者。

1.2.4.2 外汇银行

外汇银行(Foreign Exchange Bank)是国际外汇市场最核心的主体,在一些国家被称为外汇指定银行或外汇授权银行,是指经过本国中央银行批准或授权经营外汇业务的银行。外汇银行可分为三种类型:专营或兼营外汇业务的本国银行、设在本国的外国银行分行和其他金融机构。

外汇银行在外汇市场中的经济功能主要包括:①为客户提供外汇买卖的金融服务,如外币存贷业务、汇兑业务以及外汇信用证业务等;②从事银行间的外汇调整交易,以便轧平因与客户进行外汇交易产生的外汇超买(Long Position)或超卖(Short Position),避免汇率和流动性风险;③充当造市者(Market Makers),形成对客户交易的汇率,以及在造市过程中进行套汇与套利投机,以便获得利润。市场造市者之间的外汇交易使得外汇市场具有流动性,防止外汇投机者造成汇率买卖差价扩大,以便向最终外汇使用者提供基本服务。外汇银行"造"的外汇买卖差价是对汇率所进行的日调整,也是下一次调整的变量;而通过买卖差价获得的投机利润只不过是其时间的机会成本和将外汇银行置于均衡汇率波动风险下的风险补偿。据统计,目前全球所有外汇交易的85%是在造市者之间完成的,而有关商业需要的外汇交易不到15%。

1.2.4.3 外汇交易员和自营商

外汇银行中从事外汇操作的人员称为外汇交易员(Traders)。外汇交易员在其交易室利用先进的技术手段与国内外银行及重要客户进行联系和交易,通过电脑或电传系统对其交易活动进行记录与管理。外汇交易员具有专业知识和判断力,能预测汇率的变动趋势,能独自处理每日外汇交易,以获取利润,只有在交易给银行造成损失时才请示外汇交易经理人。

外汇自营商(Dealers)一般是指从事外汇买卖业务的机构,多由银行、信托投资公司等构成。其经营方式主要是先买后卖、先抛后补和同时买卖外汇。外汇自营商并不在乎利用汇率在时间和空间上的差价赚取利润,而是为客户提供金融服务以获得汇率的买卖差价。交易方式基本是间接交易,即通过外汇经纪人来完成。其原因是:①有关外汇交易制度规定,外汇交易必须经外汇经纪人完成;②通过外汇经纪人进行交易可以使得买卖双方处在保密状态,有利于交易双方得到理想的价格;③可以减少自营商询价的时间。但有时也可以直接交易,这种直接交易模式在国际性的外汇市场上比较少见,一般存在于地区性的外汇市场。

1.2.4.4 外汇经纪人

近年来,在主要的外汇市场中出现了一些资金实力雄厚、专业从事某种货币买卖的经纪人,即外汇经纪人(Foreign Exchange Brokers)。外汇经纪人是指外汇管理当局指定的外汇经纪商,他们专门在外汇交易中介绍成交,充当中介,从中收取佣金,其本身并不介入外汇买卖,因而不需要拥有外汇头寸,也不承担外汇买卖中因汇率变动所带来的风险。外汇经纪人往往有广泛的信息网,能随时提供许多家银行的外汇价格,从而使要进行外汇交易的银行选择最有利的成交条件。由于外汇经纪人之间竞争激烈,现在外汇经纪人也纷纷开始自营外汇买卖,他们一方面从事通常的经纪人业务,同时又自己购买或出售某种外汇,自负盈亏。

1.2.4.5 外汇的最终需求者与供给者

外汇的最终需求者与供给者主要包括:进出口商、企事业单位、旅游者、对外投资者,以及外汇市场上的投机者和套汇者,等等。这些外汇的最终需求者与供给者彼此之间都是通过外汇银行间接交易来完成外汇买卖的。根据他们的交易目的,可将其分为三类:①交易性的外汇买卖者。例如,进出口商为买入支付的外汇和卖出收入的外汇而进行外汇交易;投资者向国外投资而进行外汇交易;跨国公司为把海外投资所得的利润、股息、红利或利息收入汇回而进行外汇交易等。②保值性的外汇买卖者。例如,企业为规避汇率风险或国家风险而从事外汇交易。③投机性的外汇买卖者,即外汇投机者。他们参加国际外汇市场活动的目的是利用外汇市场汇率的变动,通过对汇率波动的预测,根据贱买贵卖的原则进行外汇交易,借以牟取利润。

图 1-1 给出了外汇市场的传统结构图。在 1992 年以前,一家银行(比如大通曼哈顿银行)的交易员有两种方式在即期市场上购买马克。第一种方法是"直接交易法",即他与另一个银行(德意志银行)的交易员直接进行电话联系,在图 1-1 中,用一

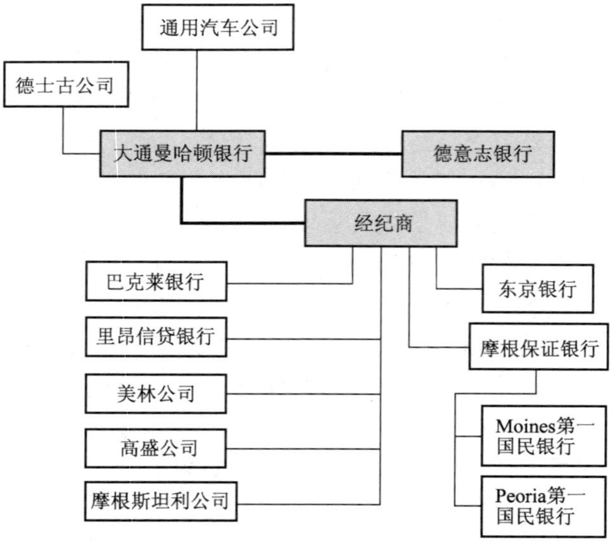

图 1-1 外汇市场的结构

资料来源:(美)理查德·M. 莱维奇. 国际金融市场价格与政策. 北京:中国人民大学出版社:2002。

条连接大通曼哈顿银行和德意志银行的较粗的实线表示。第二种方法是“间接交易法”，即大通曼哈顿银行的交易员和某个外汇(口头)经纪商进行电话联系，在图1-1中，这用连接大通曼哈顿银行和经纪商的较粗的实线表示。经纪商从其他交易银行和其他金融机构收集报价，以较细的实线表示。

在这里，直接交易有其自身的优势。因为大通曼哈顿银行交易员可以节约被经纪商收取的佣金支出，他们可以从其他交易员处获得关于市场发展的有用信息，或者从其他交易员“调整”其价格方式中，得知其他交易员头寸方面的信息。如果大通曼哈顿银行交易员通过经纪商进行交易，就必须向经纪商支付佣金，这样做的好处是：如果该经纪商已经对市场进行过全面的搜寻，就可以向交易员提供一个最好的价格。

1.2.5 世界主要外汇市场

世界外汇市场是由各个国际金融中心的外汇市场构成的，这是一个庞大的金融体系。目前世界上约有30多个外汇市场，其中最重要的有伦敦、纽约、巴黎、东京、法兰克福、瑞士、新加坡、中国香港等，它们各具特色并相互联系，形成了全球的统一外汇市场。

1.2.5.1 伦敦外汇市场

伦敦外汇市场是历史最悠久的外汇市场，迄今仍然是世界上规模最大的外汇市场。它是一个典型的无形市场，没有固定的交易场所，只是通过电话、电传、电报完成外汇交易。

伦敦外汇市场上，参与外汇交易的外汇银行机构约有600家，包括本国的清算银行、商人银行、其他商业银行、贴现公司和外国银行。这些外汇银行组成伦敦外汇银行公会，负责制定参加外汇市场交易的规则和收费标准。伦敦外汇市场上还约有250多个指定经营商，作为外汇经纪人，他们与外币存款经纪人共同组成外汇经纪人与外币存款经纪人协会。在英国实行外汇管制期间，外汇银行间的外汇交易一般都通过外汇经纪人进行。1979年10月英国取消外汇管制后，外汇银行间的外汇交易就不一定通过外汇经纪人了。

伦敦外汇市场的外汇交易分为即期交易和远期交易，汇率报价采用间接标价法，交易货币种类众多，几乎包括所有可兑换货币，其中交易规模最大的为英镑兑美元的交易，其次是英镑兑欧元、瑞士法郎和日元等。该市场拥有世界上最先进的技术设备，并拥有一批训练有素的专业人才，交易处理速度很快，工作效率高。伦敦外汇市场上外币套汇业务十分活跃，自从欧洲货币市场发展以来，伦敦外汇市场上的外汇买卖与“欧洲货币”的存放有着密切联系。

1.2.5.2 纽约外汇市场

纽约外汇市场是当今世界上重要的国际外汇市场之一，其日交易量仅次于伦敦外汇市场。目前占全球90%以上的美元交易最后都是通过纽约的银行间清算系统进行结算,因此纽约外汇市场成为美元的国际结算中心。纽约外汇市场也是一个无形市场,外汇交易通过现代化通信网络与电子计算机进行,其货币结算都可通过纽约地区银行同业清算系统和联邦储备银行支付系统进行。

由于美国没有外汇管制,对经营外汇业务没有限制,政府也不指定专门的外汇银行,所以几乎所有的美国银行和金融机构都可以经营外汇业务。但纽约外汇市场的参加者以商业银行为主,包括50余家美国银行和200多家外国银行在纽约的分支机构、代理行及代表处。

纽约外汇市场上的外汇交易分为三个层次:银行与客户间的外汇交易、本国银行间的外汇交易以及本国银行和外国银行间的外汇交易。其中,银行同业间的外汇交易大都通过外汇经纪人办理。纽约外汇市场有8家经纪商,虽然有些专门从事某种外汇的交易,但大部分还是同时从事多种货币的交易。外汇经纪人的业务不受任何监督,对其安排的交易不承担任何经济责任,只是在每笔交易完成后向卖方收取佣金。

纽约外汇市场交易活跃,但和进出口贸易相关的外汇交易量较小,相当部分外汇交易和金融期货市场密切相关。美国的企业除了在进行金融期货交易时同外汇市场发生关系外,其他外汇业务较少。纽约外汇市场是一个完全自由的外汇市场,汇率报价既采用直接标价法(指对英镑)又采用间接标价法(指对欧元和其他国家货币),便于在世界范围内进行美元交易。

1.2.5.3 法兰克福外汇市场

法兰克福外汇市场是欧洲主要外汇市场之一,是由德国本地银行、外国银行、外汇交易所、个人客户、外汇经纪人和中央银行构成的。在为数众多的银行中,为首的是三家全能银行(德意志银行、德累斯顿银行和德国商业银行)和两家地区性大银行(巴伐利亚联合银行和巴伐利亚抵押汇兑银行)。在法兰克福外汇市场上,银行一般都不能直接进入市场进行外汇买卖,必须通过外汇经纪人完成与其他银行的外汇买卖。目前法兰克福外汇市场正由固定交易场所向无形场所转变。交易的币种为欧元与美元、英镑、瑞士法郎和日元等货币。交易的种类有即期外汇交易、远期外汇交易,以及掉期、套汇和套利等。

法兰克福外汇市场由定价市场和一般市场组成。在定价市场上,每天的定价由官方指定一位外汇经纪人代表中央银行直接负责该市场的定价活动。这位外汇经纪人每天根据德国的法兰克福、柏林、汉堡、慕尼黑和杜塞尔多夫五大外汇交易所的外汇经纪人向其口头或通过电话提出的外汇买卖交易委托来确定汇率。如果买卖不平衡,汇率将发生变动,直到买卖平衡,或者由中央银行进行干预后使得买卖平衡。此时所形成的汇率为官方汇率。

在一般市场上,市场参与者通过外汇经纪人的撮合,根据已确定的汇率进行外汇交易。

1.2.5.4 巴黎外汇市场

巴黎外汇市场由有形市场和无形市场两部分组成。其有形市场主要是指在巴黎交易所内进行的外汇交易,其交易方式和证券市场买卖一样,每天公布官方外汇牌价。但大量的外汇交易是在交易所外进行的。在交易所外进行的外汇交易,或者是交易双方通过电话直接进行买卖,或者是通过经纪人进行。原则上,所有银行都能以中间人身份为它本身或客户进行外汇买卖,实际上,巴黎仅有100家左右较大的银行积极参加外汇市场的活动。外汇经纪人约有20名,参与大部分远期外汇交易和交易所外的即期交易。

1.2.5.5 东京外汇市场

东京外汇市场是仅次于伦敦和纽约的第三大国际外汇市场。由于分布在三个不同时区,东京同伦敦、纽约一同形成三足鼎立的国际外汇市场格局,三个外汇市场的交易量约占全球外汇交易量的80%。

东京外汇市场的主要参加者有商业银行、外汇专业银行、短期金融公司、外国银行在日本的分行、非银行客户。非银行客户主要包括贸易商社、工业企业和其他外汇供求者。日本最大的6家贸易商社,控制了50%的进出口业务,是外汇市场上重要的交易者。

东京外汇市场的特点主要有:①交易货币的币种比较少,主要是美元对日元、欧元对日元和欧元对美元的交易,其中美元对日元的交易占整个交易总额的60%以上,因此常常会引导汇率的变动趋势;②市场交易种类较少、掉期交易较为活跃,东京市场外汇交易品种包括即期交易、远期交易和掉期交易三种,其中掉期交易较为活跃,占外汇市场交易量的60%以上;③汇率波动幅度大,这种特点在进入20世纪90年代以后仍在持续,并呈加强态势。

1.2.5.6 瑞士苏黎世外汇市场

瑞士苏黎世外汇市场是一个历史悠久的外汇市场,在国际外汇交易中处于重要地位。其交易量在早期居世界第四位,但近年来被新加坡外汇市场超过。

瑞士在很长一个时期一直是中立国,政局稳定,通信事业发达,长期实行自由兑换的货币制度,尤其实行严格的银行存款保密制度,吸引了大量外来资金,加上瑞士法郎币值比较稳定,使苏黎世成为著名的国际外汇交易中心和清算中心。

在苏黎世外汇市场,外汇交易通过电话、电传、电报等直接在各银行间进行,是典型的无形市场。该外汇市场没有外汇经纪人,所有外汇交易都在银行同业之间直接进行,参与的外汇银行有瑞士银行、瑞士信贷银行、瑞士联合银行等,还有外国银行在瑞士的分行、国际清算银行和瑞士中央银行(即瑞士国家银行)。外汇交易中主要是瑞士法郎对美元的交易,对其他货币通过美元进行交叉买卖,因此瑞士法郎对美元的汇率是苏黎世外汇市场的主要汇率,瑞士法郎对其他货币的汇率采用以美元进行套算。除现汇市场外,苏黎世远期外汇市场也比较发达,乃至瑞士国家银行除采用即期外汇买卖干预外汇市场外,还采取远期外汇买卖来维持市场汇率的稳定。

1.2.5.7 新加坡外汇市场

新加坡外汇市场是在 20 世纪 70 年代初亚洲美元市场成立后,才成为国际外汇市场的,它是全球第四大外汇市场,日平均交易量仅次于东京。新加坡地处欧亚非三大洲的交通要道,时区优越,上午可与香港、东京、悉尼进行交易,下午可与伦敦、苏黎世、法兰克福等欧洲市场进行交易,中午还可同中东的巴林交易,晚上则可同纽约进行交易。根据交易需要,一天 24 小时都同世界各地区进行外汇买卖。新加坡外汇市场除了使用现代化通信网络外,还直接同纽约的 CHIPS 系统和欧洲的 SWIFT(环球银行金融电信协会)系统连接,货币结算十分方便。

新加坡外汇市场的参加者由经营外汇业务的本国银行、经批准可经营外汇业务的外国银行和外汇经纪商组成,其中外国银行的资产、存放款业务和净收益都远远超过本国银行。

新加坡外汇市场是一个无形市场,大部分交易由外汇经纪人办理,并通过他们把新加坡和世界各金融中心联系起来。该市场的交易以美元为主,约占交易总额的 85%左右。大部分交易都是即期交易,掉期交易及远期交易合计占交易总额的 1/3。汇率均以美元报价,非美元货币间的汇率通过套算求得。

1.2.5.8 中国香港外汇市场

香港外汇市场是 20 世纪 70 年代以后发展起来的国际性外汇市场。自 1973 年香港取消外汇管制后,国际资本大量流入,经营外汇业务的金融机构不断增加,香港外汇市场越来越活跃,逐渐发展成为国际性的外汇市场。

香港外汇市场是一个无形市场,没有固定的交易场所,交易者通过各种现代化的通信设施和电脑网络进行外汇交易。香港外汇市场的参加者主要是商业银行和财务公司。该市场的外汇经纪人有三类:当地经纪人,其业务仅限于香港本地;国际经纪人,是 20 世纪 70 年代后将其业务扩展到香港的其他外汇市场的经纪人;香港本地成长起来的国际经纪人,即业务已扩展到其他外汇市场的香港经纪人。

香港外汇市场由两个部分构成:一是港元兑外币的市场,其中包括美元、日元、欧元、英镑、加元、澳元等主要货币和东南亚国家的货币,当然也包括港元兑人民币;二是美元兑其他外汇的市场,这一市场的交易目的在于完成跨国公司、跨国银行的资金国际调拨。

在香港外汇市场中,美元是所有货币兑换的交易媒介,港币与其他外币不能直接兑换,必须通过美元套购,先换成美元,再由美元换成所需货币。

1.2.6 中国内地的外汇交易

1.2.6.1 中国外汇交易中心

中国外汇交易中心暨全国银行间同业拆借中心(简称“交易中心”)于1994年4月18日成立,总部设于上海。交易中心为银行间外汇市场、货币市场、债券市场和衍生品市场提供交易系统并组织交易,同时履行市场监测职能,保障市场平稳、健康、高效运行。

交易中心为银行间外汇市场和银行间本币市场提供服务。

银行间外汇市场由人民币外汇市场、外币对市场和外币拆借市场及相关衍生品市场组成,是机构之间进行外汇交易的市场,实行会员管理和做市商制度。交易中心为银行间外汇市场提供统一、高效的电子交易系统,该系统提供竞价、询价和撮合等模式,并提供交易分析、做市接口和即时通讯工具等系统服务。此外,交易中心与上海黄金交易所合作银行间黄金询价即期、远期和掉期交易。

银行间本币市场由货币市场、债券市场及相关衍生品市场组成,是金融机构实施流动性管理、资产负债管理、投资交易管理及利率和信用风险管理的重要场所,也是央行货币政策传导的重要平台。交易中心为银行间本币市场的广大机构投资者提供高效、便捷的本币交易系统,覆盖多类型利率、信用等交易品种,支持询价、做市报价、请求报价、双边授信撮合等多种交易方式。同时,本币交易系统还为市场成员提供同业存单发行服务和常备借贷便利。

1.2.6.2 中国外汇市场交易模式

我国外汇市场分为两个层次:一是银行与客户间的零售市场,通过电子银行或营业网点提供服务;二是银行与银行间的外汇市场,各成员通过中国外汇交易中心的电子交易系统入市交易。

(1)银行与客户间的零售市场,又称为银行与客户的结售汇市场。客户可通过电子银行或营业网点向银行提交外汇买卖交易指令。结售汇业务是指银行为客户因自身经营活动需求办理的人民币与外汇之间兑换的业务,包括即期结售汇业务和人民币与外汇衍生产品业务。即期结售汇业务是指在交易订立日之后两个工作日内完成清算,且清算价格为交易订立日当日汇价的结售汇交易;人民币与外汇衍生产品业务是指远期结售汇、人民币与外汇期货、人民币与外汇掉期、人民币与外汇期权等业务及其组合。

银行办理结售汇业务时,可以根据经营需要自行决定挂牌货币,执行中国人民银行和国家外汇管理局关于银行汇价管理的相关规定。客户通过电子银行渠道提交交易指令,须按照电子银行系统预设条件的指示正确、完整、真实地填写电子指令信息,由电子银行渠道按照系统预设条件判断无误后,直接受理并办理。

(2)银行与银行间的外汇市场,也称为外汇批发市场。中国银行间外汇市场早期只能进行即期交易,2005 年开始引入各类外汇衍生品交易。至此,我国银行间外汇市场已经形成了现货和包括远期、掉期、货币掉期、期权在内的基础类场外衍生产品体系,与国际场外外汇交易市场结构较为一致,以现货产品和掉期产品为主。

银行间外汇市场的参与者大致可分为交易商、其他金融机构以及非金融机构,中国银行间外汇市场参与者以银行为主。央行可以根据货币政策的要求,在外汇市场内买卖外汇、调节外汇供求、平抑外汇市场价格。2015 年 9 月 30 日,中国人民银行公告表示,境外央行类机构可以进入中国银行间外汇市场,开展包括即期、远期、掉期和期权在内的各品种外汇交易,无额度限制。目前我国银行间外汇即期交易可采用竞价交易和询价交易方式,外汇衍生品交易均采用询价交易方式。我国银行间外汇市场的建立,奠定了以市场供求为基础的、有管理的浮动汇率制的基础。

本章小结

外汇是国际汇兑的简称。外汇的概念有动态和静态之分。动态的外汇,是指把一国货币兑换为另一国货币以清偿国际间债务的金融活动。静态的外汇又有广义与狭义之分。广义的外汇泛指一切对外金融资产。狭义的外汇,是指以外币表示的用于国际结算的支付手段。外汇是国民经济建设中不可缺少的重要资源,在促进国际贸易和国际经济合作方面发挥着重大作用。

浮动汇率制是外汇市场发展的前提条件,金融自由化和全球化使得外汇市场向深度和广度迅速发展,而计算机和通信网络的广泛运用,为外汇市场的发展奠定了物质基础。

外汇市场的参与者有中央银行、外汇银行、外汇交易员和自营商、外汇经纪人、外汇的最终需求者与供给者。

世界外汇市场是由各个国际金融中心的外汇市场构成的,目前世界上约有外汇市场 30 多个,其中最重要的有伦敦、纽约、巴黎、东京、法兰克福、瑞士、新加坡、中国香港等,它们各具特色并相互联系,形成了全球的统一外汇市场。

中国外汇交易中心暨全国银行间同业拆借中心(简称“交易中心”)于 1994 年 4 月 18 日成立,总部设于上海。交易中心为银行间外汇市场、货币市场、债券市场和衍生品市场提供交易系统并组织交易,同时履行市场监测职能,保障市场平稳、健康、高效运行。我国外汇市场分为两个层次:一是银行与客户间的零售市场,通过电子银行或营业网点提供服务;二是银行与银行间的外汇市场,各成员通过中国外汇交易中心的电子交易系统入市交易。

2. 外汇交易概述

新闻导引

委内瑞拉国内外汇交易将排除美元①

委内瑞拉部长理事会经济事务副主席和生产部长艾萨米16日宣布，委国内所有外汇交易将排除美元，用欧元和人民币等货币进行交易和结算。艾萨米说，鉴于美国对委内瑞拉越来越严厉的经济和金融制裁，特别是阻碍委在国际交易中使用美元支付，委政府决定在今后的国内外汇交易市场和外汇拍卖系统中使用欧元、人民币等货币进行交易和结算。

他还宣布，政府将在未来两个月内在国家外汇拍卖系统中投入两亿欧元，以保证国内生产商和人民的需求。此外，国内银行的法定准备金率将从31%提高到40%，以减少市场投机行为。2017年以来，美国以“民主和人权”问题为由不断扩大对委经济和金融制裁。受此影响，与委政府和国内企业有关的美元账号的交易都受到严格限制。

学习要求

学习本章应正确理解外汇交易的概念，熟练掌握外汇交易的原理，以及如何进行外汇行情分析与预测的方法。

① 资料来源：新华网，2018年10月17日。

2.1 外汇交易的概念

2.1.1 外汇交易的含义

外汇交易是指外汇买卖的主体为了满足某种经济活动或其他活动的需要,按一定的汇率和特定交割日而进行的不同货币之间的兑换行为。外汇的动态概念已揭示了外汇交易的含义,它可以是指用本国货币兑换外国货币,也可以是用外国货币兑换本国货币,或以一种外国货币兑换另一种外国货币。外汇交易的要素包括:交易日、交易对手、货币、汇率、数额、交割日、支付指令等。外汇交易所产生的货币收付,一般并不发生实际的资产运送,而是由银行通过账户互相转账结算的。因此,外汇买卖、外汇交易、买卖外汇讲的都是同一个概念,而这个概念的前提,是指可兑换货币间的买卖。图 2-1 和表 2-1 分别说明了近年来全球外汇市场的交易情况。

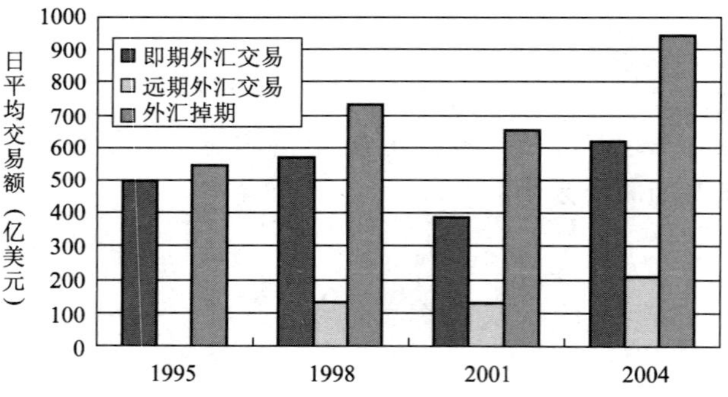

图 2-1 全球外汇市场上的交易活动

资料来源:国际清算银行, 2004。

表 2-1 国际外汇市场上各种货币的份额(%)

	1992	1995	1998	2001	2004
美元	82	83.3	87.3	90.3	88.7
欧元	—	—	—	37.6	37.2
马克	39.6	36.1	30.1	—	—

续表

	1992	1995	1998	2001	2004
法郎	3.8	7.9	5.1	—	—
欧洲货币单位和其他欧洲货币体系货币	11.8	15.7	17.3	—	—
日元	23.4	24.1	20.2	22.7	20.3
英镑	13.6	9.4	11	13.2	16.9
瑞士法郎	8.4	7.3	7.1	6.1	6.1
澳大利亚元	2.5	2.7	3.1	4.2	5.5
加拿大元	3.3	3.4	3.6	4.5	4.2
瑞典克朗	1.3	0.6	0.4	2.6	2.3
港币	1.1	0.9	1.3	2.3	1.9
挪威克朗	0.3	0.2	0.4	1.5	1.4
韩元	—	—	0.2	0.8	1.2
墨西哥比索	—	—	0.6	0.9	1.1
新西兰元	0.2	0.2	0.3	0.6	1
新加坡元	0.3	0.3	1.2	1.1	1
丹麦克朗	0.5	0.6	0.4	1.2	0.9
南非兰特	0.3	0.2	0.5	1	0.8
卢布	—	—	0.3	0.4	0.7
波兰兹罗提	—	—	0.1	0.5	0.4
台币	—	—	0.1	0.3	0.4
印度卢比	—	—	0.1	0.2	0.3
巴西瑞尔	—	—	0.4	0.4	0.2
捷克格鲁纳	—	—	0.3	0.2	0.2
泰铢	—	—	0.2	0.2	0.2
福林	—	—	0	0	0.2
智利比索	—	—	0.1	0.2	0.1
林吉特	—	—	0	0.1	0.1
其他货币	7.7	7.1	8.2	6.5	6.1
所有货币	200	200	200	200	200

资料来源:国际清算银行, 2004。

具体地说,外汇交易既包括零售性外汇交易,又包括批发性外汇交易。

2.1.1.1 零售性外汇交易——银行与客户间的外汇交易

在外汇交易中，商品和劳务进出口双方、对外投资双方等构成了外汇的买方和卖方。一般情况下，交易双方很难在外币种类、数额、交割等条件上达成完全一致，也就是说，很难做到一方所拥有的货币正是另一方所需要的，从而使外汇交易顺利进行。同时，由于双方在信用、财力等方面的差异，导致交易和交割的风险也较大。因此，外汇交易通常是由承办外汇业务的银行（或其他金融机构）承担的。外汇供给方将外汇卖给外汇银行，外汇银行付出本国货币；外汇需求方将本币付给外汇银行，买入自己所需要的外汇。其中，外汇银行对法人的外汇交易，采用转账结算，而对居民个人的外汇交易通常在银行柜台上结算。由于银行与客户间的外汇交易通常金额较小、笔数较多，故称为零售外汇交易。

例如，中国石化总公司从伊朗进口石油，需要支付美元，承付日时，中国石化总公司凭进口合同和全套进口单据，按中国银行公布的当日人民币兑美元的外汇牌价，用自己账户上的人民币存款向承办外汇业务的中国银行购买美元以对外支付。这一行为，对中国石化而言，称为购汇；对中国银行而言，称为售汇。它们的实质是通过一买一卖，完成了从人民币向美元的兑换。同样，中国海尔集团向欧盟市场出口冰箱后收进欧元，该集团为了继续生产和经营，通常要将收进的欧元兑换为本币。因此在结算日，该集团凭出口合同和出口单据，按当日人民币兑换欧元的外汇牌价向承办外汇业务的工商银行卖出欧元，买进人民币。这一行为，对海尔集团而言，称为结收本币；对工商银行而言，称为结汇。

对居民个人用汇，如公务出差、商务考察、文化体育交流，或留学、探亲、旅游等用汇，可在经营外汇业务银行的柜台上直接购入外汇。外国人或华侨进入中国境内，可凭其护照或有效身份证件在银行柜台或饭店、机场等用其所持有的外汇兑换人民币，即卖出外币、买进人民币，出境时，还可以凭有关单据将人民币兑换成外币。以上是典型的银行外汇零售业务。

2.1.1.2 批发性外汇交易——银行同业间外汇交易

外汇银行在对客户买入或卖出外汇后，其自身所持有的外汇就会出现多余或短缺。某种货币买入过多，就会形成多余的情况，称为多头头寸（Long Position）；某种货币卖出过多，就会形成短缺的情况，称为空头头寸（Short Position）。银行账户上的多头头寸或空头头寸会形成外汇敞口和风险，因此外汇银行会根据其头寸的总差额和汇率走势，在银行当日零售业务结算后，在银行同业外汇市场上做外汇即期或远期的抛补交易，以保持本行资产负债的合理配置，保持外汇头寸的平衡，将风险减少到最低程度。这种银行与银行或与其他金融机构之间的外汇交易就称为批发性交易。

2.1.2 外汇交易产生的原因

外汇交易产生的最主要原因是国际间经济交易的发生和随之而产生的国际结算、国际投资、外汇融资和外汇保值等业务的需要。在国际经济活动中,由于各国的货币和货币制度都是相互独立的(区域组织内统一货币除外,如欧盟的欧元),一国货币不能在另一国流通。这样,在进行国际经济活动的对外债权债务清偿和结算以及国际投资时,人们就需要将外国货币兑换成本国货币,或将本国货币兑换成外国货币,此时,外汇交易就成为必然和必要的了。学者伊丹·皮诺对此有一句精彩的概括:正是国际主义的贸易与国家主义的货币的共存导致了外汇交易的发生。

在现实经济运行中,产生外汇交易的更深层次的原因在于货币替代和资产替代两种持有货币的动机。当资产以外汇计价并作为支付手段时,就会产生货币替代;当资产以外汇计价并作为价值储藏手段时,就会产生资产替代现象。有的人需要外汇是为了购买外国的商品,有的人是为了去海外投资建厂,有的人是为了外汇保值,有的人为了外汇借贷和还本付息,还有的人是为了投机。总之,根据不同的动机就产生了不同目的的外汇交易。

2.1.2.1 为贸易结算而进行的外汇交易

从事对外贸易需要进行外汇交易,这是外汇交易最初的动因和最早的类型。据统计,现代国际贸易结算中使用美元作为国际结算货币的比例达50%以上,其他如欧元、日元、英镑等亦占有相当大的比例。一般来讲,出口商在交易伙伴支付后都会将其兑换成本币或兑换成其他种类的外币,从而产生外汇交易的需要。进口商从国外进口货物,通常也要将本币(或其持有的非结算货币的外币)兑换成结算所需的外汇,亦产生外汇交易。例如,某国企业出口服装到美国,规定结算货币为美元,则该出口企业从美国进口商处获得以美元支付的货款后将其换成本币,就形成了为贸易结算而进行的外汇买卖。

1994年1月1日,我国实行外汇体制改革,取消了原来的外汇留成制和额度制,实行银行结售汇制。我国的出口企业在取得外国进口商所支付的货款后必须将外汇卖给外汇指定银行;同时,我国的进口企业可凭进口交易的有效凭证到银行购买进口所需外汇。因此,无论是进口还是出口,都需要进行外汇交易。随着我国对外经济和贸易的发展,以人民币作为结算货币在与一些周边国家进行的贸易中已开始试行。

2.1.2.2 为对外投资而进行的外汇交易

对外投资有多种形式,例如,到加拿大开办餐馆、到英国开办工厂、到美国购买房产、到波兰开办商店等,这些都需要将本国货币或他国货币(外汇)转换成投资所在国的货币(外汇),这就形成了为进行对外投资而产生的外汇交易。国际投资的方式主要有两种:国际直接投资,即一国的企业和个人直接到另一国的企业或机构进行投资,这可以通过创办新企业,收购国外企业等方式进行。间接投资,又称证券投资,这是通过在国际债券市场购买中长期债券或在国际股票市场上购买外国公司的股票来实现的。无论是以哪一种方式进行国际投资,都必须将本国货币或持有的他国货币(外汇),转换成投资所在国的货币。

例如,20 世纪 80 年代中期,美国由世界上最大的债权国变为最大的债务国,“日本购买美国运动”使日本成为美国最大的投资者:美国发行的国库券约 70%被日本人购买,日本还在美国进行大量的房地产业及实业投资,收购美国企业,购买美国企业股票等。这些投资,需要将日元兑换成美元,而所获得的美元收益,也需要兑换回日元,这都要通过参与国际市场的外汇交易来实现。

2.1.2.3　为外汇保值而进行的外汇交易

自第二次世界大战结束直到 1973 年,世界货币体系处在布雷顿森林体系时代,各国货币都实行固定汇率制,其间虽有几次波动,但外汇保值的需要并不明显。随着布雷顿森林体系的崩溃,固定汇率制被浮动汇率制代替,汇率的变化完全由市场供求关系决定,各国货币间的汇率时升时跌,有时一天的变化率竟达 5%~10%。在我国 1994 年实行的外汇体制改革中,也把实行单一的、有管理的浮动汇率制度作为目标。在浮动汇率制下,货币的升值会给货币的持有者带来收益,货币的贬值会给持有者带来损失,因此,汇率的波动和变化是外汇持有者必须关心的事情。

为了外汇保值,全世界的银行(包括中央银行)、大的公司甚至一般居民都在不同程度地参与外汇交易。凡是大的企业都设有自己的外汇管理部门,其业务之一就是进行外汇交易,以达到保值的目的。我国国家外汇储备由国家外汇管理局储备司进行管理经营,每天都要进行数以亿美元计的外汇买卖,以此调整各种货币在我国外汇储备中的比例,达到保值的目的。例如,在美元趋升时,增加美元储备,减少其他货币的储备;而在美元看跌时,减少储备中的美元比例,增加其他货币的比例。在我国,经中国人民银行和国家外汇管理局批准,一些商业银行相继开放了对企业和居民个人的外汇买卖业务。

如果不进行外汇交易,外汇资金只存在银行收息,这样是否可以保值呢?换言之,利息收入能否抵补汇率损失呢?在理论上,外汇的持有者应比较利差和汇差的大小,再作出决定。但从近年的实践来看,由于汇率变化的速度很快,幅度也很大,单靠利息收入一般很难弥补汇率损失。例如,1985 年,美元兑日元的汇率高达 265 日元兑 1 美元,1988 年跌到 120 日元兑 1 美元,贬值超过 54%,到 1994 年更是跌破 100 日元大关,美元的利息收入根本无法弥补汇率损失。因此,通过外汇交易实现外汇保值是不可缺少的。

更进一步分析,外汇保值交易(卖出汇率趋跌的货币,买入汇率趋升的货币),如果做得好不仅能使外汇保值,而且还能赢利,实现外汇增值。当然,这种赢利的可能性是在对汇率走势预测准确的情况下才能实现的,如果预测错误,则损失也是非常惊人的。

2.1.2.4 外汇筹资、借贷和还贷带来的外汇交易

很多国家,尤其是发展中国家都面临着资金不足的问题,存在着所谓的“双缺口”,即国内储蓄缺口和外汇缺口。这就需要到国际金融市场上进行外汇融资,包括直接融资和间接融资。直接融资是通过吸收国外企业投资,引进外资;间接融资是通过向外举债或向国外发行债券等方式来引进外资,弥补国内资金的不足。无论以何种方式引进外资,在引进中都会带来大量的外汇买卖业务。

随着我国改革开放的深入,近年来引进外资的数量明显增加,外债规模也呈上升趋势,2018 年外债余额已超过 19 000 亿美元。引进外资也带来大量的外汇交易。我们利用借入的外汇购买外国的设备、材料,引进技术、人才时,如果借入的外汇与进口付汇所计价的货币不同,就存在一个货币转换问题,也就产生了外汇交易的需求。

当贷款到期时,企业要按期还本付息,如果债务人手中没有足额的借贷货币用于支付,需要以其他可兑换货币还贷时,亦必须进行外汇交易,将其他种类的货币转换成规定的还贷货币,这里便存在汇率风险问题。由于汇率变化很大,借贷者就有遭受损失的可能性。

2.1.2.5 金融投机需要外汇交易

投机性的外汇交易一般没有真实的商品交易或资本流动作基础,交易者仅仅是希望从汇价的变动中获取利润,低买高卖,纯粹通过货币间的转换来获利。这种交易在外汇交易中所占地位越来越重要,投机商们在外汇市场上频繁地买进卖出,推波助澜,使外汇市场的变化更加神秘莫测。在世界各地都有银行、企业及个人在进行货币投机交易。在我国,货币投机交易亦开始兴起,一些金融机构已获准开展自营或代客外汇交易,成为投机者追逐的新目标。外汇交易已经被广泛用作金融投机的工具,并由此产生了许多金融衍生产品,如期货、期权交易等。

投机和投资往往容易被混为一谈,因为它们在交易方式上都是相同的,但两者有本质上的区别,投资是用足额的资金进行外汇交易,而投机一般是保证金交易,亦所谓“垫头交易”,买空卖空是最典型的金融投机。具体地说,外汇投机交易的种类大致有以下几种。

(1)投机性即期交易。即期交易在投机中是最常见的形式。世界上大部分投机商所做的都是即期交易,一般是当天买进,当天卖出,不留隔夜敞口头寸。当然也有些特殊情况,如认为自己对汇率走势的判断比较准确,可以当天不平盘,以求更大的收益,但是这样做的风险比较大。

(2)交叉套汇。套汇用于投机最初是地点套汇,即在金融市场不发达、通信手段不完备、全球外汇市场未实现一体化之前,不同的金融中心的汇率水平可能不一致,从而使投机者在某一地买进某种货币而在另一地抛出即可获利,这是两点套

汇,复杂些的还有三角套汇乃至多角套汇等。但现在随着全球外汇市场一体化的形成,这种机会已经很少可能出现了。在现代外汇市场投机中,应用得更多的是套利交易。西方货币的升跌主要看美元,美元上升,其他国家货币诸如日元、英镑等都下跌;相反,如美元下跌,其他货币都上升。但是,各种货币的升跌幅度并非相同,这取决于各国经济发展、利率水平、政治及其他社会情况等,因此,可以利用不同货币的升跌幅度不同进行套利。

(3)运用其他货币交易手段进行投机。随着外汇市场的进一步发展和金融衍生产品的不断出现,外汇投机交易的范围也越来越广泛。期权交易、期货交易都已成为投机者常用的工具。不论哪种交易,原则上都是“低买高卖”。投机者根据自己对汇率走势的预测,在较低价位买入,在较高价位卖出,以期获得投机利润。

(4)保证金交易。投机商在进行投机交易时,资金短缺是常见的问题,而保证金交易则为投机者提供了一个以较少的资金进行较大金额交易的机会,保证金交易已成为外汇投机的主要形式。保证金交易是指客户在经纪人那里开立一个保证金账户,在明确双方责任义务的前提下,经过经纪人允许可以将此笔保证金作为担保进行数倍于保证金的外汇交易,盈亏都计入保证金账户。现在通行的保证金比例为5%~10%,亦即客户可以进行相当于保证金金额10~20倍的交易,有的可达上百倍。保证金交易对客户和经纪人双方都有较大吸引力,但风险也相当大。

在国际外汇市场上,无数的交易员都在进行投机性的外汇交易。投机行为是外汇市场的润滑剂,没有投机,外汇市场将难以正常运作,但投机行为也会给市场带来动荡,使汇价的变动更为剧烈。

在金融发达的国家和地区,不仅银行、金融财务机构、大企业财团在进行投机性的外汇交易,一些小商人乃至普通个人也参加到外汇投机的行列中来,而且有些人做得非常成功。当然,他们都是要通过代理机构(银行或金融公司)进行交易的。

有时,银行或其他机构在外汇交易市场上进行的外汇买卖交易虽然不属于投机,但在某些情况下亦会具有投机的性质。按照国际惯例,外汇买卖在交易后第二个工作日交割各自买进和卖出的外汇。例如,某银行买进美元卖出日元,交易日期为2017年1月21日,交割日为1月23日。如23日为公众假期(或美国假期、日本假期)交割日顺延。有时银行由于各种原因留有隔夜或更长时间的敞口头寸,如果汇价朝着对自己有利的方向发展便可获得赢利,这实际上也带有投机的性质。

2.1.2.6 因外币存款的需要而进行的外汇交易

在银行,各种可兑换货币都有规定的存款利率,一般来说,存款利率高,收益也高。由于利息收入的原因,有些交易者希望把手中利息低的货币换成利息高的货币,这就需要进行外汇交易。但是外币存款是有汇率风险的,一般说来高利率的货币常有汇率风险,因此在决定存款币种时,我们不仅要考虑利率因素,也要考虑汇率因素。例如某年年初,1英镑可以兑换1.819 0美元,该年6月30日跌至1.540 8

美元,跌幅达 15%,显然利息上的收益无法补偿汇价上的损失。后来英镑又逐渐回升,至第二年 6 月升幅达到 60%。因此,如果选择正确的话,可获汇差、利差双赢,反之,则会遭受损失。

2.2 外汇交易原理

2.2.1 外汇交易规则

国际外汇市场是一个以无形市场为主的市场,每天都有巨额的外汇交易达成。虽然交易双方经常进行业务往来,但很可能他们从未见过面。尽管如此,由于交易各方都恪守各种交易规则(并无成文规定,只是一种约定俗成的规则),所以,在大多数情况下,国际外汇市场能得以正常运转。国际外汇市场的主要交易规则有以下几点。

2.2.1.1 使用统一的标价方法

为使交易能迅速顺利地进行,交易各方都使用统一的标价方法,即除了英镑、澳大利亚元和新西兰元等采用间接标价法以外,其他交易货币一律采用直接标价法,并同时报出买价和卖价。

2.2.1.2 采取以美元为中心的报价方法

由于美元的特殊地位,除非特别说明者外,在外汇市场上报出的货币汇率都是针对美元的。在银行间外汇交易中,使用统一报价,有利于简化信息处理的工作量,也便于计算交易损益。

2.2.1.3 报价时力求精简

通常,银行在报出汇价时采用双向报价,即对每一种货币应同时报出买入价(Bid Price)与卖出价(Offer Price)。外汇交易员在报汇价时,一般省略大数(Bigfigure)汇价,只报出小数(Smallfigure)汇价。例如,USD/CHF = 1.543 0/50,其中 1.54 为大数汇价,30/50 为小数汇价。交易员未报大数汇价的原因是,交易员进行询价、报价以及成交的过程,可能只是几秒钟的时间,汇价的变动一般不可能影响大数汇价的变动。在报价中,对即期外汇只报出最后两位数,即小数汇价;对远期外汇要同时报出即期汇价和远期点数;对掉期交易则只报掉期率,不报即期汇价。

2.2.1.4 交易单位为 100 万美元

外汇交易通常以 100 万美元作为单位进行买卖,交易中的"OneDollar"表示 100 万美元,它主要适用于银行之间大批量的外汇买卖。假如一般的进出口商或投资者感兴趣的是适用于小规模外汇交易的汇率,则在询价时必须预先说明,并具体报出买卖金额。在这种情况下,银行会对其原先报价作出适当的调整。

2.2.1.5 客户询价后,银行应有义务报价

银行在接受客户询价时,应有义务报出某种货币的买入价和卖出价。银行对客户报出某种货币的买入价和卖出价后,按照商业惯例,银行应承担按此汇价买进或卖出该货币的义务,但对此有一个交易时间和金额的限制。交易一方不能要求另一方按其在10分钟前给出的报价成交,交易金额一般在100万~500万美元之间。

2.2.1.6 交易术语规范化

为了在市场快速变化的环境中迅速无误地成交,交易员常使用简洁语言和行话来节省交易的时间。例如,“FiveYours”,即表示“我卖给你500万美元”。下面是外汇市场上常用的交易术语:

Bid(Buy,Take,Pay)买入

Mine 我方买入

Offer(Give,Sell)卖出

Yours 我方卖出

BuyingRate/SellingRate 买价/卖价

MarketMaker 报价行

DeliveryDate,ValueDate,MaturityDate 交割日,起息日,结算日

AskPrice/AskRate 卖方开价/讨价

OverBought,Long 多头

OverSold,Short 空头

Position 头寸

Square 平仓

Premium/Discount 升水/贴水

OddDate,BrokenDate 不规则起息日

RollOver 展期

LIBOR 伦敦同业借款利率

LIBID 伦敦同业存款利率

Full 额度用尽

DirectDealing 银行直接交易

Normal 正常资金

BearMarket 熊市

BullMarket 牛市

Go North 上升

Go South 下降

Open Interest 空盘

WhichWayAreYou 你想买还是想卖

MP(MomentPeriod)稍候

DealingPrice 交易汇价

IndicationRate 参考汇价

2.2.1.7 交易双方遵守“一言为定”的原则

外汇交易双方必须恪守信用,共同遵守“一言为定”的原则和“我的话就是合同”的惯例,交易一旦达成就不得反悔。以电话达成的交易有电话交易录音,以电传达成的交易有电传机打印的交易记录,以交易系统达成的交易有该系统打印的文字记录。总之,一旦成交就不能以种种借口加以抵赖、变更或要求注销。

2.2.2 外汇交易设备

世界各地外汇市场上大都借助先进的交易设备来完成外汇交易。这些外汇交易设备主要包括以下几种。

2.2.2.1 电话

电话是目前外汇交易中普遍使用的交易设备。在外汇市场中,银行间的外汇交易通过经纪人来完成,经纪人通常是通过电话来报价,银行与银行之间的直接外汇交易、银行与客户之间的外汇交易也都通过电话联络和在电话中完成交易。因此,电话成为外汇交易联络和达成交易的常用工具。

目前银行交易室的交易电话有多条线路,配备多声道电话录音的国内国际直拨电话,以便录制交易活动的有关内容,可以避免外汇交易中的纠纷,保护银行自身的利益。

2.2.2.2 电传

由于通信技术的发展,以前在外汇交易中广泛使用的电传近几年逐步被电话和路透社交易系统所替代。因为通过电传获得汇价速度较慢,难以适应当今瞬息万变的外汇市场。但由于电传有书面记录,便于存档,可作为法律确认依据,对外汇交易双方来说,都较为安全。因此,在一些大银行也配备电传,以便与小银行和客户进行小额外汇交易。银行间外汇交易,只有在货币汇率较为平稳时才使用电传成交。在现代交易设备中,电传是对电话和路透社交易系统的补充。

2.2.2.3 路透社交易系统

路透社交易系统(Reuter Dealing System)是目前银行间外汇交易的主要工具。它是一套高速电脑系统,其操作十分简单,主要包括控制器、荧光屏、操作键盘和打印机等。交易员可以从终端机显示屏上获得各种货币的汇价、报价以及有关汇价变动的新闻信息等。银行用户将自己的终端机与路透社交易系统连接后,交易员只要启动自己的终端机,通过操作键盘输入自己的终端密码,就可以与对方联系。

目前全球有数千家银行参加路透社交易系统，每家银行都有一个指定的交易代码，如中国银行总行代码为 BCDD。如果交易员想与某银行进行交易时，只要用键盘输入该银行的代码，叫通后即可与其进行询价、还价甚至成交。交易员在交易的过程中，可同时向几个交易银行进行即时询价或选择汇价，若报价过高，临时想改变汇价或更改其他内容，可按插入键（Interrupt），以重新控制对话。路透社交易系统设有简化英文字码程序，交易员可自行编制缩位代码代替常用交易术语，如交易证实、交割日、交易员代码等。

在路透社交易系统上，所有对话都有书面记录，一旦对话完毕按结束键（Enter）后，双方的交易过程都显示在终端机的显示屏上，双方打印机自动打印出完整的交易记录，作为原始的交易合同。路透社交易系统同时连接两台打印机或复印式双联打印机，一份作为交易合同与交易单一并交清算员进行清算，另一份作为原始文件存档备案。

路透社交易系统有以下四大特点：①安全性，交易双方都有书面记录，可避免在交易后产生的纠纷；②交易速度快捷，因路透社交易系统采用专线通信线路，且交易系统中的终端机有强大的储存信息以及临时介入等功能，非常适合瞬息万变的外汇市场中的外汇交易；③交易成本随交易量递增而递减，路透社交易系统按租用时间长短收费，因此对交易量大而业务繁忙的银行来说，使用路透社交易系统的通信成本较为低廉；④路透社交易系统的终端机上有多项有关汇率方面的信息，交易员可通过路透社交易系统的终端机获得有关汇率变动方面的信息。

路透社交易系统隶属于路透社资讯系统，后者是目前世界上影响最大、使用最广泛的金融资讯系统，于 1973 年创立电子化外汇信息市场。目前该系统的信息来源于世界上 90 多个国家和地区的 170 家证券和外汇交易所，以及分布在世界各国的 2 000 多家银行和非银行金融机构。目前在中国的北京、上海和广州等 20 多个城市设有路透社资讯系统。路透社资讯系统的主要服务功能有以下几个方面。

（1）即时新闻信息。这些信息包括各国的政治、经济、金融、财政、军事、商品贸易、利率、货币供应量、就业水平、国际收支状况和经济增长情况等各种新闻信息。

（2）各国货币汇率行情。各国外汇市场上的即时汇率行情都可以在路透社资讯系统的报价系统中获得，只要交易员按下所需代码，电脑屏幕上就会自动显示所需的最新的即时汇率行情。

（3）市场汇率走势。路透社资讯系统有许多经济学家、银行家、外汇交易专家和专业分析员，负责每天撰写汇率评论和汇价走势分析并输入到该系统中。用户根据需要可随时随地从该系统的终端机上调出所需的内容。

（4）技术图表分析。路透社资讯系统有各种有关汇率走势的技术分析图表，包括动态的和静态的。交易员可根据所需调用或利用该系统的终端机绘制所需的技术分析图表。

(5)叙做外汇买卖。交易员通过路透社交易系统的终端机可与该系统内任何一家银行进行外汇买卖。交易员只要在键盘上输入自己的终端密码,然后再输入对方银行的代码,叫通后即可与其进行询价、还价甚至成交。一旦成交后与该终端机相连的打印机会自动打印出交易"合约"。

2.2.2.4 德励财经资讯系统

德励财经资讯系统(Telerate System)隶属美国道·琼斯公司,于1969年创设电子金融信息市场,即时同步提供全球最新经济金融信息,其总部设在中国香港。

德励财经资讯系统的信息来源于世界各地2 000多家银行、证券和外汇交易所以及商品交易中心等。该系统主要服务功能有以下几项。

(1)即时货币汇率和经济金融新闻。德励财经资讯系统提供各国货币汇价、利率、黄金、证券、期货和期权的即时同步行情和报价,提供美联社的全球性的新闻服务。

(2)市场评论和图表走势分析。德励财经资讯系统提供2 000多家银行、证券和外汇等专门金融机构的市场走势分析,以及各种有关价格走势的技术分析图表,包括动态的和静态的。交易员可根据所需调用或利用该系统的终端机绘制所需的技术分析图表。

(3)叙做外汇买卖。交易员通过德励财经资讯系统的终端机可与该系统内任何一家银行进行外汇买卖。交易员只要在键盘上输入自己的终端密码,然后再输入对方银行的代码,叫通后即可与其进行询价、还价甚至成交。一旦成交后与该终端机相连的打印机会自动打印出交易"合约"。

由于有了这些先进交易设备,银行交易员才能进行快速有效的外汇交易,才能随时掌握有关影响汇率的最新新闻事件,以便及时捕捉市场行情信息,从中获取利润以及为客户提供更好的金融服务。

2.2.2.5 美联社金融信息服务系统

美联社金融信息服务系统结合了美联社在财经市场上的经验和在提供即时金融数据上的专长。通过个人电脑终端机或地区网络,该系统可以提供有关外汇买卖价、投资组合、经济评论、经济指标和公司活动等信息。美联社系统的情况与路透社系统大体是一样的,所不同的只是在提供的服务项目上略有区别。美联社终端的主要服务项目包括以下几项。

(1)汇率服务。客户可以了解到超过100种外币的即时汇率报价(包括交叉汇率的报价)。根据各主要金融中心的报价,还可以提供金融期货、欧洲美元、境内金融工具、美国政府债券及黄金市场行情。

(2)外汇市场消息。客户可以通过终端机的屏幕随意选阅所有主要的即时经济新闻,还可自行取阅每条新闻的详细内容。终端机里一般设有警报系统,用以提醒客户注意突发的要闻简报。

(3)期货服务。世界期货市场的即时价格、由市场专家撰写的推荐和评论都可在信息终端机的屏幕上显示出来。提供的范围包括金属、谷物、油料、咖啡、可可豆、糖和橡胶等商品。用户既可全套收看,又可选择个别项目。

(4)资本市场服务。这项服务提供全球各资本市场全面性的资讯服务。64个国家超过3 500名从事资本市场业务的人员,提供信息给该服务系统。报价的范围包括欧洲债券、政府和境内发行的票据、认股权证、掉期买卖、商业票据和其他资本市场工具。

(5)股票服务。与亚洲、欧洲、北美洲和大洋洲主要证券及期权交易所进行直接联系,为客户带来源源不断的市场信息。美联社在世界各地的记者和通讯员网络不断地报道有关股票的新闻和价格动向。专家、经纪人和其他专业人士也直接将报价和市场资料输入信息系统。

2.2.2.6 彭博金融信息系统

彭博金融信息系统(Bloomberg Financial System)是由美国的全球性资讯服务商Bloomberg推出的,总部设在普林斯顿,拥有62个国家和地区的2万多个用户,该系统为多媒体实时系统,提供外汇、股票、债券、期货、期权等金融产品的实时报价、图表分析、新闻,具有即时性、多媒体载体、历史性的特点。

2.2.2.7 外汇交易清算系统

外汇交易清算系统主要有位于纽约的美国银行间清算支付系统(CHIPS)和位于比利时的环球银行间金融电讯协会(SWIFT)。

美国银行间清算支付系统(CHIPS)于1970年建立,它将美国国内外各大银行的转账编进该系统,主要处理外汇买卖中的大金额转账。CHIPS转账的效率很高,实现了同日清算。

环球银行间金融电讯协会(SWIFT)是在1973年依据比利时国内法律申请设立,以公司形式登记的非营利性组织,总部设在布鲁塞尔。SWIFT在1977年开始营业,目前参加国达100个,近2 000家银行。

SWIFT系统的目的是实现全球范围银行间外汇买卖清算,其业务服务范围有以下几项:①客户汇款;②外汇头寸调拨;③外汇买卖和存贷款业务;④外汇托收;⑤证券、债券交易;⑥信用证;⑦特种付款,如信用卡;⑧借贷记账确认证和寄送对账单;⑨文件资料。

SWIFT的特点是内容标准化,处理电脑化,资金安全、可靠和迅速转账。

2.2.3 外汇交易程序

2.2.3.1 银行间的外汇交易程序

外汇银行都有专门的外汇交易室。交易室是银行专门从事外汇交易的部门,其工作人员都是从事外汇交易的专业技术人员，主要包括：首席交易员(Chief Dealer)，其职责是负责整个外汇交易过程；高级交易员(Senior Dealer)，其职责是负责大宗外汇交易；交易员(Dealer)和低级交易员(Junior Dealer)，其职责是负责在交易额度内进行一般性外汇交易；头寸管理员(Position Clerk)，其职责是负责外汇头寸管理以及提供外汇头寸的即时动态等。

银行间的外汇交易程序通常按如下过程进行。

(1)询价(Asking)行进入交易系统。询价行叫通对方银行的电话、电传或在路透社交易系统终端机上输入自己的密码并输入对方银行的代码，说明自己的行号。

(2)询价(Asking)。询价内容有买卖货币的名称、金额和交割日等并要求报价行报价。询价行的买入价就是报价行的卖出价，反之亦然。例如，USD/CNY = 8.276 0/80，8.278 0 是询价行买入美元支付人民币的价格，也是报价行卖出美元收进人民币的价格。

(3)报价(Quotation)。报价行要快速报出询价行所要求某种货币的买入价与卖出价。报价行买入价就是询价行卖出价，反之亦然。如上面例子中 8.276 0 是报价行买入美元并卖出人民币的价格，同时也是询价行要求卖出美元收进人民币的价格。

(4)成交(Done)。询价行先表示买入某种货币的价位和金额或卖出某种货币的价位和金额，然后报价行接受询价行的要求，即表示 OK，DONE。

(5)证实(Confirmation)。证实是指报价行复述询价行要求买入或卖出某种货币的汇价、金额、交割日期和提出资金清算指示，同时询价行也向报价行提出自己的资金清算指示。一旦双方确认交易内容无误，即可通过记录仪或打印机打印交易“合约”。然后，交易员根据交易内容填写交易单(Dealer slip)并在头寸登记表(Position Sheet)上记录交易头寸。交易合约和交易单将作为清算机构进行资金清算和会计记账的凭证，头寸登记表可以帮助交易员掌握头寸情况和盈亏状况，也便于事后检查。

(6)交割(Delivery)或结算(Settlement)。即交易双方各自按照对方的要求，将卖出货币的金额及时准确解入对方指定的银行存款账户上。

2.2.3.2 通过外汇经纪人进行外汇交易的程序

大多数外汇市场上的外汇交易必须通过外汇经纪人(Broker)来完成银行与银行或银行与客户之间的外汇交易。询价行(客户)通过路透社交易系统或电话直接呼叫外汇经纪人，请其报价，经外汇经纪人报价后，询价行(客户)即可决定买入或卖出某种货币，其中包括交易货币的汇价、金额、交割日以及清算指示等。一旦成交，外汇经纪人就可通知该笔交易的买卖双方进行货币交付并开出该笔交易佣金收取通知单。有时银行(客户)通过电话以订单形式通知经纪人，经纪人根据订单的要求进行外汇买卖，一旦买卖双方订单的要求获得满足即可达成成交，然后以电传的形式通知买卖成交的双方进行确认,确认无误后进行货币交付并开出该笔交易佣金收取通知单。

通过外汇经纪人进行外汇买卖的清算交割与银行间外汇交易的清算交割一样,即交易双方各自按照对方的要求,将卖出货币的金额及时准确解入对方指定的银行存款账户上。

2.2.4 外汇交易技巧

2.2.4.1 报价技巧

交易员在报价时通常同时报出某种货币的买卖汇价,买卖汇价之间的价差就是交易员为银行赚取的利润和所承担的风险。一般而言,在实际外汇交易中,报出的买卖汇价的差额越小,其报价越好。因此,交易员的报价好坏取决于其所报买卖汇价的差额的大小。交易员报价要从市场竞争力和银行利润出发,如何报出一个汇价使其既有市场竞争力,而又能为银行赚取较好利润,这是衡量银行交易员的业务水平和报价技巧的一个重要方面。

首先,一个好的外汇交易员首先要把握市场上各种交易货币的极短期的汇率走势以及该货币买卖价差的大小及其风险特性。目前在国际外汇市场上,对于交易比较频繁的货币(如英镑、日元、欧元和瑞士法郎)的价差较小,其他交易不频繁的货币买卖价差较大。其次,交易员必须了解当前市场的预期,根据市场预期来调整自己持有的头寸,使自己的外汇头寸处于有利的状态,因为交易货币的走势往往向市场预期的价位波动。最后,交易员要清楚知晓银行的交易政策、自己持有头寸的额度,在保证市场竞争力和利润的基础上,报出合理的价格。这样交易员报出的汇价,既能融合银行与自己的买卖意图,为银行赚取利润,又能融合交易货币的走势使交易对方满意成交。

下面以市场预期某一交易货币上涨或下跌来说明交易员的基本报价技巧。

例如,假设某日市场上即期汇率为 USD/CHF = 1.543 0/50。当市场预期美元汇率上涨时,此时市场参与者倾向于买入美元,以期获取利润。银行交易员应将美元的汇价报高(40/60),以便降低成本使自己处在有利的地位。因为交易员卖出美元的汇价越高,交易员以较低的汇价来平仓的机会就越大,赚取利润的机会就越多。反之,当市场预期美元汇率下跌,此时市场参与者倾向于卖出美元,以期获取利润。银行交易员应将美元的汇价报低(20/40),以便降低成本使自己处在有利的地位。这样交易员由于买入的汇价较低,从而就能以较高的汇价平仓来赚取利润。

2.2.4.2 入市技巧

交易员入市无非是买入某种货币(多头)或卖出某种货币(空头),动机在于利用汇价差从中获利。要在瞬息万变的市场汇率中入市获利,选择正确的入市点对交易员来说,既是外汇交易获利的首要条件,又是对交易员业务水平考察的重要方面。因此,交易员必须熟练掌握入市技巧。

首先,交易员入市时应准确掌握市场上各种交易货币汇率变化的规律。在买入和卖出时应选择恰当的入市点,一旦看准入市机会,应果断进入市场买入或卖出某种货币,否则就可能错过良好的入市机会;或者选择入市点时,市场已上涨或回落,买入的汇价可能将高位套牢,卖出的汇价较低就有可能造成损失。

其次,交易员要牢记市场永远是对的,依市场气氛而走。因为市场变幻莫测,交易员了解市场的能力毕竟有限,对市场汇价的走势情况交易员不能有先入为主的成见,应牢记市场永远是对的。

2.2.4.3 出市技巧

交易员选择恰当的出市时机直接关系到入市后利润或损失的数额。因此,交易员入市时机只是外汇买卖获利的机会,而出市时机才是交易员外汇买卖获利的关键。交易员出市的动机无非是平仓获利或平仓损失两种动机,无论哪一种动机,决定出市时机时应掌握的技巧如下。

(1)持仓应有耐心,跟着市场气氛走,不要急于获利了结。入市后,要特别关注市场汇率走势,要有耐心,有赚全程利润的心理准备,对市场的极短期汇率变动坦然处之,要坚信自己对市场汇率预测的看法。当市场汇率走势出现与预期相反时,应果断了结出市。

(2)确立止蚀位,切勿平均损失。在入市后,如果市场汇率走势与自己的预测相反,要确立止蚀位,将损失限制在某一幅度内。一旦损失达到确立的止蚀位时要果断止蚀,切勿平均损失。

所谓平均损失是指在面对有损失的交易时,持有多头头寸的交易者,往往市场汇价越跌越买,即空头走势下的逆向操作,以摊低交易成本,减少损失;持有空头头寸的交易者,市场汇价越高越卖,即多头走势下逆向操作,以摊低交易成本,减少损失。这两种平均损失也存在着危机:空头走势的逐步买入,可能面临资金用尽的危机;多头走势的逐步卖出,难免有轧空的危机。

止蚀位一般是关键技术的点位,此点位往往是市场难以越过的阻力价位或难以跌穿的支撑价位。市场汇率一旦突破此关键技术点位,市场汇率有可能出现大涨或大跌。一般可借助技术分析,确定市场汇率的关键技术点位。

(3)不要预先设定利润目标。交易员要根据市场汇率的变化开立头寸,随时获利了结或进行止蚀,而不能根据自己设定的利润目标进行平仓,以不达目的不收手的心理完成交易。

2.3 外汇行情分析与预测

2.3.1 汇率预测对市场参与各方的重要性

在当今浮动汇率制下,汇率波动会直接影响市场参与者的利益。因此,对市场参与者来说,对汇率的准确预测是一个重要的问题。下面就汇率预测对市场参与者的意义及其重要性进行简要说明。

2.3.1.1 对外汇交易员而言

汇率预测与其走势分析是外汇交易员主要的工作。因为外汇交易员无论是外汇买入或卖出、抛补交易以及套汇等,准确预测汇率的走势是保证交易成功的一个重要因素。外汇交易员通常拥有充分的信息,丰富的专业知识与经验,以及对市场高度的敏锐性。因此外汇交易员除了要准确预测汇率变动的方向外,还必须预测汇率变动的幅度和频率的大小。

一般而言,银行间市场是一个差价交易市场,即低买高卖的交易市场。因此,外汇交易员买卖外汇的目的是追求买卖差价的收益而不是利息的收益。外汇交易员若要在低买高卖中获得收益,则必须对未来汇率作出正确的预测。

2.3.1.2 对银行而言

汇率的变动直接影响银行的资产负债结构,以及本外币资金流量期限的匹配。因为对汇率变动预测错误将直接导致银行财务风险急剧上升,甚至有可能导致银行的倒闭。例如,20 世纪 80 年代德国的赫斯塔特(Herstatt)银行,就是因汇率预测错误造成财务危机而倒闭。

随着银行业务综合化和国际化的不断深入,银行逐步弱化传统的存贷业务,转而向客户提供专业性金融服务,如为客户理财与财务管理,协助企业从事海外投资,为跨国公司进行财务管理和筹集资金等。这些业务必然涉及对未来汇率的预测。因此对汇率的预测和经济金融形势的分析与掌握,便自然成为银行提供的服务项目之一。

2.3.1.3 对基金公司和非银行金融机构而言

基金公司和非银行金融机构从事外汇买卖的目的是追求高额的投资收益,以及利用本外币市场进行投资组合来分散风险。因此对基金公司和非银行金融机构的经理人而言,准确预测汇率是至关重要的。因为他们在资金运作之前,通常要对未来汇率的走势及其变动所产生的获利情况进行评估,以便使投资组合或资金投向汇率变动对其有利的一方。例如,经理人预测未来美元将升值,则他就会购买美国债券,从而获得利息和汇率上升所带来的额外收益。

2.3.1.4 对进出口商而言

在国际贸易过程中,从报价、签约、生产、交货、付款或收款,通常要经过相当长的时间。在这段时间内,汇率很可能发生变动,进而造成进出口商的收益或成本处在不可确定的情形下,甚至造成进出口的重大损失。因此进出口商在报价和签订买卖协议时,就必须对未来汇率进行准确预测。

当然,对进出口商而言,有两种情况可以不对汇率进行预测:①使用本国货币进行报价;②以远期汇率进行报价并以外币计价的未来收入或支出都到远期市场进行抛补交易。

就第一种情况而言,进出口商使用本国货币报价,前提条件是外国进出口商可以接受。目前只有少数几个国家的进出口商使用本国货币报价,因为这些国家的本位币是国际货币,具有国际支付手段。例如,美国的进出口商用美元报价。但对大多数国家而言,外国的进出口商难以接受本国货币报价。例如,外国的进出口商目前不大可能接受以人民币作为计价的基础。

就第二种情况而言,即便进出口商以买卖远期外汇通过抛补交易来避险,但通常也要对未来的即期汇率进行预测。只有汇率变动带来的损失大于避险成本,他才会参与远期外汇买卖来规避因汇率风险所造成的损失。因此,由于避险成本的存在,进出口商也要对汇率进行预测,然后评估后再决定是否值得参与远期外汇买卖。

目前,中国90%以上的对外贸易采用美元报价,而人民币兑美元的汇率基本稳定,进出口商实际承担的汇率风险很小,因此汇率预测或避险措施都不被进出口商所重视。但随着人民币汇率市场化改革步伐加快,进出口商将会逐步认识到汇率预测的重要性。

2.3.1.5 对投机者而言

外汇投机者(Speculator)是指主动承担外汇风险并希望通过汇率的变动从中获取收益的人。对投机者而言,无论其在即期市场、远期市场,还是在期货和期权市场上进行外汇投机,对汇率的准确预测是决定其获利和损失的关键因素。可以说,汇率预测是投机者在投机前的必备工作。

下面,我们依次介绍三种外汇行情预测方法。

2.3.2 市场汇率预测法

市场汇率预测法是一种直接根据市场中的汇率价格预测未来汇率的一种方法。这种方法的预测成本非常低,如果对预测的精度要求不严格,可以采用此方法进行预测。市场汇率预测法包括两种:即期汇率预测法和远期汇率预测法。

2.3.2.1 即期汇率预测法

如果某种货币的汇率波动比较小,外汇市场比较平稳,在预测该货币的短期汇率时,可以认为当期的即期汇率就是下一期的即期汇率。

但是,该方法只适用于市场较为稳定的情况,也就是说,各国经济波动相对平稳,而且也没有出现重大的政策改变,同时,国际游资的炒作力量也不活跃,在这种情况下,使用即期汇率预测法才较为稳妥。然而事实并非如此。在多数情况下,即便各个因素都相对稳定,汇率仍会出现小幅波动,因此不能在毫无根据的情况下,随意地相信即期汇率预测法的可靠性。

2.3.2.2 远期汇率预测法

主要的国际货币通常都有发达的远期外汇市场或者期货市场,远期汇率反映了当前市场对货币的未来即期汇率的一致看法(在第四章中我们会揭示远期汇率与未来即期汇率之间的关系),在国际金融市场套利机制的作用下,远期汇率应该是未来即期汇率的无偏估计。

远期汇率预测法较为常用,因为该方法使用起来比较简单而且有效。根据美国一些投资机构的实证研究,远期汇率在预测未来汇率时的有效性相当高,在数十种货币的预测中,准确性大约为85%。但是,远期汇率除了受经济本身的影响之外,还取决于市场买卖的力量。如果外汇市场上需求量比较大,远期汇率会高于实际汇率值;反之,如果市场上抛售的力量较为强大,则远期汇率可能被低估。而难点在于,我们在运用远期汇率进行预测的时候,无法通过先验信息来判定未来外汇市场的供求状况,因此很难避免预测误差。

2.3.3 外汇交易基本因素分析法

外汇交易基本因素,是指人们公认的能够影响汇率的主要因素。基本因素分析(Fundamental Approach)是根据影响汇率波动的主要经济变量的变化来预测汇率未来波动方向及波动幅度的方法。外汇交易基本因素分析法包括定性分析、数学模型分析和德尔菲分析三种常见类型。

2.3.3.1 定性分析

定性分析不考虑各种基本因素与汇率之间的数量关系,人们只是根据特定的理论或经验对汇率的大致走势作出判断。比如,在其他条件不变的前提下,本国利率上升会导致该国货币汇率上升。由于定性分析并不试图确定各种变量间的数量关系,所以它可以将一些难以量化的因素纳入分析,涉及的基本因素比较广泛,主要包括四类:①基本经济因素,指制约外汇供求关系的一系列经济指标,如以国内生产总值、国际收支、利率、货币供应量、通货膨胀率为代表的基本经济指标;②以中央银行干预、国家经济调整为代表的政策因素,如财政、货币、汇率、收入等方面的政策;③以政治、社会、新闻变动等为代表的社会政治影响因素;④以市场预期、投机信息、市场评价等为代表的心理影响因素。

在汇率的预测中,定性分析是人们较普遍使用的预测方法,这种方法容易掌握，其基本理论不涉及高深的数学、经济模型、统计技术等方面的知识，对预测精确度要求较低，从而在信息搜集和加工等过程中付出的成本也较少。人们在外汇交易中，最需要了解汇率的运动方向，它直接关系到人们买进或卖出某种外汇或相关金融产品的决策，定性分析可以满足人们这种基本要求。

2.3.3.2 数学模型分析

数学模型分析是指利用数学模型来预测汇率的走势。其基本步骤是：首先，在一些假设条件下建立起反映各基本因素与汇率之间关系的方程式。比如，购买力评价模型、利率评价模型、柔性价格货币模型、多恩布施模型、资产结构平衡模型等，都是从基本因素分析出发，考察汇率的决定与变动的数学模型，这些模型都有若干公开或隐含的假设条件，这主要是为了简化分析，从而使预测具有可操作性。其次，搜集有关经济信息并确定模型的参数，并根据以往的汇率资料对已建立的数学模型进行检验。最后，利用数学模型对汇率进行预测，如果预测结果不能令人满意，那么就要修正参数或改变模型的假设条件。

与定性分析相比，数学模型分析在反映变量的相互关系方面更加严格，它能够给出明确的定量结论，人们也可以对其预测进行检验。但目前外汇交易者一般不采用数学模型分析方法进行预测，它仍然处于经济学家进行理论探索的阶段。数学模型分析难以用于实践的原因是：首先，因为数学模型较复杂，难以被外汇交易者所理解和操作；其次，模型的建立需要一定的假设条件，会在一定程度上脱离现实；最后，数学模型往往将一些难以量化的因素排斥在考察范围之外，从而影响预测的准确性。

2.3.3.3 德尔菲分析法

德尔菲分析法是指通过专家进行滚动式问卷调查进行汇率预测的方法。为了使专家们能够独立地发表自己的见解，它通常由中间人组织，采用背对背的征询问卷方式。当中间人得到专家的判断之后，将经过处理的意见反馈给各位专家进行第二轮征询，经过这样的数次反馈，得出基本一致的结论。专家们也可不断根据新的信息，修正自己的预测。

问卷包括问卷说明、预测指标和预测说明三方面的内容。组织者一般指定基本因素的种类，便于归纳总结。这种方法集中了多名专家的知识、智慧和经验，能提高预测质量。一般来说，在大专院校和科研部门工作的专家较适合从事长期预测，因为他们对模型和基础理论比较熟悉；在银行和企业工作的专家适合于短期预测，因为他们对新信息更加敏感。此外，从滚动式的多次问卷调查中，组织者可以不断了解每位专家的预测能力，并通过人员调整来提高征询对象的素质，以保证预测准确。

上述三种基本因素分析在预测上各有利弊，也各有其存在的价值。数学模型分析有发展前途，而定性分析和德尔菲分析法在目前较有实用价值。

基本因素分析法在实践中应用非常广泛,各国银行、非银行金融机构、跨国公司、进行国际投资或跨国融资的企业和个人、从事外汇投资或投机的人士,都把基本分析法作为分析和预测汇率变动的主要工具。在预测汇率的长期走势上,基本因素分析法的准确度通常比较高,但在判断汇率变化的具体时间以及预测短期内汇率变化方面,效果并不十分理想,因为短期内的汇率走势经常受一些偶然性因素的影响。

2.3.4 外汇交易技术分析预测法

技术分析预测法认为所有影响汇率的因素都会反映在汇率和外汇的成交量上,因此只要用过去的汇率和外汇成交量的变动走势就可以预测未来汇率变动的走势。

2.3.4.1 技术分析预测法与基本因素分析法的主要区别

(1)技术分析预测法重点分析汇率短期走势的规律,找出最佳的买入点或卖出点;基本因素分析法在于分析外汇的内在投资价值以及汇率长期走势的规律,决定投资外汇是否值得。

(2)技术分析预测法直接从汇率自身所形成的历史轨迹入手,根据汇率走势图形所反映出来的外汇供求状况、汇价和成交量等市场信息因素对汇率走势进行分析,从而预测未来汇率走势的趋势;基本因素分析法是从影响汇率的政治、经济以及不可预期的相关新闻事件等因素入手,采用计量经济模型分析这些基本因素如何决定汇率走势。

(3)技术分析预测法主要目的在于判断未来汇率涨跌的趋势;基本因素分析法主要目的在于判断未来汇率水平的高低。

(4)利用技术分析预测法的投资者无须掌握经济金融方面的专业知识以及随时更新的经济情报,因此简单的技术分析方法能够较为容易地为投资者掌握;而使用基本因素分析法的投资者必须具备丰富的经济金融专业知识、投资经验,以及最新、最重要的有关经济总量的数据,同时还必须具有统计方面的知识。

2.3.4.2 技术分析预测法的三大市场假设

(1)市场行为涵盖了一切信息。汇率趋势的转变是供求关系逆转的结果,不管何种原因导致供求关系的改变,外汇市场内买方和卖方都将迅速作出反应,汇价随即变动直到达成反映实际情况的新的均衡。买卖双方的反应可能是理性的,也可能是非理性的,它包括不同意见、情绪变化、猜测及盲目的需要,这些都是对外汇市场内部自身供求失衡的自然反映,外汇市场会将这些反应不断地、自动地反映在汇率上面。如果某一消息公布后,市场汇率没有发生相应的波动,其原因必然是:第一,这一消息不是影响汇率的因素;第二,市场效率低下,大部分市场参与者反应滞后,并未立即相应地采取买卖行动。

(2)汇率变化具有一定的趋势。汇率变化具有内在的连续性,与过去的变化紧密相关,市场的内在力量驱使汇率按照原来变化的方向进行运动,即使出现转折,也是平滑的。如果否认第二个假设,认为在不存在外部冲击情况下汇率也可以改变原来的变动方向,技术分析预测法就失去了立足之本。如果汇率变化毫无规律可循,技术分析预测法就是自欺欺人。

(3)历史是可以重复的。事物的发展具有周期性,都在按照自身特定的轨迹周而复始地运动。每一种货币因所处的经济环境不同,涨跌波动的周期存在较大的差异,但是这些货币本身的涨跌周期都有规律可循。市场过去运作所出现的不同形态,透视出买卖双方对当时及未来价格的心理变化,即低买高卖心态。这一心态以前出现过,未来也会重复出现。这一假设是技术分析预测法确定转折点的依据。

2.3.4.3 技术分析预测法的主要分析方法

(1)图表分析。它是将汇率的变化以图形表示,即将汇率过去一段时间内的变化系统地记录下来而形成的一条曲线轨迹。图表分析注重对汇率过去走势的轨迹的分析,并利用过去汇率走势的轨迹来预测汇率未来可能形成的轨迹。技术分析预测法所利用的图表主要有柱状图表(K 线图)、点数图和移动平均图三种。这些图表绘制比较简单,也容易学习和掌握。以柱状图表为例,只要将每天汇率变动的开市价、最高价、最低价、收市价按照时间序列进行绘制,即以汇率为纵坐标,以时间为横坐标绘制每天汇率变动的开市价、最高价、最低价、收市价,形成一个柱状图形,经过一段时间后,就会形成一个高低错落、波浪起伏的柱状图表。这些图表反映了过去市场汇率走势情况和市场气氛。

(2)趋势分析。它是根据汇率的历史资料形成的各式各样的图表,画出过去趋势线和新的趋势线,从而找出汇率上升或下跌的通道、支撑点或线、阻力点或线,寻找最佳买入点或卖出点。通过趋势分析可以发现汇率变动的转折点,这些转折点也是汇市的反转形态。常被使用的反转形态有:头肩形、双重顶(底)形、三角形、圆顶(底)形、反转旗形、缺口形和楔形等。掌握这些形态的变化规律,有助于投资者把握买卖时机,以尽可能扩大收益,避免损失。

(3)移动平均线分析。它是将过去一段时间内汇率收市价相加,根据需要将汇率收市价相加之和除以天数得出一个均值,然后以此均值为纵坐标,以时间为横坐标绘制得出一条移动平均线。移动平均线可以是多种多样的,一般有以每 5 天、10 天、20 天、30 天以及半年计算的平均线。移动平均线包含的天数越多,画出的曲线越平缓,汇率走势就越缓慢;移动平均线包含的天数越少,画出的曲线则越陡峭,汇率走势越急迫。

运用移动平均线来预测汇率的走势,应以移动平均线为参考标准。当市场汇率越过移动平均线并在其上方时,投资者可考虑入市买入,只要移动平均线保持平稳上升态势，投资者应继续持仓，只有在移动平均线出现明显的转跌信号时，方可平仓获利了结。移动平均线最大的优点是：投资者能够辨认出汇率长期走势的趋势，无论投资者买入或卖出外汇头寸，只要移动平均线向着对自己有利的方向发展时，就可继续持仓，在移动平均线出现掉头时即可平仓，这样就可在多变的汇市中获得利润。

美国投资专家嘉南维根据自己多年的投资经验总结出运用移动平均线分析时应遵循的八条原则。这八条原则如下：

①当移动平均线出现从下降状态转向水平状态并向右上方移动的迹象，且市场汇率也从移动平均线的下方向上移动并试图越过移动平均线时，便是买入的信号。

②汇率在移动平均线的上方变动，虽然有时汇率会回跌，但并未跌破移动平均线，而后又再上升，此时也是买入信号。

③汇率跌破移动平均线，而移动平均线在短期内仍然继续向上移动，这种现象也是买入信号。

④汇率在移动平均线下方波动，并距离移动平均线越来越远时，就会出现汇市超卖现象，市场自然有回升的可能，这是买入的机会。

⑤汇率的变动呈上升趋势且距离移动平均线越来越远，这表明汇率上升幅度很大，应及时平仓获利了结。因为市场随时有回吐的压力，这预示着卖出机会来了。

⑥移动平均线的方向由向上移动逐渐转为水平，且汇率已跌破移动平均线并在其下方变动时，这表明市场的沽空压力增加，预示卖出的机会到了。

⑦汇率一直处于移动平均线的下方变动，汇率的反弹无法回到移动平均线的上方，并且移动平均线从水平趋势转向下降趋势时，是卖出的最佳时机。

⑧汇率一直在移动平均线附近徘徊，而移动平均线却继续保持向下变动，此时投资者不可贪婪，应及时卖出获利了结。

(4)技术分析预测法的甘氏法则。用外汇成交量来判断汇率的走势有助于确定大势的转变，我们将股市分析中的甘氏成交量法则运用于汇市分析也同样有效。

甘氏法则之一。在一个持续的牛市以后，市场通常都会出现较大的成交量，这表明本轮行情即将结束。因此，在伴随大的成交量的一个急跌之后，第二轮的升势将开始，但成交量减少时，预示着大势将向下调整。

甘氏法则之二。如果汇价在创出第二个较低的顶部之后就做窄幅或横向盘整，而随后的成交量又突然放大，这种情形就有可能是汇率进一步下调的信号。

甘氏法则之三。当汇市长期持续下跌后，已接近了底部，这时成交量逐渐减少，且市场汇价的波幅变窄，表明空头市场行情即将结束，是市场情形发生转变的信号。

甘氏法则之四。在汇市的第一个急速上升或从熊市转向牛市后,市场会发生一个次级反应,形成一个次级底部,如果成交量持续放大,这表明此时汇价将会被推向另一个高点。

2.3.4.4 技术分析预测法的优劣

基本因素分析法和技术分析预测法各有所持,立场鲜明,各有各的预测根据和准绳,谁优谁劣,尚未有定论。与基本因素分析法相比,技术分析预测法的优势如下:

(1)技术分析预测法更看重短期市场价格的趋势,主张根据短期价格波动逢高抛售、逢低吸纳,更灵活地运用资金,赚取更大利润。

(2)技术分析预测法对价格变动中蕴含的市场上升或下降压力比较敏感,看重买卖双方对目前价格的心理反应及冲动,以此为依据进行汇率预测,不必耐心等候各种经济、政治因素的变动,较之依据经济及金融统计信息进行预测,时间上更快。

(3)技术分析预测法直接以汇率为对象,由于汇率波动是受外汇市场供求不平衡造成资金从一种货币转换到另一种货币的产物,因此,能够在第一时间内反映汇率波动的是技术分析指标,在及时掌握信息的基础上作出的预测,具有更高的准确性。

技术分析预测法也有自己的局限性,突出表现在以下几个方面:技术性分析只能帮助我们了解汇率的变动趋势和方向,不可能捕捉到每一次汇率波动的最高和最低价。而且,其推测出来的汇率走势变化,是基于当时市场客观形势保持不变的假设,如果客观形势骤然急变,汇率预测将会出现很大的偏差,因此,运用技术分析预测法进行预测时需要不断随着市场形势的改变作出对预测值的修订。另外,技术分析预测法具有较为强烈的主观性,例如,用图表分析时会出现"走势陷阱",对于同一张汇率图表,三个技术分析者经常得出数种不同的意见。也就是说,技术分析预测法的预测效果、准确性往往因人而异。

正是由于这些局限,技术分析预测法一般不能单独用来进行汇率预测,通常是与基本因素分析法配合使用,以基本因素分析法判断货币波动的趋势,以技术分析预测法判断波动发生的时间,或者进行辅助的检验。

2.3.5 外汇市场短期波动的行为金融学解释

在信息时代,人们在金融市场上的行为在很大程度上受到人们的心理因素的影响,受到人们所掌握信息的不对称的影响,故而才会出现外汇市场上汇率变动的无序现象。行为金融学认为,在外汇市场上,因受每个人的主观评价影响而变动的外汇供求会自动趋于平衡。

外汇市场的短期波动,可以是指一天、也可以是一个小时的时间范围内的波动。在外汇交易市场上,外汇价格的每天波动幅度大致在0.5%~1%之间,用外汇市场的术语来说就是50~100个基点,波动幅度大时可达到5%以上(即500个基点以上)。外汇价格经常性的大起大落说明了外汇市场的两大特征:第一,风险巨大;第二,在外汇市场投资存在获得巨额利润的可能性。对于外汇市场经常出现的短期剧烈波动,行为金融学上称之为对信息的过分反应。对于外汇行市的过分反应,目前行为金融学的解释有以下三个基本观点:

(1)外汇市场不是一个有效率的市场,即外汇价格的波动不能充分反映市场在一定时期内出现的全部信息,因此导致外汇的实际价格经常会过分地偏离均衡价格。探讨外汇市场是不是一个有效率的市场十分重要。

首先,宏观经济模型应该包括所有影响这一模型的变量,并相信这些变量的总和会决定这一模型的结果。这一原则同样适用于外汇市场的均衡模型。外汇市场的短期剧烈波动可能是由于市场参与者主观地排斥某些信息,片面地接受或过分地接受某些信息,使外汇价格过分扭曲;也可能是某些影响外汇波动的信息掩盖了其他一些同样重要的信息,造成外汇价格大起大落。

其次,如果外汇市场不是一个有效率的市场,就会导致一些纠偏的行为在市场出现,如以牟利为动机的投机者介入市场、市场信息的准确发布、政府干预等。这些纠偏的行为有时会使实际价格与均衡价格趋于一致,有时却会进一步扭曲市场的价格波动。

最后,外汇市场是不是一个有效率的市场,将直接关系到外汇交易者的投资决策,成为投资者考虑是否进行投资的重要因素。从外汇市场的实际波动来看,外汇市场在长期内可能是一个有效率的市场,但在短期内却还远远没办法证明。目前对外汇市场每天波动影响最大的是新闻,它包括经济和政治两大类。此外,市场投资者的意愿和心理因素,又常常使这些新闻对外汇市场的影响被进一步放大。

(2)外汇的即期价格与外汇汇率的长期均衡价格会发生偏离。人们经常在报纸上读到,某种货币的"汇率目前被高估",或者是某种货币"目前的汇率已远远低于它的合理价格",其所指的就是这种偏离现象。一般情况,外汇价格是由外汇交易市场供求所决定的,由于外汇市场预期波动这一因素的存在,各大外汇银行每天报出的外汇牌价,在报出即期价格的同时,往往还会有一个远期价格,至少在外汇的期货市场里可以找到外汇的期货价格。外汇的期货价格从理论上来说应更接近于外汇的长期均衡价格。外汇的即期价格过分地偏离外汇的长期均衡价格可能是即期价格太低或太高,也可能是长期的均衡价格被估计得太低或太高。从外汇市场运行本身来看,在投机性资本不充足时(在市场上交易很少),或在投机性资本过多的时候(市场交易过热),即期价格与它的长期均衡价格不一致是正常的现象。

(3)外汇的短期价格波动幅度总是会超过它长期的均衡价格波动幅度。对于外汇汇率的走势,所有会影响外汇汇率的因素都会产生作用,但这些因素的作用在时间上和空间上会有差别，也就是作用方向可能不一致，造成短期均衡价格偏离长期均衡价格。对于外汇的短期价格波动幅度偏离长期均衡价格波动幅度的现象，目前经济学界流行的一种解释是：当政府扩大货币供应量或降低利率时，实际的货币供应量增加，外汇市场迅速做出反应，本国货币的汇价大幅度下跌，使外汇的短期均衡价过分地低于长期均衡价。而当物价在完全消化货币供应量增长因素时会上升，实际的货币供应量会有所下降，外汇的短期均衡价也会逐渐恢复到与长期均衡价趋于一致。

本章小结

外汇交易是指外汇买卖的主体为了满足某种经济活动或其他活动的需要时，按一定的汇率和特定交割日而进行的不同货币之间的兑换行为。

世界各地外汇市场上大都借助先进的交易设备来完成外汇交易。这些外汇交易设备包括电话、电传、路透社交易系统、德励财经资讯系统、美联社金融信息服务系统、彭博金融信息系统、美国银行间清算支付系统和环球银行间金融电讯协会。

汇率预测对市场参与者来讲，是一件极其重要的工作。因为预测的未来汇率准确与否直接关系到市场参与者和投资者的损益。预测未来汇率走势的方法主要有市场汇率预测法、基本因素分析法与技术分析预测法三种。其中，通过市场汇率预测法来预测汇率，通常适合预测汇率短期的走势，而无法预测汇率长期的走势，因为任何影响汇率长期走势的因素若已改变的话，便会马上影响到投资者预期心理，进而影响目前的即期汇率；基本因素分析法适合预测汇率长期与基本走势；技术分析预测法通常也适合预测汇率短期的走势，而无法预测汇率长期的走势。

3. 即期外汇交易

新闻导引

关于在银行间外汇市场推出询价点击成交功能的通知①

为进一步完善交易机制,促进银行间外汇市场发展,中国外汇交易中心于2018年2月5日在新一代外汇交易平台 CFETS FX2017 推出询价点击成交(Bilateral ESP)交易功能。现将相关事宜通知如下:

1. 交易品种方面,支持美元对人民币即期 T+2 交易。

2. 交易机制方面,即期做市机构将有双边授信关系的交易对手分组,带量报出可成交价格,交易对手点击报价或提交订单,与做市机构达成交易。该功能上线后,即期询价交易模式将支持意向性报价(RFQ)和点击成交(ESP)两种交易功能。

3. 交易金额方面,最小交易金额为 1 万美元,单笔成交量为 1 万美元的整数倍。双边剩余授信额度超过 100 万美元时,参与机构才可查看即期做市机构报价。

4. 价格波幅限制、交易时间、交易确认和清算方式等沿用外汇即期询价交易相关安排。

学习要求

学习本章应准确理解即期外汇交易的基本原理,熟练掌握汇率的换算方法和技巧,并能运用即期外汇交易进行外汇抛补、套期保值和投机的实际操作。

---

① 资料来源:中国外汇交易中心,2018 年 01 月 24 日。

3.1 即期外汇交易概述

3.1.1 即期外汇交易的定义

在外汇市场上,即期外汇交易(Spot Exchange Transaction),又称现汇交易,是指买卖双方约定于成交后的两个营业日内交割的外汇交易。即期交易的基本作用包括:满足临时性的付款需求、实现货币购买力的转移、调整货币头寸、进行外汇投机等,因此是外汇市场上最常见、最普遍的交易形式。一般而言,在国际外汇市场上进行外汇交易时,除非特别指定日期,否则一概视为即期交易。目前在全球两大电子即时外汇汇率报价系统 Reuters(路透系统)与 Bridge(桥讯)中,其显示的外汇汇率报价就是即期汇率(Spot Rate)。即期汇率构成整个外汇市场汇率的基础。

3.1.1.1 即期外汇市场

即期外汇市场是进行即期外汇交易的场所。即期外汇市场可根据交易中所使用的金融工具或金融资产不同分为外汇零售市场和外汇批发市场。外汇零售市场(The Retail Market),又称外币现钞市场(The Cash Market),是外汇银行与客户之间的外汇交易市场,在这个市场上交易的主要是外币现钞和外币旅行支票。外汇批发市场(The Wholesale Market),是银行与银行之间的外汇交易市场,它是在外汇零售市场基础上形成的,在这个市场上交易的主要是银行所持有的在外汇零售市场上交易的多余的外汇现钞。一般的,在国际外汇交易中所指的即期外汇市场是指银行间的外汇批发市场。

3.1.1.2 即期交易的交割日

交割日又称结算日,也称有效起息日(Value Date),是指买卖双方将资金交与对方的日期。即期外汇交易的交割日(Spot Date)包括以下三种情况:

(1)标准交割日(Value Spot or VAL SP),指采用 T+2 的交割方式,与欧洲账户的结算同步,即成交后的第二个营业日交割。目前大部分的即期外汇交易都采用这种方式。无论是银行报出的买卖价格,还是在金融报刊中出现的报价,都是采用 T+2 交割方式下的报价。

(2)隔日交割(Value Tomorrow or VAL TOM),又称现金交割,是指即期外汇交易一般采用 T+1 的交割方式,即成交后的第一个营业日交割。某些国家或地区因时差的原因而采用此交割方式。例如,在中国香港外汇市场上,港元兑日元、新加坡元、澳元的即期交易的交割日都为成交后的次日;美元兑加拿大元、墨西哥比索的即期交易也是成交后的次日为交割日。因为,上述这些国家或地区基本上属于同一时区。

(3)当日交割(Value Today or VAL TOD),指即期外汇交易采用T+0的交割方式,即在成交当日进行交割。银行与当地客户的零星即期外汇买卖一般是当天就可以实现外汇的收付,了结该笔外汇买卖。例如,美国游客在日本旅游时到日本银行用美元兑换日元,就可立即兑换与结算。另外,以前在中国香港外汇市场用港元兑换美元可在成交当日进行交割,目前通常在第二个营业日交割。

需要指出的是,两个营业日是以成交地的时间为准而不是以结算地的时间为准。成交地与结算地是两个不同的概念。成交地是指双方买卖货币的地点;结算地是指该种被买卖货币的发行国家或地区。例如,在伦敦的两家银行进行美元的买卖,伦敦是成交地,纽约则是结算地。因此,在即期外汇交易中,交割日最好是结算地银行的营业日,否则就不能实现外汇存款的转移,从而不能收取利息。

根据市场惯例,交割日必须是两种货币的发行国家或地区的各自银行营业日,并且遵循“价值补偿原则”,即外汇交易的双方必须在同一时间内进行交割或结算,以免任何一方因交割或结算时间不同而蒙受损失。

3.1.1.3 即期外汇交易举例

【**例3-1**】询价行和报价行之间的交易对话过程:

ABC:CHF5

XYZ:1.533 0/40

ABC:30 Done

My CHF to Zurich A/C

XYZ:OK Done

CHF at 1.533 0 We Buy USD 5 Mio AG CHF Val May 10 USD to NY

TKS for Calling N Deal BIBI

ABC:TKS for Price BIBI

该笔交易对话的中文翻译是:

ABC(询价行):金额为500万美元的瑞士法郎

XYZ(报价行):USD/CHF=1.533 0/40

ABC(询价行):以1.533 0的价格卖出500万美元,将瑞士法郎汇入我的苏黎世银行账户上

XYZ(报价行):同意成交,以1.533 0的价格买入500万美元,交割日为5月10日,并将美元汇入我的纽约银行账户上,谢谢你询价并交易

ABC(询价行):谢谢你报价

【**例3-2**】询价行和报价行之间的交易对话过程:

ABC:HKD/JPY 3HKD

XYZ:14.740/60

ABC:My Risk

ABC:NOW PLS

XYZ:14.745 Choice

ABC:Sell HKD 3 PLS My JPY to ABC Tokyo A/C

XYZ:OK Done

JPY at 14.745 We Buy HKD 3 Mio AG JPY Val May 10 HKD to HongKong A/C

TKS for Deal

ABC:TKS for Price

该笔交易对话的中文翻译是:

ABC(询价行):港元与日元的套算汇率,金额 300 万港元

XYZ(报价行):HKD/JPY = 14.740/60

ABC(询价行):我不满意(ABC 可能再次向 XYZ 询价)

ABC(询价行):再次向 XYZ 询价

XYZ(报价行):以 14.745 的价格任 ABC 选择买与卖(当报价行报出 Choice 时一定要做交易,ABC 不好以此作借口而不做交易)

ABC(询价行):ABC 选择卖出 300 万港元,日元汇入我在东京银行账户上

XYZ(报价行):成交,以 14.745 买入 300 万港元,卖出日元,交割日是 5 月 10 日,港元汇入我在香港银行账户上,谢谢交易

ABC(询价行):谢谢报价

3.1.2 即期外汇交易报价方法

即期外汇交易是外汇市场上最常见、最普遍的交易,而即期交易的报价是达成交易的基础。在即期外汇市场上,一般把提供交易价格(汇价)的机构称为报价者,通常由外汇银行充当这一角色;与此相对,外汇市场把向报价者索价并在报价者所提供的即期汇价上与报价者成交的其他外汇银行、外汇经纪人、个人和中央银行等称为询价者。

表 3-1 是刊登在《华尔街日报》上的外汇报价。

表 3-1 《华尔街日报》外汇报价

币种	即期外汇报价(今日)	前日外汇报价	涨跌幅(%)	全天最高价	全天最低价
美元/日元	111.44/47	112.24/27	-0.71	112.38	111.11
欧元/美元	1.219 1/92	1.218 4/87	0.06	1.225 4	1.217 3
英镑/美元	1.770 4/09	1.768 3/87	0.12	1.775 3	1.766 7
美元/瑞士法郎	1.276 8/73	1.280 5/08	-0.29	1.280 1	1.269 9

续表

币种	即期外汇报价(今日)	前日外汇报价	涨跌幅(%)	全天最高价	全天最低价
美元/加元	1.217 7/80	1.211 5/17	0.51	1.218	1.206 7
澳元/美元	0.765 0/53	0.761 6/19	0.45	0.766	0.759 8
新西兰元/美元	0.687 1/75	0.684 0/44	0.45	0.688 4	0.682 5

资料来源:华尔街日报,2005 年 8 月 2 日。

在汇率的报价方法上,基本上有直接报价法和间接报价法两种形式。直接报价法是指以一定单位的外国货币为基准,折算成若干单位的本国货币;间接报价法是指以一定单位的本国货币为基准折算成若干单位的外国货币。很明显,直接报价法和间接报价法是针对标出汇率的国家而言的。在这两种报价法下,判别汇率需要首先鉴别两种货币的地位,看哪种货币充当被报价货币,哪种货币充当报价货币。世界上大多数国家都采用直接报价法,但英国和美国均采用间接报价法(在美国只有美元兑英镑等少数几种货币的汇率采用直接报价法)。

在汇率报价方法中,除了直接和间接两种报价法外,为了便于国际间外汇交易的顺利进行,银行间市场的报价普遍采用“美元标价法”,即以美元作为被报价货币直接报出相关国家货币兑美元的汇价。

3.1.2.1 即期外汇交易的报价惯例

在即期外汇交易中,外汇银行在报价时都遵循一定的惯例,主要有以下几种。

(1)外汇银行的报价一般都采用双向报价方式,即银行同时报出买价和卖价。买入价和卖出价的差额称为差价。所报的汇率一般用 5 位有效数字表示,由大数和小数两个部分组成。大数(The Big Figure)是汇价的基本部分,通常交易员不会报出,只有在需证实交易的时候,或是在变化剧烈的市场才会报出。小数(The Small Figure)是汇价的最后两个数字。例如:某银行的即期外汇报价为:

EUR/USD = 1.198 1/86

GBP/USD = 1.744 6/52

USD/JPY = 118.41/46

公式斜线左边的货币称基准货币(Base Currency),斜线右边的货币称标价货币(Quoted Currency)。在 EUR/USD = 1.198 1/86 中,欧元是基准货币,美元是标价货币。1.19 是大数,81 和 86 是小数,81 和 86 之间的差额 5 称为差价。

一般外汇市场上汇率的小数变化非常活跃,而大数相对稳定。在报价时采用省略方式,力求简练,只要熟知行情的人能听懂就可以。因此,外汇银行之间报价通常只报最末两位数,即两位基本点。如上述报价可以简单报为:

EUR/USD:81/86

GBP/USD:46/52

USD/JPY:41/46

即期外汇交易中,报价的最小单位,市场称基本点(Basic Point),是标价货币最小价格单位的1%,人民币的最小单位是1%元(即分),则美元兑人民币的交易价格应标至0.000 1元。例如:美元兑换日元的汇率从120.53上升到120.63,则称外汇市场的汇率上升了10个基本点或10个点。

(2)除特殊标明外,所有货币的汇价都是针对美元的,即采用以美元为中心的报价方法。在外汇市场上,外汇交易银行所报出的买卖价格,如没有特殊表明,均是指所报货币与美元的比价。

(3)除英镑、爱尔兰镑、澳大利亚元和新西兰元单位的汇率报价是采用间接报价法以外,其他可兑换货币的汇率报价均采用直接报价法表示。

(4)在通过电信手段(如电话、电传等)报价时,报价银行只报汇价的最后两位数。例如,美元对加元的汇价如果是USD/CAD =1.542 5/35,报价银行的交易员一般只报为25/35。

3.1.2.2 被报价货币及汇率的双向报价概述

下面将对被报价货币以及汇率的双向报价做进一步的阐述。

(1)被报价货币。尽管汇率的报价方式有直接报价法和间接报价法两种形式,但两种货币之间的兑换实际上可以将之视为一种特殊的商品交易。这时的货币既是一般等价物,又是一种商品,将其中一种货币视为“商品”,将其数量固定下来作为比较的基础,同时将另一种货币视为“一般等价物”,通过其数量的变化来说明前者价格的高低。这样就产生了被报价货币的概念。

被报价货币(Reference Currency),也称基础货币或基准货币、参考货币、单位货币,指的是数量固定不变、作为比较基础的货币,也就是被用来表示其他货币价格的货币。而与之相对,数量不断变化、用以说明基准货币价格高低的货币则被称为报价货币或计价货币、汇率货币。在汇率上,被报价货币与报价货币的计量关系为:

1被报价币=××报价币

例如,加元兑美元的汇价为CAD1.651 0=USD1,加拿大的居民用1.651 0可买卖1美元,在此USD是商品,它扮演的是被报价货币的角色。与此相反,在美国,美元兑加元的汇价为USD0.605 7=CAD1,美国的民众可用0.605 7美元买卖1加元,此时加元是商品,它所扮演是被报价货币的角色,

上例表明,同样两种货币的兑换关系,在不同的国家可有不同的汇率表现形式。但实质上,汇率是表示两种货币之间的兑换率,而且此两种不同表现形式的汇率互为倒数。

(2)汇率的双向报价。外汇市场上,汇率通常采用双向报价方式(Two Way Quotation),即报价者(Quoting Party)会同时报出买入价格(Bid Rate)和卖出价格(Offer Rate)。如按 ISO 标准化组织的国际标准,银行可报出:

USD/CAD　　1.651 0/20

GBP/USD　　1.765 0/60

在上述银行报价中,汇率中的第一个数字(1.651 0 和 1.765 0)表示报价者愿意买入被报价货币的价格,即买入汇率或买价(Bid Rate);第二个数字(1.652 0 和 1.766 0)表示的是报价者愿意卖出被报价货币的价格,即卖出汇率或卖价(Offer Rate)。按国际惯例,外汇交易在报价时通常可只报出小数 10/20 或 50/60,其中的大数可以省略不报,在交易成交后再确定全部的汇率 1.651 0 或 1.765 0。

在双向报价中,报价银行(Quoting Bank)与询价者(Calling Customer)的相对关系可用图 3-1 来表示:

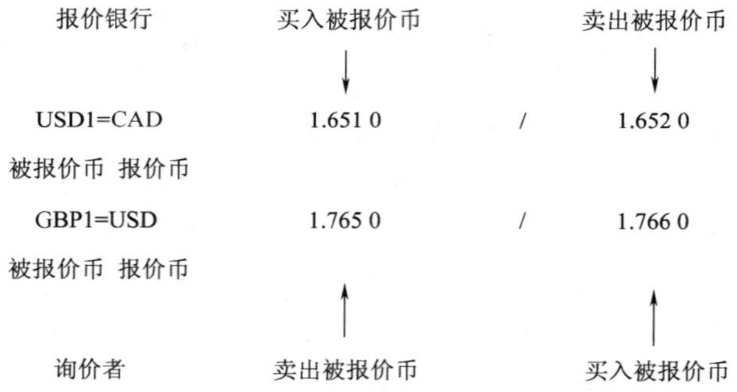

图 3-1　报价银行与询价者在汇率报价上的相对关系

例如:在美国,英镑兑美元的汇率报价为:

GBP1 = USD 1.765 0/60

GBP 充当被报价货币,扮演商品的角色,而 USD 为报价货币,扮演计价的角色,1.765 0 是报价者买入英镑卖出美元的价格,1. 766 0 是报价者卖出英镑的价格。

在理解汇率的双向报价中,有以下几点关键规则需要掌握:

第一,买卖价是相对于银行而言的,是外汇交易中银行买入后卖出外汇的价格。

第二,银行在外汇交易中总是追求赢利的,因此总是会低价买进、高价卖出,其报价也是低价在前高价在后。

第三,买入被报价币的同时就是卖出报价币。若被报价币与报价币互换地位,则买卖价位不但互换,且互为倒数关系。

3.1.3 即期外汇交易结算

即期外汇交易的结算方式主要有票汇、信汇和电汇三种。

票汇(Remittance by Banker's Demand Draft, D/D)是以银行即期汇票作为支付工具的一种汇付方式,汇出行应汇款人的申请,开立以汇入行为付款人的汇票,交由汇款人自行寄交给收款人,收款人凭票向付款行取款。

信汇(Mail Transfer,M/T)是指汇出行以邮政航空信件向汇入行发出汇款委托的一种汇付方式,汇入行对汇出行支付委托书的签字或印鉴核对无误后,将款项解付给收款人。

在实际交易中,票汇和信汇的使用较少,大部分外汇交易的货币收付是采用电汇方式。

电汇(Telegraphic Transfer,T/T)是指汇出行以电信方式(电报、电传或其他电子通信方式)向汇入行发出付款委托的一种汇付方式。汇入行在对收到的电传付款委托核对密押无误后,将款项解付给收款人。

下面举例说明电汇方式的具体内容。

【例 3-3】以顺汇方式为例,美国芝加哥的进口商 A 从德国出口商 B 处买入价值 100 万欧元的机器设备,按合同规定需即期付款,为此进口商 A 欲向芝加哥所在地的 C 银行购入 100 万欧元,然后委托 C 银行以电汇方式付给德国出口商 B,银行 C 接受 A 的委托后,按当天的汇率为 1 欧元=1.200 0 美元的价格收取 120 万美元,然后用电汇方式,通知其在出口商所在地的分行或代理行 D,在其存款账户中划拨 100 万欧元交付给出口商 B。这样 C 银行收进了 120 万美元本币,但在 D 银行的存款账户中减少了 100 万欧元,同时 A 与 B 之间的债务和债权得到了清偿。

【例 3-4】以逆汇方式为例,如果【例 3-3】中的德国出口商 B 需按合同规定以 D/P 托收方式收取款项,则需将这批机械设备装运上船后得到的有关单据,连同所开立的汇票,委托其所在地银行 D 寄往美国芝加哥的进口商所在地银行 C,要求进口商付款赎单,当进口商支付 120 万美元给银行 C 后,银行 D 在银行 C 的存款账户中增加 120 万美元的存款,同时出口商 B 按 1 欧元=1.200 0 美元的汇率,在银行 D 的存款账户增加 100 万欧元。

在以上两个例子中,在顺汇业务中银行 C 是卖出外汇,在逆汇业务中银行 D 是买入外汇。

电汇之所以受到普遍使用,是因为其效率高、时间短,只需一两天时间货币资金即可到账。电汇通常采用 CHIPS、SWIFT 完成货币资金的收付。

由于各国银行间即期外汇交易基本上是美元与其他货币之间的买卖,其结算是通过位于纽约的美国银行间清算支付系统(CHIPS)以及位于布鲁塞尔的环球银行间金融电讯协会(SWIFT)进行的。目前,在纽约经营的外汇银行(包括外国银行在纽约的分支行)都加入 CHIPS,全球国际性大银行都已加入 SWIFT。银行间外汇交易的结算通过这两个支付系统即可完成它们之间的货币转账。没有加入该系统的银行之间的结算,通过交易双方的代理行的账户划拨货币存款。

3.2 汇率的换算

3.2.1 交叉汇率联算法

由于外国货币种类繁多,而且各国货币制度不尽相同,因而在制定汇率时,本国货币不能对所有的外国货币都单独制定汇率,而只能选择某一货币作为关键货币,并制定出本币对关键货币的汇率,这一汇率被称作基础汇率(Basic Rate),它是确定本币与其他外国货币之间汇率的基础。作为关键货币,应具备以下特点:在本国国际收支中使用最多;在外汇储备中所占比重最大;可以自由兑换且为国际上普遍接受。目前大多数国家都把美元当作关键货币,把本币与美元的汇率作为基础汇率。

在国际外汇市场上,几乎所有的货币都与美元有一个兑换率。正因为如此,其他任何两种无直接兑换关系的货币都可以通过美元计算出它们之间的兑换比率,这种计算出来的汇率,被称作交叉汇率(Cross Rate)或套算汇率。

交叉汇率是指两种货币通过各自对第三种货币的汇率而算得的汇率。具体说来有以下两层含义:

第一,各国在制定基础汇率后,本币对其他外币的汇率就可通过基础汇率套算出来。

第二,由于世界外汇市场上主要是按美元标价法公布汇率的,美元以外的其他任何两种无直接兑换关系的货币必须通过其各自与美元的汇率进行套算。

例如:USD1 = JPY110.50,USD1 = CHF1.320 0

求:CHF1 = JPY?　　JPY1 = CHF?

解:CHF1 = JPY(110.50/1.32) = JPY83.7

JPY1 = CHF(1.32/110.50) = CHF0.012

3.2.2 交叉汇率买卖价的快速计算法

在用联算法运算交叉汇率时,所使用的是中间汇率,如果要更精确地计算交叉汇率的买价(Bid Rate)和卖价(Offer Rate),那情况就要复杂一些,因为买卖价需要配合货币的标价法来进行运算。

下面以不同标价法为例阐述计算交叉汇率买卖价的三种情况。

3.2.2.1 两种货币兑第三种货币均为直接标价法

以范例说明。

【例 3-5】已知：USD1＝CHF1.458 0/90

USD1＝CAD1.732 0/30

求：CHF1＝CAD ？

(1) Bid Rate 的思考过程。此例所求的是 1 瑞士法郎兑加元的汇率，瑞士法郎是被报价货币，即需要利用已知的两个汇率套算出银行买卖此货币的价格。当报价银行从顾客手中买入瑞士法郎、付给顾客加元时，实际上是该银行从顾客手里收进瑞士法郎后，在国际外汇市场上先将瑞士法郎兑换成美元，再将美元兑换成加元付给顾客。即报价银行以 Bid Rate 买入瑞士法郎，卖出加元：

①报价银行在市场上用 1.459 0 的价格买入瑞士法郎而卖出美元；

②报价银行在市场上用 1.732 0 的价格买入美元，卖出加元。

用 1.732 0 除以 1.459 0，结果为 1.187 1。

即：CHF1＝CAD1.187 1

(2) Offer Rate 的思考过程。与上述分析的思路一样，可知报价银行以 Offer Rate 卖出瑞士法郎，买入加元：

①报价银行在市场上用 1.733 0 的价格买入加元而卖出美元；

②报价银行在市场上用 1.458 0 的价格买入美元卖出瑞士法郎。

用 1.733 0 除以 1.458 0，结果为 1.188 6。

即：CHF1＝CAD1.188 6

3.2.2.2 两种货币兑第三种货币，一为直接标价法，一为间接标价法

以范例说明。

【例 3-6】已知：GBP1＝USD1.655 0/60

USD1＝CAD1.732 0/30

求：GBP1＝CAD？

(1) Bid Rate 的思考过程。此例所求的是 1 英镑兑加元的汇率，英镑是被报价货币，即需要利用已知的两个汇率套算出银行买卖此货币的价格。当报价银行从顾客手中买入英镑付给顾客加元时，实际上是该银行从顾客手里收进英镑后，在国际外汇市场先将英镑兑换成美元，再将美元兑换成加元付给顾客。即报价银行以 Bid Rate 买入英镑，卖出加元：

①报价银行在市场上用 1.655 0 的价格买入英镑而卖出美元；

②报价银行在市场上用 1.732 0 的价格买入美元，卖出加元。

用 1.655 0 乘以 1.732 0，结果为 2.866 5。

即：GBP1＝CAD2.866 5

(2)Offer Rate 的思考过程。与上述分析的思路一样,可知报价银行以 Offer Rate 卖出英镑,买入加元:

①报价银行在市场上用 1. 733 0 的价格买入加元而卖出美元;

②报价银行在市场上用 1. 656 0 的价格买入美元卖出英镑。

用 1.733 0 乘以 1.656 0,结果为 2.869 8。

即:GBP1=CAD2. 869 8

3. 2. 2. 3 两种货币兑第三种货币均为间接标价法

以范例说明。

【例 3-7】已知:GBP1=USD1.655 0/60

AUD1=USD0.681 0/20

求:GBP1=AUD?

(1)Bid Rate 的思考过程。此例所求的是 1 英镑兑澳大利亚元的汇率,英镑是被报价货币,即需要利用已知的两个汇率套算出银行买卖此货币的价格。当报价银行从顾客手中买入英镑付给顾客澳大利亚元时,实际上是该银行从顾客手里收进英镑后,在国际外汇市场先将英镑兑换成美元,再将美元兑换成澳大利亚元付给顾客,即报价银行以 Bid Rate 买入英镑,卖出澳大利亚元:

①报价银行在市场上用 1.655 0 的价格买入英镑并卖出美元;

②报价银行在市场上用 0.682 0 的价格买入美元,卖出澳大利亚元。

用 1.655 0 除以 0.682 0,结果为 2.426 7。

即:GBP1=AUD2. 426 7

(2)Offer Rate 的思考过程。与上述分析的思路一样,可知报价银行以 Offer Rate 卖出英镑,买入澳大利亚元:

①报价银行在市场上用 0. 681 0 的价格买入澳大利亚元而卖出美元;

②报价银行在市场上用 1.656 0 的价格买入美元卖出英镑。

用 1.656 0 除以 0.681 0,结果为 2.431 7。

即:GBP1=AUD2. 431 7

从上述运算过程中,可以总结出以下运算规律:

第一,两种汇率的标价法相同,即其标价的被报价货币相同时,要将等号左右的相应数字交叉相除。

第二,两种汇率的标价法不同,即其标价的被报价货币不同时,要将等号左右的数字同边相乘。

3.3 即期外汇交易的操作

即期外汇交易可以满足临时性的支付需要。通过即期外汇交易业务,可以将一种货币兑换成另一种货币,用来支付进出口贸易、投标、海外工程承包等的外汇结算或归还外汇贷款。例如某公司需要支付100万美元货款,但是该公司只有日元,则可以通过即期外汇买卖,卖出日元,买入美元,满足对外支付美元的需求。

即期外汇交易可以调整所持有的不同货币的比例,规避外汇风险。例如,某国家外汇储备中美元比重较大,但为了防止美元下跌带来的损失,可以卖出一部分美元,买入日元、欧元等其他货币,调整外汇储备结构。同样,投资者也可以通过即期外汇交易调整手中外币的币种结构,优化投资组合。

通过即期外汇交易还可以进行外汇投机。外汇市场上汇率的频繁波动为投机行为创造了条件,但是投机行为有很大风险性,既可以带来丰厚利润,也可能造成巨额亏损。

但是,对于即期外汇交易而言,上述这三种交易动机在即期外汇市场上得到的结果并不是最理想的。尽管如此,我们下面仍具体介绍几项即期外汇交易的操作。

3.3.1 即期抛补

即期抛补(Spot Covering)是指利用即期外汇市场,买进或借入所需支出的外汇,以规避汇率变动风险的行为。举例说明如下:

【例3-8】假设某进口商在3个月后有一笔300万美元的进口支出,如果该进口商担心到支付时美元升值,则该进口商可以在目前的即期市场以目前的即期汇率买进300万美元,然后存入银行,到时便可用此存款支付进口所需。当然,美元的升值幅度必须大于进口商所在国货币利率与美元利率之间的差额,或者美元利率不能太低,否则其成本就会很高。

利用即期外汇市场进行抛补来避免汇率变动的风险是否成功取决于抛补者对未来即期汇率预测的准确性。

3.3.2 套期保值

即期外汇市场上的套期保值是指以某一种货币作为过渡货币,同时买卖另外两种货币进行对冲,使得两种货币的买卖损益相互抵消,从而达到规避汇率风险的目的。举例说明如下:

【例 3-9】假设 2002 年 10 月 10 日外汇市场行情为：即期汇率为 USD/HKD = 7.784 0/50，USD/CNY = 8.273 0/40。假设投资者在 10 月 15 日进行平仓，当时即期汇率分别为 USD/HKD = 7.785 0/60 和 USD/CNY = 8.276 0/70。如果不考虑交易成本，则其操作过程与损益情况如下。

操作过程：

投资者在 10 月 10 日以 7.784 0 的价格卖出美元，买入港元；以 8.274 0 的价格买入美元，卖出人民币。

投资者在 10 月 15 日进行平仓，以 7.786 0 的价格买入美元，卖出港元；以 8.276 0的价格卖出美元，买入人民币。

损益情况：

在 CNY 上的获利：8.274 0−8.276 0 = −0.002 0

在 HKD 上的获利：7.786 0−7.784 0 = 0.002 0

通过买卖，两种货币的损益互相抵消，从而规避了汇率风险，实现套期保值。

3.3.3 套利投机

当今外汇市场上投机盛行，这与即期汇率波动不定、不同时间的价差存在套汇的机会有直接的关系。当投机者预期某种货币将上升或下跌时，他就会在即期外汇市场上买入该种货币或卖出该种货币。举例说明如下：

【例 3-10】当投机者预期日元将在某日升值（JPY/USD = 0.008 4）时，投机者应立即在东京外汇市场上买入日元，待日元升值（JPY/USD = 0.008 6）后即可卖出日元从中获取汇差，这样每日元可获得 0.000 2 美元的利润。

上述例子是单纯的外汇投机行为，所承担的利息成本很高，在实践中很少见。其原因是，即期外汇市场的投机需要支付现汇，存在利息成本，所以即期外汇市场的投机除了考虑汇率的因素外，还需考虑国内外利率的因素。因此，即期外汇市场的投机活动也要与利率套利有关。在直接标价法下，外汇投机者预期未来某一时点的即期汇率大于目前的即期汇率与远期汇率时，买入外币，卖出本币才能获利；反之，买入本币而卖出外币才能获利。例如，假设某投机者预期 1 年后即期汇率大于目前的即期汇率和远期汇率，则该投机者在即期外汇市场买入外币后，将该笔外币购买外国银行 1 年期存款单，到期后所获得投机利润应为：

$$R=(\bar{s}-f)+(f-s\frac{1+i}{1+i^*}) \tag{3.1}$$

其中，R 为投机者在即期外汇市场投机所可能获得的预期利润；$\bar{s}$ 为投机者预期未来某一时点的即期汇率；i，i^* 分别为本国利率与外国利率；f 为远期汇率；$(\bar{s}-f)$ 为远期市场投机利润；$(f-s\frac{1+i}{1+i^*})$ 为投机者抛补套利的利润。

式(3.1)表明即期外汇市场投机利润等于远期市场投机利润与抛补套利的利润之和。

如果$(f-s\frac{1+i}{1+i^*})=0$,则即期外汇市场的投机利润等于远期外汇市场的投机利润。

如果$(f-s\frac{1+i}{1+i^*})>0$,则抛补套利的资金应流向国外,投机者在即期外汇市场上购买外汇进行投机较为有利。

如果$(f-s\frac{1+i}{1+i^*})<0$,则抛补套利的资金应流向国内,投机者在即期外汇市场上卖出外汇进行投机较为有利。

因此,投机者在即期外汇市场上获得投机利润取决于预期未来某一时点的即期汇率、远期汇率和两国利率的高低。

3.3.4 即期外汇交易的操作实例

一般每笔即期外汇交易都需要经过询价、报价、成交(或放弃)和证实四个步骤来完成,下面举例说明交易程序。

A:SP CAD 5 Mio

B:76/80

A: I Sell USD

B:5 Mio Agreed

To Confirm at 1.737 6 I Buy 5 USD AG CAD Value 10 July 2005 My USD to B bank NY for Our Account Thanks and Bye

A:Ok Agreed My CAD to A Bank YYZ Thanks and Bye

A:即期交易,美元兑换加元,金额500万美元

B:报价76/80

A:我方卖出美元

B:500万美元成交

证实我方在1.737 6买入500万美元兑加元,起息日为2005年7月10日,美元付我行纽约分行账户。谢谢,再见

A:同意,加元付我多伦多银行账户。谢谢,再见

询价(Asking Price):询价方在询价时需要报出所询价格的交易类型、交易币种和交易金额,所询汇率使用美元标价法。在上例中,以缩写SP或SPOT来表示即期交易类型,CAD表示交易币种为美元兑换加元。YEN表示美元兑换日元的交易,GBP表示英镑兑换美元的交易。交易金额通常以百万美元为单位,以Million表示,可以缩写为Mio或M,甚至可以省略。在国际外汇市场上,正常的交易金额为500万~1 000万美元,1 000万美元以上称为大金额,而200万美元以下是小金额,25万美元以下是微小金额。

报价(Quotation):接到询价的外汇银行的交易员应迅速完整地报出被询问的有关货币的现汇买入价和卖出价。由于交易双方对汇价的大致水平都比较清楚,因此报价时通常只需要报出汇率的小数。特殊情况下,将汇率的大数也同时报出,以免造成误会。

成交(Done)或放弃(Noting):当报价方报出询价方需要的汇价后,询价方应迅速作出反应,或者成交,或者放弃。如果询价方略有迟疑,报价方通常会说 UR RISK,表示刚才的报价已经取消,询价方还想交易就必须再次询价。如果询价方对报价满意,可以用 BUY,I BUY 等来表示买入的意愿;或者 SELL,I SELL 等来表示卖出的意愿。如果询价方对报价不满意,可以先用 MY RISK 表示原报价不再有效,并在数秒内再次请求报价,或是用 SORI NTH 表示不继续询价,放弃。一旦成交,汇率水平、交易金额、交易币种等细节就都已经确定,对交易双方都有约束力。

证实(Confirmation):成交后,交易双方就交易的内容进行一次完整的重复证实。在上例中可以看到,包括汇率水平、交易金额、交易币种、起息日和收付账户。交易结束后,如果发现原证实有错误或遗漏,交易员则应尽快与交易对手重新证实。重新证实后的内容必须得到交易双方的同意才可以生效。

本章小结

即期外汇交易是指交易双方成交签约后在两个银行营业日内办理交割的外汇买卖。此种外汇交易主要是针对银行与客户以及银行之间的现汇交易,其交割日一般为成交后银行的第二个营业日,但特殊情况下可以是成交后的第一个营业日。在国际外汇市场上,即期外汇交易是最常见的交易方式,如果没有特殊指定日期,市场上的外汇交易都视为即期交易,它是外汇市场上的主导力量。

在外汇市场上,即期汇率一般是指电汇汇率,通常采用双向报价方式,即报价者同时报出买入价和卖出价。银行同业间的报价采用点数报价法,只报出美元与其他货币之间的即期汇率。对于非美元货币之间的即期汇率,可通过非美元货币分别与美元的即期汇率套算出来。我们把非美元货币之间的即期汇率称为套算汇率。

即期外汇交易的结算方式主要有票汇、信汇和电汇三种。票汇和信汇的使用较少,大部分外汇交易的货币收付是采用电汇方式。电汇(T/T)是指汇出行以电信方式(电报、电传或其他电子通信方式)向汇入行发出付款委托的一种汇付方式。汇入行在对收到的电传付款委托核对密押无误后,将款项解付给收款人。

交叉汇率是指两种货币通过各自对第三种货币的汇率而算得的汇率。交叉汇率联算的关键在于必须界定两种货币的地位,即确定哪个货币是被报价货币,因为报价货币与被报价货币地位的不同,最后计算出来的汇率是完全不同的。

即期外汇交易的动机主要有套期保值、外汇抛补以及投机,但这三种交易动机在即期外汇市场上的效果并不理想。

一般每笔即期外汇交易都需要经过询价、报价、成交(或放弃)和证实四个步骤来完成。

4. 远期外汇交易

新闻导引

伦敦清算所扩大远期外汇清算服务,现涵盖 8 种货币对[1]

10 月 17 日,伦敦清算所通过 ForexClear 宣布,其可交割外汇服务已扩大到包括 8 种货币对的远期外汇。ForexClear 是伦敦清算所针对外汇衍生品提供的清算服务。提及扩大服务的动机,伦敦清算所发言人表示:“由于客户需求,伦敦清算所扩大了产品供应。此外,我们是在 2018 年推出可交割外汇期权清算服务的基础上建立了现在的远期外汇清算服务。”

具体而言,伦敦清算所现在提供 AUD/USD、EUR/USD、GBP/USD、USD/JPY、USD/CHF、EUR/JPY、EUR/CHF 和 EUR/GBP 这 8 个货币对的远期外汇清算。将远期外汇纳入可交割结算服务标志着伦敦清算所在外汇衍生品领域迈出了一大步。未来,ForexClear 计划根据需求和监管部门的批准,在其服务中增加更多的外汇产品。根据声明,ForexClear 推出的远期外汇清算服务整合了伦敦清算所与 CLS 合作开发的首个外汇清算产品的实物外汇清算服务。

作为第一家清算远期外汇的 CCP(中央对手方清算),成为伦敦清算所的中央清算会员是市场主流清算方式,被业界誉为“黄金资源”,目前仅有少数国际大型银行有资质开展中央清算及相关代理业务。此前,中资机构均由外资银行代理进行欧美中央清算。然而,随着中国银行(英国)有限公司成为伦敦清算所首家中资中央清算会员,由外资银行代理中资机构进行欧美中央清算恐将成为历史。

早在今年 1 月,中国银行(英国)有限公司启动伦敦清算所中央清算会员申请项目。经过 4 个多月筹备,中行成功通过交易所 40 余项审核要求,正式成为伦敦清算所的首家中资中央清算会员。

学习要求

学习本章应熟悉远期外汇交易的概念和原理,理解远期汇率的影响因素和决定依据,掌握实际远期外汇交易操作的技巧。

---

① 资料来源:外汇天眼,2019 年 10 月 18 日。

4.1 远期外汇交易概述

4.1.1 远期外汇交易的定义及分类

4.1.1.1 远期外汇交易的定义

外汇既可以即期价格买卖,如同我们在第三章所介绍的那样,交割期限一般在成交后的两个营业日内;也可以进行远期交易,即外汇的交割发生在未来某日。

远期交易(Forward Transaction),又称期汇交易,是指外汇买卖成交后并不立即办理交割,而是根据合同的规定,在约定的日期按约定的汇率办理交割的外汇交易。最常见的远期外汇交易交割期限一般有1个月、2个月、3个月、6个月,长的可达12个月,如果期限再长,则称为超远期交易。远期外汇交易的出现,给从事交易的需求者提供了绝佳的避险渠道。一般从事对外贸易的进、出口商,在报价完成到实际收付外汇之间,通常需要一段时间,而这段时间内的汇率风险,需由自己承担。若进、出口商在取得合约时,便与银行承做远期外汇锁定汇率,即可规避此汇率风险。

远期交易与即期交易的主要区别在于交割日的不同。凡交割日在两个营业日以后的外汇交易均属期汇交易。确定期汇交易的交割日或有效起息日(Value Date),一般惯例有以下几种。

(1)任何外汇交易都以即期交易为基础,所以远期交割日是以即期交割日加上月数或星期数。若远期合约是以天数计算的,其天数以即期交割日后的日历日的天数为基准,而非营业日。例如,星期三做的远期合约,合约天数为3天,则即期交割日为星期五,远期交割日是下个星期一(即从星期五算起,到下个星期一正好3天)。

(2)远期交割日若不是营业日,则顺延至下一个营业日。若顺延之后,跨月到了下一个月份,必须提前至当月的最后一个营业日为交割日。

(3)遵照远期外汇交易到期日"双底"规则,即假定即期交割日为当月的最后一个营业日,则所有的远期交割日是相应各月的最后一个营业日。

4.1.1.2 远期外汇交易的分类

根据交割日的不同,期汇交易可分为固定交割日的期汇交易和选择交割日的期汇交易。

固定交割日的期汇交易(Fixed Forward Transaction),是指交易的交割日期是确定的,交易双方必须在约定的交割日期办理外汇的实际交割,此交割日既不能提前也不能推后。在国际贸易交往中,进出口商为了防范从贸易合同签署日到货款实际收付日的外汇风险,通常都会进行外汇的套期保值活动,以求安全。这种套期保值一般都是固定交割日的期汇买卖。例如,某美国商人从加拿大进口一批货物,当时的汇率是1美元兑换1.40加元,如果3个月后付款时汇率发生变化,为1美元兑换0.70加元,那么该美国商人就需多支付一大笔美元,即损失一大笔美元。如果他在成交的同时与银行按约定汇率签订一份购入一定加元的3个月期汇的合同,那么他就只需支付一定费用即可实现减少甚至完全抵补汇价上涨带来的损失。

选择交割日的期汇交易(Optional Forward Transaction),又称择期交易,是指交易没有固定的交割日,交易一方可在约定期限内的任何一个营业日要求交易对方按约定的远期汇率进行交割的期汇交易。这类交易在交割日期上具有较大的灵活性,通常适用于难以确定收付款日期的对外贸易。在择期交易中,询价方有权选择交割日,由于报价银行必须承担汇率波动风险和资金调度的成本,因此报价银行必须报出对自己有利的价格。择期交易的汇率确定将在后面内容中专门介绍。当然,询价方也可以根据对市场的预测,选择对自身最有利的择期日期,如6个月的择期,就意味着该客户在该笔期汇交易中可能选择的最早交割日是6个月内的第一天,最迟是第六个月的最后一天。

4.1.2 远期外汇交易的作用

由于远期外汇交易其本身具有的特点使远期外汇交易具有避险保值、投机获利、调整外汇银行外汇持有额和资金结构的作用。

4.1.2.1 避险保值

在国际商品交易中,进出口商为清偿或了结交易双方之间的债权债务关系,预计在未来的某一个特定日期中,将需支付或收入一定金额的外汇。为了避免这一过程中因汇率波动而带来的损失或不确定性,进出口商需要进行远期外汇交易,以实现避险保值。

在预计本国货币会贬值时,对于未来需支付外国货币的进口商而言,因为本币的贬值使得其必须用较多的本国货币才能换得固定数量的外国货币以便支付,这样就会增加进口商的进口成本。然而,如果预先购买该外币的远期外汇则可以使进口商在现在即可决定未来所欲购买外国货币的汇率。不论未来汇率如何波动,进口商均可根据远期外汇交易所确定的汇率、金额进行交割。例如,某美国商人从加拿大进口一批货物,价值1亿加元,该批货物按合同签署时的汇价(1加元兑换0.65美元)折合6 500万美元,该批货物合同交货期为合同签署后3个月。那么3个月后美国商人最后要付多少钱呢?这取决于3个月后的汇率:如果3个月后汇率为1加元兑换0.70美元,那么美国商人需支付7 000万美元;如果汇率变成1加元兑换0.75美元,则美国商人就需支付7 500万美元。该美国商人为了降低自己的进口成本,避免汇率风险,他可在与加拿大出口商签订进口合同的同时,预测市场汇率的变动趋势,向银行按该约定的远期汇率买进3个月的加元期汇,以确定其进口成本。这种远期外汇的买卖叫抵消(Cover)或抵补保值(Hedging),其目的是为了防范和化解汇率风险或不确定性。

对于未来将收入外国货币的出口商而言,在预计本国货币升值时,最好也预先做卖出外国货币的远期交易,因为本币相对于外币升值使得其只能以收到的固定数量的外币换得较少的本币,这样实际上就会减少出口商的出口收益。然而,预先卖出外币的远期外汇则可以使出口商在现在即决定未来所欲卖出的外国货币的汇率。不论未来汇率如何波动,出口商均可根据远期外汇交易所确定的汇率、金额进行交割。此外,对于跨国企业而言,由于其母公司与遍布世界其他国家的分公司的资产负债以不同的货币计价折算,当分公司所在国货币发生汇率波动时,就可能出现其账面上的损失。如从母公司的角度来看,当外国货币的汇率波动不定时,其国外分公司的资产与负债也因外国货币价值的变动而增加或减少,当国外分公司在当地的资产多于负债,而其所在国的货币发生贬值时,母公司所拥有的总资产价值就会因国外分公司资产的贬值而发生账面上的损失。为了避险保值,跨国企业一般都遵循两条原则:一是对于有升值趋势的货币,增加其资产数额的比例或减少其负债数额的比例;二是对于有贬值趋势的货币,增加其负债数额的比例或减少其资产数额的比例。按照这两条原则,跨国企业可通过货币市场或外汇市场操作来很好地规避汇率风险。

4.1.2.2 投机获利

投机获利是指在外汇市场上,投机者根据自己的专业知识和对各方面的信息判断来预测某种货币汇率的涨跌,然后通过买卖该种货币来获取汇差利润。投机者若预测某种货币的汇率将要下降,则预先卖出该种货币,称作抛出或做空头,待将来价格下降,再行买入以抵补空头。反之,如果预测某种货币汇率将上升,则预先买进该种货币,称作购进或做多头,待将来价格上升再行卖出。如此贱买贵卖,投机者从中便可能赢得利润。

投机与套期保值不同,套期保值是为避免汇率变动风险而轧平对外债权债务的头寸,而投机活动的目的则是通过有意识地持有外汇多头或空头,从汇率变化中赚取差价收益。外汇投机包括现汇投机和期汇投机。利用现汇市场进行外汇投机,由于现汇交易要求立即进行交割,投机者手中必须持有足够的本币或者外币,而利用期汇市场进行期汇投机,投机者手中不必持有很多资金,因为期汇投机在到期时并不需要真正进行现汇买卖,双方只需要交割汇率变动的差价。

利用远期外汇买卖进行投机是基于投机者对汇率变化的正确预测,可以分为买空(Buy Long)和卖空(Sell Short)两种形式。买空,即先买后卖的投机交易,投资者预期某种货币未来升值,而在外汇市场上买入远期合同。如果在合约到期时即期汇率高于远期合约汇率,则投机者按照远期合约交割,然后再到现汇市场上卖出,获取差价形式的投机利润。卖空,即先卖后买的投机交易,如果投机者预期某种货币未来贬值,在外汇市场上卖出远期合同。若到交割日时即期汇率低于远期合约汇率,则投机者可在现汇市场上买入现汇来交割远期合约。

但是实际汇率的变动可能与投机者预测的汇率变化相反,那么投机者就会受到损失。举例说明如下:

【例 4-1】在纽约外汇市场上,美元对英镑的 1 月期远期汇率为:GBP/USD = 1.465 0/1.466 0,某美国外汇投机商预期英镑汇率近期将会大幅度上升,于是做买空交易,以美元购入 100 万 1 个月期远期英镑。假设预期准确,1 个月后到期时,英镑的即期汇率上涨到 GBP/USD = 1.565 0/1.566 0。那么该投机商可以获得多少利润?

分析:该投机商预期 1 个月后英镑的即期汇率将高于英镑 1 个月的远期汇率,可以做买空交易,在外汇市场上买入 1 个月远期合同,当合约到期时按照远期合约买入英镑,然后再到现汇市场上卖出,获取差价利润。

买入 100 万 1 个月远期英镑需要支付:

$$100\times1.466\ 0=146.6(\text{万美元})$$

1 个月后在即期市场上卖掉 100 万英镑,可获得:

$$100\times1.565\ 0=156.5(\text{万美元})$$

通过买空交易,该投机商可以获得 9.9 万美元的利润(156.5-146.6)。

【例 4-2】某加拿大投机商预期 6 个月后美元对加元的汇率将会有较大幅度下跌,于是做了 100 万美元的卖空交易。在纽约外汇市场上,6 个月期美元期汇的汇率为 USD/CAD = 1.368 0/90。假设预期准确,6 个月后美元的即期汇率下降到 USD/CAD = 1.353 0/50,该投机商可以获得多少利润?如果预期错误,6 个月后美元的即期汇率上升到 USD/CAD = 1.377 0/90,则该投机商的损益状况如何?

分析:加拿大投机商在预测美元远期贬值的基础上,通过先卖后买的卖空交易来获利。6 个月后在即期市场上买入 100 万美元,需要支付135.5(100×1.355 0=135.5)万加元。按照远期合约卖出 100 万美元,可以获得 136.8(100×1.368 0=136.8)万加元,则通过卖空交易,该投机商可以获得 1.3 万加元的利润(136.8-135.5)。

但是如果预测错误,6 个月后美元汇率上升,该投机商 6 个月后在即期市场上买入 100 万美元,需要支付 137.9(100×1.379 0=137.9)万加元。而履行远期合约他可以获得 136.8 万加元。由于错误预期,该投机商将损失 1.1 万加元。

从上面的范例可以得出,投机交易与保值交易存在以下几点区别:

第一,投机交易没有实际的商业或金融业务为基础,其交易的目的不仅唯一也很简单,即为了赢利。

第二,投机交易在买进卖出时,往往并不发生实际真实的资金流转。

第三,投机交易在远期外汇市场上起着一种平衡的作用,这种作用对外汇市场而言意义很微妙。

4.1.2.3 调整外汇银行外汇持有额和资金结构

从事外汇业务的银行,可以通过远期外汇市场调整外汇持有额和资金结构。进出口商同外汇银行进行远期外汇买卖后就将汇率风险转嫁给了外汇银行。外汇银行在买卖某种外汇时,或是买入大于卖出(多头),或是卖出大于买入(空头),这样外汇银行就处于汇率变动的风险中。此时外汇银行可以利用远期外汇交易来规避外汇风险。举例说明如下:

【例 4-3】伦敦某银行在 3 月 1 日卖出 6 个月远期瑞士法郎 200 万元。

假设当天外汇市场行情为:

即期汇率　　　　　GBP/CHF=13.750/70

6 个月远期汇率　　GBP/CHF=13.800/20

如果 6 个月后瑞士法郎交割日的即期汇率为 GBP/CHF=13.725/50,那么,该银行听任外汇敞口存在,其盈亏状况怎样?

分析:如果该银行按 6 个月后的即期汇率买进瑞士法郎,需支付英镑为

$$200 \div 13.750 \approx 14.545(\text{万英镑})$$

同时银行履行 6 月期的远期合约,获得英镑为:

$$200 \div 13.800 \approx 14.492(\text{万英镑})$$

所以,银行如果听任外汇敞口存在,将会亏损:

$$14.545 - 14.492 = 0.053(\text{万英镑})$$

因此,银行应该将超卖部分的远期外汇买入,超买部分的远期外汇卖出。

4.1.3 远期外汇交易的交割

远期外汇交易交割日或结算日基本上是按月计算的而不是按天计算的,其交割日是在即期外汇交割日或结算日的基础上确定的,即要确定远期外汇交易的交割日首先要确定即期外汇交易的交割日。

远期外汇交易交割日就是即期外汇交易交割日之后相应月份内的远期外汇合约规定的期限。因此,计算远期外汇交易交割日的一个简单的方法是:对于今天发生的 3 个月远期外汇交易,其交割日的计算首先要计算出即期外汇交割日,然后向后推 3 个月。举例说明如下:

【例 4-4】2002 年 5 月 7 日(星期一)发生一笔 3 个月远期外汇交易,其交割日的计算首先计算出 5 月 7 日发生一笔即期外汇交易的交割日是 5 月 9 日,然后在 5 月 9 日的基础上加上 3 个月就是 3 个月远期外汇交易的交割日,即 2002 年 8 月 9 日(星期五)。如果计算出的远期外汇交易的交割日恰好是银行休假日,则将交割

日向后顺延至第一个合适的日期。

但是,按照市场规则和会计记账原则或按月编制报表原则,不能顺延至下一个月。如果远期外汇交易的交割日恰好是当月最后一天,而当日又恰好是银行休假日,其交割日只能回推向前找到第一个合适的交割日。

按照远期外汇交易到期日"双底"规则或"最终—最终"原则,如果即期外汇起息日在本月的最后一个营业日,则所有的远期外汇起息日必须在相应月的最后一个营业日。假如今天交易的即期外汇起息日是 3 月 28 日,且此日是当月最后一个营业日,则今天交易的 3 个月远期外汇起息日是 6 月 30 日,而不是 6 月 28 日。

4.2 远期汇率

4.2.1 远期汇率的决定

某种货币的远期汇率水平,不仅与其即期汇率相关,还受相关国家货币的利率高低的影响。

根据抛补的利率平价成立的条件($\rho=\frac{f-s}{s}=i-i^*$),则有:

$$f=s+s(i-i^*) \tag{4.1}$$

其中,s 为即期汇率;f 为远期汇率;i,i^* 分别为本国货币利率与外国货币利率。

由式(4.1)可知,远期汇率等于即期汇率加上收到的利息减去支付的利息。换言之,远期汇率等于即期汇率加上以即期汇率为本金,两国利差为利率,在远期外汇到期日这段时间内的利息。

当本国利率高于外国利率时($i>i^*$),则表明远期汇率上升且大于即期汇率,外币有远期升水或本币有远期贴水。

当本国利率低于外国利率时($i<i^*$),则表明远期汇率下降且小于即期汇率,外币有远期贴水或本币有远期升水。

上述表明,利率较高的货币远期汇率回落,则该货币有远期贴水;利率较低的货币远期汇率上升,则该货币有远期升水。因此,只有高利率的货币远期汇率回落才能抵消投资者持有高利率货币所获得利差的收益,或者只有低利率的货币远期汇率上升才能弥补投资者持有低利率的货币所造成的利差损失。此时远期外汇市场出清(Close Out),两国间资金不再流动,投资者任何套利活动都不可能获利,其收益或损失就随之确定。所以说远期汇率的决定是以即期汇率为基础,并根据两国货币利率的变化进行不断地调整来表示的。

下面举例来说明远期汇率的决定。

【例 4-5】假设港币利率为 6%，美元利率为 4%，即期汇率为 USD/HKD = 7.885 0/70，当香港银行卖出 6 个月远期美元后，则需向报价银行买入相同数量的即期美元，以便 6 个月后进行远期美元的交割。因香港银行放弃了高利率的港币而买入低利率的美元，则造成了利息上的损失，计 7.887 0×(6%-4%)×6÷12 港币。因此，香港银行为了弥补此损失，在对客户的远期美元报价时，提高远期美元汇率的报价，以便将损失转嫁给远期美元的客户。香港银行卖出 6 个月远期美元汇率为：

7.887 0+7.887 0×(6%-4%)×6÷12 = 7.965 9 港币，即 1 美元 = 7.965 9 港币。

反之，如果香港银行购买 6 个月远期美元，为了规避远期美元多头头寸的风险，则需向同业银行卖出相同数量的即期美元。因香港银行卖出了低利率的美元而持有高利率的港币，则出现利息上的收益，计 7.885 0×(6%-4%)×6÷12 港币。

因此，香港银行出于竞争上的需要，在对客户的远期美元报价时，提高远期美元的报价，以便将增加的利息收益转让给远期美元的卖者。香港银行买入 6 个月远期美元汇率为：

7.885 0+7.885 0×(6%-4%)×6÷12 = 7.963 9 港币，即 1 美元 = 7. 963 9 港币。

因此，香港银行对客户远期美元汇率的报价为：USD/HKD = 7.963 9/59。

从【例 4-5】可知，香港银行报出的远期汇率要高于即期汇率，高出部分正好是港币利率与美元利率之间的差额。其原因是，持有低利率的美元而放弃高利率的港币，只有低利率的美元远期汇率上升才能弥补香港银行持有低利率的美元所造成利差的损失。

我们将某一时点的远期汇率与即期汇率之间的差额称为远期点数或掉期率，远期点数或掉期率取决于两种货币利率之间的差额。远期点数或掉期率实际上是两种货币之间以外币点数表示的利率差。因此银行在远期汇率报价时，只关注两种货币利率的变化，并不关注即期汇率，根据两种货币利率的变化来调整远期点数或掉期率。

4. 2. 2 远期汇率的计算

4. 2. 2. 1 单纯远期汇率的计算

(1)合约时间为 1 年以内的单纯远期汇率理论计算公式。对于合约期为 1 年以内的某种货币的单纯远期汇率，其计算公式可推导如下：

根据利率平价的条件：

$$1+i=\frac{f}{s}(1+i^*) \tag{4.2}$$

则单纯远期汇率理论计算公式为：

$$f=s\times\frac{(1+i\times\frac{t}{360})}{(1+i^*\times\frac{t}{360})} \tag{4.3}$$

其中，f 为单纯远期汇率；t 为远期合约期间的天数；s 为即期汇率；i，i^* 分别为报价货币和基础货币的利率。

我们对式(4.3)整理得出：

$$f=s+s\times\frac{(i-i^*)\times\frac{t}{360}}{(1+i^*\times\frac{t}{360})} \tag{4.4}$$

由于式(4.4)中的分母近似等于1，则单纯远期汇率计算近似值公式为：

$$f=s+s\times(i-i^*)\times\frac{t}{360} \tag{4.5}$$

举例说明如下：

【例4-6】假设3个月的USD利率为3%，3个月的HKD利率为6%，即期汇率(SR)：USD/HKD=7.800 0，计算远期汇率(FR)：USD/HKD=？

根据单纯远期汇率理论计算公式可知：

$$FR:USD/HKD=7.800\,0\times\frac{1+6\%\times\frac{90}{360}}{1+3\%\times\frac{90}{360}}=7.858\,1$$

根据单纯远期汇率计算近似值公式可知：

$$FR:USD/HKD=7.800\,0+7.800\,0\times(6\%-3\%)\times90/360=7.858\,5$$

可以看出，用远期汇率近似值公式计算的远期汇率要高于它的理论值，其原因是，近似值计算公式中的分母比理论计算公式中的分母小。

若要计算远期汇率的买卖价，只要将即期汇率的买卖价代入远期汇率计算公式，就可计算出远期汇率的买卖价。

(2)合约时间为1年以上的单纯远期汇率理论计算公式。对于合约期为1年以上的远期合约需考虑货币利率的复利计息，因此合约期限为1年以上的单纯远期汇率理论计算公式为：

$$f_n=s\times\frac{(1+i)^n}{(1+i^*)^n} \tag{4.6}$$

其中，f_n 表示期限为1年以上的远期汇率；n 为年数。

举例说明如下：

【例4-7】假设瑞士法郎3年期年利率为8%，美元3年期年利率为10%，即期汇率USD/CHF=1.600 0，则3年期的USD/CHF的汇率为：

$$USD/CHF=1.600\times\frac{(1+8\%)^3}{(1+10\%)^3}=1.5143$$

期限为 1 年以上的远期合约流动性差，且远期汇率的买卖价差大。因此，银行从事长期远期交易主要取决于自身的头寸情况及其报价兴趣。

4.2.2.2 远期掉期率的计算

因远期掉期率是远期汇率与即期汇率之间的差额，则远期掉期率理论计算公式为：

$$q=s\times\frac{(i-i^*)\times\frac{t}{360}}{(1+i^*\times\frac{t}{360})} \tag{4.7}$$

其中，q 为远期掉期率。

由于式(4.7)中的分母近似等于 1，则远期掉期率近似值计算公式为：

$$q=s\times(i-i^*)\times\frac{t}{360} \tag{4.8}$$

在【例 4-6】中，USD/HKD 3 月期掉期率为：

$$7.800\times(6\%-3\%)\times\frac{90}{360}=0.0585$$

即期汇率究竟是加上还是减去远期掉期率得出远期汇率，要看两种货币利率的高低，利率高的货币有远期贴水，利率低的货币有远期升水。在【例 4-6】中，美元利率比港元利率低，因此美元有远期升水，于是 3 月期远期汇率为：

$$USD/HKD=7.800+0.0585=7.8585$$

若要计算远期掉期率的买卖价，只要根据即期汇率的买卖价就可计算出远期掉期率的买卖价。在【例 4-6】中，如果即期汇率 USD/HKD = 7.800 0/50，则：

远期掉期买入价为：

$$7.8000\times(6\%-3\%)\times\frac{90}{360}=0.0585$$

远期掉期卖出价为：

$$7.8050\times(6\%-3\%)\times\frac{90}{360}=0.0586$$

可见，3 月期远期汇率 USD/HKD = 7.800 0 + 0.058 5/7.805 0 + 0.058 6 = 7.858 5/636。

值得注意的是，上述计算远期汇率的买卖价，仅考虑了即期汇率的买卖价，并没有考虑两种货币的买进利率与卖出利率，而是采用两种货币的买进利率与卖出利率的中间利率。有关这方面的计算我们将在第五章外汇换汇交易中加以详细介绍。

4.2.2.3 畸零期间远期汇率的计算

畸零期间的远期合约(Odd-date Forward)是指交割日期不是月的倍数,而是天的倍数。此类远期合约是银行应客户某种特殊需要与其签订的特殊日期的远期外汇合约,其汇率计算有两种方法:一种方法是直接采用相关期间的利率,根据标准方式进行计算,即根据利率来插补;另一种方法是根据标准期间的远期汇率,进行向内插补(Interpolation),即根据汇率插补。

下面我们以实例来说明此类远期汇率的计算方法。

【例 4-8】某客户与银行签订一份远期合约,卖出远期 USD,买入远期 CHF,交易日为 5 月 6 日,交割日为 7 月 18 日,有关利率与汇率如下:

5 月 6 日,即期汇率 USD/CHF = 1.560 0,CHF 年利率为 6%,USD 年利率为 4%,2 月期 USD 升水为 50,3 月期 USD 升水为 90。

银行向客户报出 7 月 18 日 USD/CHF 的远期汇率,其计算方法是:

方法一:直接根据相关期间的利率计算出 USD/CHF 的远期汇率。因 5 月 6 日至 7 月 18 日期间的天数为 73 天,我们可以直接根据式(4.5)计算出 7 月 18 日 USD/CHF 的远期汇率。USD/CHF 的远期汇率为:

$$\text{USD/CHF} = 1.5600 + 1.5600 \times (6\% - 4\%) \times \frac{73}{360} = 1.5663$$

方法二:根据汇率插补计算出 USD/CHF 的远期汇率。因 5 月 6 日进行 2 个月远期交易的交割日为 7 月 8 日,3 个月远期交易的交割日为 8 月 8 日。7 月 18 日交割的远期交易比 7 月 8 日交割的远期交易多了 10 天,而 7 月 8 日至 8 月 8 日间隔为 31 天,在这 31 天 USD 升水 40(90−50)点,10 天升水为 12.9(40×10÷31)点。

因此,5 月 6 日成交而 7 月 18 日交割的远期交易中 USD 升水为 62.9(50+12.9)点,则银行报出 7 月 18 日远期汇率为:

$$\text{USD/CHF} = 1.5600 + 62.9 \approx 1.5663$$

相对于方法一来说,汇率插补计算法有一个明显缺点,因它假设两个日期间,掉期点数与时间是呈现线性关系。如果两个日期相隔较短,此假设还比较合理,但如果两个日期相隔较长,误差就可能较大。因此,根据相关期间的利率计算远期汇率比较准确。

4.2.2.4 远期套算汇率的计算

(1)单纯远期套算汇率的计算。套算汇率远期合约所涉及的货币不包括 USD 在内。一般而言,计算单纯远期套算汇率时,是采用它们与 USD 之间的已知汇率:

①根据它们各自与 USD 的即期汇率和远期掉期率,计算出远期汇率。

②采用即期套算汇率的计算方法计算出远期套算汇率,即采用交叉相除或同边相乘计算出远期套算汇率。

举例说明如下:

【例 4-9】计算 3 月期 CAD/SGD 的远期套算汇率。

即期汇率:USD/SGD=1.678 2/92

3 月期掉期率:90/95

即期汇率:USD/CAD=1.487 4/79

3 月期掉期率:155/150

首先,计算出远期汇率。3 月期远期汇率:

USD/SGD=1.687 2/87(1.678 2+0.009 0/1.679 2+0.009 5)

USD/CAD=1.471 9/29(1.487 4-0.015 5/1.487 9-0.015 0)

因此,采用交叉相除得出 3 月期 CAD/SGD 远期套算汇率:

CAD/SGD=1. 145 5/73(1.687 2÷1.472 9/1.688 7÷1.471 9)

(2)套算汇率的掉期率计算。一般而言,计算套算汇率的掉期率时,采用它们与 USD 之间的已知汇率:

①根据它们各自与 USD 的即期汇率与远期汇率,采用交叉相除或同边相乘计算出即期套算汇率与远期套算汇率。

②以远期的套算汇率减去即期的套算汇率,便可得出套算汇率的掉期率。

在【例 4-9】中,采用交叉相除得出 CAD/SGD 即期套算汇率:

CAD/SGD=1.127 9/89(1.678 2÷1.487 9/1.679 2÷1.487 4)

3 月期 CAD/SGD 远期套算汇率:

CAD/SGD=1. 145 5/73

因此,CAD/SGD 的 3 月期掉期率:176/184(1. 145 5 - 1. 127 9/1. 147 3 - 1.128 9)。

4. 2. 3 远期汇率的报价

在实际的外汇交易中,银行对于远期汇率也采用双向报价法,根据国际惯例,通常有两种远期汇率报价方法:完整汇率报价方法和远期差价报价方法。

4. 2. 3. 1 完整汇率报价方法

完整汇率(Outright Rate)报价方法又称直接报价方法,是直接将各种不同交割期限的远期买入价、卖出价完整地表示出来,此种报价方法与即期汇率报价方法相同。

例如,表 4-1 是某日中国工商银行人民币远期外汇牌价:

表 4-1 中国工商银行人民币远期外汇牌价

日期:2006 年×月×日 星期三　　　　单位:人民币/100 外币

期限	美元兑人民币			
	中间价	现汇买入价	现汇卖出价	起息日
7 天(7D)	804.72	802.71	806.73	2006-02-21

续表

期限	美元兑人民币			
	中间价	现汇买入价	现汇卖出价	起息日
20 天(20D)	803.92	801.9	805.92	2006-03-06
1 个月(1M)	803.42	801.4	805.42	2006-03-14
2 个月(2M)	801.38	799.37	803.38	2006-04-14
3 个月(3M)	799.26	797.26	801.26	2006-05-15
4 个月(4M)	796.91	794.91	798.9	2006-06-14
5 个月(5M)	794.71	792.72	796.69	2006-07-14
6 个月(6M)	792	790.01	793.97	2006-08-14
7 个月(7M)	789.65	787.51	791.77	2006-09-14
8 个月(8M)	787.22	784.86	789.58	2006-10-16
9 个月(9M)	785	782.41	787.59	2006-11-14
10 个月(10M)	782.74	779.99	785.47	2006-12-14
11 个月(11M)	780.26	777.29	783.22	2007-01-16
12 个月(1Y)	778.1	774.99	781.21	2007-02-14

这种方法通常用于银行对客户的报价上,在银行同业交易中,瑞士、日本等国也采用这种方法,该种方法一目了然,但也有其缺陷,如改动比较费事,因此在银行同业间往往采用另一种方法,即远期差价报价方法。

4.2.3.2 远期差价报价方法

远期差价报价方法,又称掉期率(Swap Rate)或点数汇率(Points Rate)报价方法,是指不直接公布远期汇率,而只报出即期汇率和远期差价,然后再根据即期汇率和远期差价来计算远期汇率。某一时点上远期汇率与即期汇率的汇率差称为掉期率或远期价差。这种远期价差又可分为升水和贴水两种:升水表示远期汇率比即期汇率高,或期汇比现汇贵;贴水表示远期汇率比即期汇率低,或期汇比现汇贱。还有一种情况叫平价,表示远期汇率与即期汇率相同。升贴水的幅度一般用点数来表示。

例如,表 4-2 是某日某外汇市场远期汇率报价,该报价是以差价报价法表示的。

表 4-2 某日某外汇市场远期汇率报价

	EUR/USD	USD/JPY	USD/AUD
即期汇率	1.184 6/1.185 7	118.03/118.07	1.356 4/1.357 3
1 个月	18/20	117.59/117.65	1.357 2/1.358 5

续表

	EUR/USD	USD/JPY	USD/AUD
2 个月	39/42	117.126/117.194	1.358 0/1.359 5
3 个月	63/63	116.636 / 116.71	1.358 7/1.360 3
6 个月	127/133	115.197/115.293	1.360 1/1.362 2
12 个月	253/257	112.417/112.543	1.362 5/1.365 7

远期外汇交易时,银行通常只报出远期汇率的升水或贴水“点数”(汇率表达的基本单位),但是并不标明是升水还是贴水。判断远期升水还是贴水的规则如下:

在直接标价法下,所报点数的小数在前,大数在后,表示远期汇率升水;相反,如果点数的大数在前,小数在后,表示远期汇率贴水。

在间接标价法下,点数的小数在前,大数在后,表示远期汇率贴水;相反,如果点数的大数在前,小数在后,表示远期汇率升水。

用远期差价或掉期率来表示远期汇率的方法简明扼要,因为虽然在即期汇率变动的同时,远期汇率也进行着相应变动,但通常远期差价比较稳定,用远期差价或掉期率报价比直接报价方法要更加方便。

远期汇率是由即期汇率、报价币与被报价币的利率差和期限长短共同决定形成的,同时在直接和间接等不同的标价法下,升水和贴水的表示方法也不一样。如何利用远期差价或掉期率来计算远期汇率、判断远期外汇的升贴水情况就成为远期汇率双向报价中的关键所在,下面举例加以说明。

【例 4-10】直接标价法,若市场状况如下:

USD/CHF 的即期汇率为 1.641 0/20,3 个月美元的双向利率为 3.125%~3.25%,3 个月瑞士法郎的双向利率为 7.75%~7.875%。

则 3 个月 USD/CHF 的远期外汇报价如下:

(1)卖出 USD (买入 CHF)。分析过程如下:

①在即期市场卖出 USD,并买入 CHF,汇率为 1.641 0,以轧平外汇部位。

②为轧平因这笔交易产生的资金流量不平的状况,需贷放所买入之瑞士法郎,3 个月利率为 7.75%,并借进所卖出之美元 3 个月利率为 3.25%。

③套入公式:

$$
\begin{aligned}
\text{远期外汇汇率} &= 1.641\,0+1.641\,0\times(7.75\%-3.25\%)\times 90/360 \\
&= 1.641\,0+0.018\,461 \\
&= 1.659\,461 \\
&\approx 1.659\,4(\text{换汇点数为 }184)
\end{aligned}
$$

(2)买入 USD(卖出 CHF)。分析过程如下:

①在即期市场买入 USD,并卖出 CHF,汇率为 1.642 0,以轧平外汇部位。

②为轧平因这笔交易产生的资金不平情况,需借入所卖出之瑞士法郎 3 个月利率为 7.875%,并贷放所买入之美元 3 个月利率为 3.125%。

(3)套入公式:

$$
\begin{aligned}
远期外汇汇率 &= 1.642\,0+1.642\,0\times(7.875\%-3.125\%)\times 90/360 \\
&= 1.642\,0+0.019\,499 \\
&= 1.661\,499 \\
&\approx 1.661\,5(换汇点数为 195)
\end{aligned}
$$

【例 4-11】 间接标价法,若市场状况如下:

GBP/USD 的即期汇率为 1.483 0/40,3 个月英镑的双向利率为 5.75% ~ 6.00%,3 个月美元的双向利率为 3.125%~3.25%。

则 3 个月 GBP/USD 的远期外汇报价如下:

(1)买入 GBP(卖出 USD),分析过程如下:

①在即期市场买入 GBP,并卖出 USD,汇率为 1.484 0,以轧平外汇部位。

②为轧平资金流量,需贷放所买入之 GBP 3 个月利率为 5.75%,并借入卖出之 USD 3 个月利率为 3.25%。

③套入公式:

$$
\begin{aligned}
远期外汇汇率 &= 1.484\,0+1.484\,0\times(3.25\%-5.75\%)\times 90/360 \\
&= 1.484\,0-0.009\,275 \\
&= 1.474\,725 \\
&\approx 1.474\,8(换汇点数为 92)
\end{aligned}
$$

(2)卖出 GBP (买入 USD),分析过程如下:

①在即期市场卖出 GBP 并买入 USD,汇率为 1.483 0 以轧平外汇部位。

②为轧平现金流量,需借入所卖出之英镑 3 个月利率为 6.00%,并贷放所买入之 USD 3 个月利率为 3.125%。

③套入公式:

$$
\begin{aligned}
远期外汇汇率 &= 1.483\,0+1.483\,0\times(3.125\%-6\%)\times 90/360 \\
&= 1.483\,0-0.010\,659 \\
&= 1.472\,341 \\
&\approx 1.472\,3(换汇点数 107)
\end{aligned}
$$

从上述范例可知远期汇率用远期差价或掉期率表示时的一般规则如下:

第一,当报价币利率大于被报价币利率时,此时远期差价为正数,称之为升水,掉期率点数按左小右大的顺序排列;当报价币利率小于被报价币利率时,此时远期差价为负数,称之为贴水,掉期率点数按左大右小的顺序排列。

第二,直接标价法下:

$$远期汇率 = 即期汇率 + 升水$$

远期汇率=即期汇率-贴水

间接标价法下：

远期汇率=即期汇率-升水

远期汇率=即期汇率+贴水

第三，在不标明升水或贴水的情况下，只要明确被报价币的即期汇率及远期差价，就可以按其规律计算出远期汇率，即"左小右大往上加，左大右小往下减"。也就是说，比较掉期率"/"左右数字的大小，如果左小右大，则将即期汇率"/"左右的数字分别加上掉期率中相应的"/"左右的数字；如果左大右小，则将即期汇率"/"左右的数字分别减去掉期率中相应的"/"左右的数字。

4.2.3.3 非标准交割日远期汇率报价方法

在以上介绍的两种远期汇率报价方法中，远期外汇交易的交割日是确定而标准的，或者说以上两种汇率均属完全远期汇率。如果远期外汇交易者希望在远期任意一个确定的日期来交割，即非标准交割日交割，那么就必须进行内插计算远期汇率。即将远期每天的换汇点数算出，并根据要求将点数加到即期汇率上或从即期汇率上减去，也就是根据内插法计算非标准交割日的远期汇率。

内插法的基本步骤是：

第一步，选定正确的即期汇率值，即确定报价银行在交易中所使用的即期汇率的买价和(或)卖价。

第二步，计算非标准日所处的标准交割期间内每一天的换汇点数，其计算公式为：非标准交割日所处标准交割期间后一个交割日点数减去前一个交割日点数，再除以标准交割期间的天数。

第三步，根据第二步的计算结果和非标准交割日所跨远期天数计算非标准交割日的点数总和。

第四步，根据第三步计算结果和即期汇率计算出非标准交割日的远期汇率。

举例说明如下：

【例 4-12】某银行一客户需要买入远期日元 1 亿日元，远期起息日为 2005 年 7 月 15 日，请计算出远期汇率。

市场基本信息如下：

即期汇率：USD/JPY	130.30/40
交割日	2005 年 2 月 28 日星期四
即期起息日	2005 年 3 月 4 日星期一
远期起息日	2005 年 7 月 15 日星期一
3 月期换汇点数	15/17
6 月期换汇点数	45/48
天数计算——3 月期	92 天(2005 年 6 月 4 日)

天数计算——6月期　　184天(2005年9月4日)

天数计算——2005年7月15日　　133天

分析过程如下:

(1)首先确定正确的即期汇率。由于该客户是要买入日元,而已知即期汇率以美元为被报价货币,因此客户买入日元、卖出美元即银行买入美元、卖出日元,应选即期汇率中左边数值即130.30。

(2)因为我们所要计算的非标准交割日在3~6个月之间,因此所计算的汇率应内插于3~6月之间,为此需要计算3~6个月之间的点数,再计算出每一天的点数,利用公式:6个月点数减去3个月点数再除以天数(6月4日~9月4日),可得到:

$$(0.45-0.15)/(184-92)=0.003\ 260\ 8(\text{点/天})$$

(3)计算出3个月期6月5日~7月15日之间共计41天的点数值:

$$0.003\ 260\ 8\times41=0.133\ 692\ 8\approx0.13$$

(4)将上述各步骤汇总计算出7月15日这一非标准交割日的远期汇率。由于日元兑美元贴水,因此应将点数加到即期汇率上,类似于将点数顺序视为左小右大排列:

即期汇率:USD/JPY	130.30
3月期点数	0.15
41天点数	0.13
7月15日交割的远期汇率	130.58

由此可得,该客户买入1亿日元需要用去765 814.06美元。

内插法虽然能比较简单明了地计算出非标准交割日远期汇率,但由于其自身是属于线性内插法,它本身的运用是在信息既定的条件下进行的,因此在信息不断变化的情况下,线性内插法的计算结果可能会与现实实际不符;同时,在内插法计算中非标准远期交割日与相邻标准交割期的距离也会因影响每天的平均点数而使非标准交割日的远期汇率计算结果非常不同。

4.2.4　远期交叉汇率

远期交叉汇率的计算与即期交叉汇率的计算方式相同,但远期交叉汇率必须先把即期汇率调整为远期汇率,再以此远期汇率为基础,根据联算法的步骤,推算出远期交叉汇率。现以范例来说明不同报价法下的远期交叉汇率。

4.2.4.1　两种货币对第三种货币均为直接报价法

在两种货币对第三种货币均为直接报价法的情况下,两种汇率必须交叉相除。

【例4-13】市场基本信息如下:

即期汇率:USD/CHF　　1.575 0/60

USD/JPY　　127.20/30

远期差价:CHF Spot/3 个月　　152/155

JPY Spot/3 个月　　15/17

分析:CHF 与 JPY 的远期差价均为左小右大,为升水(Premium),因此可得:

CHF 3 个月期的远期汇率为 1.590 2/1.591 5

(1.575 0 + 0.015 2/1.576 0 + 0.015 5)

JPY 3 个月的远期汇率为 127.35/127.47

(127.20 + 0.15/127.30 + 0.17)

CHF/JPY(CHF 为被报价币的角色)的 3 个月期的交叉汇率:

买入汇率:JPY? =CHF1

CHF1.591 5 = USD1

USD1 = JPY127.35

127.35/1.591 5 = 80.018 9

即:JPY80.018 9= CHF1

卖出汇率: JPY? =CHF1

CHF1.590 2=USD1

USD1=JPY127.47

127.47/1.590 2 = 80.159 7

即:JPY80.159 7=CHF1

4.2.4.2　两种货币对第三种货币的报价方式一为直接报价法、一为间接报价法

在两种货币对第三种货币的报价方式一为直接报价法、一为间接报价法的情况下,两种汇率应同边相乘。

【例 4-14】市场基本信息如下:

即期汇率: USD/CHF　　1.575 0/60

GBP/USD　　1.847 0/80

远期差价: CHF Spot/3 个月　　152/155

GBP Spot/3 个月　　192/188

分析:CHF 的远期差价为左小右大,为升水(Premium);GBP 的远期差价为左大右小,为贴水(Discount),因此可得:

CHF 3 个月期的远期汇率为 1.590 2/1.591 5

(1.575 0+0.015 2/1.576 0+0.015 5)

GBP 3 个月期的远期汇率为 1.827 8/1.829 2

(1.847 0-0.019 2/1.848 0-0.018 8)

GBP/CHF 的 3 个月期的远期交叉汇率(GBP 为被报价币的角色):

买入汇率:CHF? =GBP1

GBP1 =USD1.827 8

USD1=CHF1.590 2

1.827 8×1.590 2≈2.906 6

即:CHF2.906 6 = GBP1

卖出汇率:CHF? =GBP1

GBP1= USD1.829 2

USD1= CHF1.591 5

1.829 2 × 1.591 5≈2.911 2

即:CHF2.911 2 =GBP1

GBP/CHF 的 3 个月的远期交叉汇率为 2.906 6/2.911 2。

4.2.4.3 两种货币对第三种货币均为间接报价法

在两种货币对第三种货币均为间接报价法的情况下,两种汇率应交叉相除。

【例 4-15】市场基本信息如下:

即期汇率:	GBP/USD	1.847 0/80
	AUD/USD	0.724 0/50
远期差价:	GBP Spot/3 个月	192/188
	AUD Spot/3 个月	183/179

分析:GBP 与 AUD 的远期差价均为左大右小,均为贴水,因此可得:

GBP 3 个月期的远期汇率为 1.827 8/1.829 2

(1.847 0-0.019 2/1.848 0-0.018 8)

AUD 3 个月期的远期汇率为 0.705 7/0.707 1

(0.724 0-0.018 3/0.725 0-0.017 9)

GBP/AUD 的 3 个月期的远期交叉汇率(GBP 为被报价币的角色):

买入汇率:AUD? =GBP1

GBP1=USD1.827 8

USD0.707 1=AUD1

1.827 8÷0.707 1 = 2.584 9

即:AUD2.584 9=GBP1

卖出汇率:AUD? =GBP1

GBP1 =USD1. 829 2

USD0.705 7 =AUD1

1.829 2÷0.705 7= 2.592 0

即:AUD 2.592 0=GBP1

GBP/AUD 为 3 个月期远期交叉汇率为 2.584 9/2.592 0。

4.3 远期外汇交易操作

4.3.1 远期抛补

进出口商与外汇银行进行远期外汇买卖,其目的是锁定其外汇支付成本或收进外汇收益。然而,进出口商的远期外汇风险会转嫁给外汇银行。外汇银行之所以有风险,因其与客户进行远期外汇买卖后,会产生远期外汇持有额,该持有额可能使某种远期外汇出现超买或超卖。因此,外汇银行就需要通过远期外汇市场将外汇持有额进行远期抛补交易,平衡其外汇头寸,防止因汇率变动所遭受的损失。

【例 4-16】假设某家外汇银行在某日向进口商出售了 6 个月期 100 万远期美元,那么,这家外汇银行产生了远期美元超卖,远期美元处于空头状态,如果远期美元升值,外汇银行就要承担远期美元升值所带来的损失。为了平衡远期美元的头寸,这家银行在卖出远期美元的同时,会向同业银行买进 100 万即期美元来规避远期美元升值所带来的损失。

4.3.2 进出口商与外币借贷者套利

由于市场汇率的波动不定,进出口商不得不考虑从贸易合同签订到收付货款这段时间内因汇率的变动所可能带来的损失。当进出口商在执行合同之后,是立即收付货款还是过一段时间收付货款对自己更有利,要视外汇市场的远期汇率变动率与两国间利差而定。同样,外币借贷者是立即借贷外币还是过一段时间借贷对自己更有利,也要视外汇市场的远期汇率变动率与两国利差而定。

远期汇率变动率有远期升水率和贴水率两种。所谓升水率和贴水率是指将远期升水数和贴水数换算成年率。远期升水或远期贴水实际上是远期掉期率的两种表现形式,因此我们根据远期掉期率的计算公式就可以推导出远期升水率和贴水率的计算公式。其近似值计算公式为:

$$\rho=\frac{q}{E}\times\frac{360}{t} \tag{4.9}$$

其中,ρ 为远期升(贴)水率,t 为时间,E 为即期汇率,q 为升(贴)水数。

至于计算出的是升水率还是贴水率,要看远期掉期率是升水还是贴水。实际上,远期升水率或贴水率就是利用远期掉期率计算两种货币理论的利率差。

当远期升水率小于实际货币利差,或贴水率大于实际货币利差时,进口商或外币借入者买进远期外汇比买进即期外汇合算,出口商或外币贷出者则卖出即期外汇比卖出远期外汇合算；反之，当远期升水率大于实际货币利差，或贴水率小于实际货币利差时，进口商或外币借入者买进即期外汇比买进远期外汇合算，出口商或外币贷出者则卖出远期外汇比卖出即期外汇合算。

下面举例说明进出口商是如何应用远期外汇交易进行贸易套利并验证上述结论。

【例 4-17】假设人民币利率为 5%，美元利率为 3%，即期汇率：USD/CNY = 8.276 0/80，3 个月掉期率：250/270。试问中国进出口商如何操作对自己合算？

出口商出售远期外汇的升水率为：

$$\rho=\frac{0.025\ 0}{8.276\ 0}\times\frac{360}{90}=1.2\%$$

进口商购买远期外汇的升水率为：

$$\rho=\frac{0.027\ 0}{8.278\ 0}\times\frac{360}{90}=1.3\%$$

人民币与美元的利差为：

$$5\%-3\%=2\%$$

则进出口商的远期升水率都小于利差，即 1.2%<2%，1.3%<2%。因此，中国进口商购买远期美元比购买即期美元合算，出口商出售即期美元比出售远期美元合算。下面我们来证明这一结果。

中国进口商购买一个单位远期美元，不必支付人民币，而是将等值的人民币存入银行，3 个月的本息之和并到期按远期汇率办理交割，可得美元为：

$$8.278\ 0\times\frac{\left(1+5\%\times\frac{90}{360}\right)}{8.278\ 0+0.027\ 0}=\frac{8.381\ 5}{8.305\ 0}=1.009\ 2$$

中国进口商直接购买一个单位的即期美元并存入银行，3 个月美元的本息之和为：

$$1\times\left(1+3\%\times\frac{90}{360}\right)=1.007\ 5$$

可见，中国进口商购买远期美元比购买即期美元合算。购买一个单位远期美元比购买一个单位即期美元多得 0.001 7（1.009 2−1.007 5）美元的支付能力。

中国出口商出售一个单位即期美元，将等值的人民币存入银行，3 个月的人民币本息之和为：

$$8.276\ 0\times\left(1+5\%\times\frac{90}{360}\right)=8.379\ 5$$

如果中国出口商出售 3 个月远期美元，不需立即兑换人民币，而是将美元直接存入银行，到期获得美元本息之和并按远期汇率办理交割获得人民币，则获得人民币为：

$$1.007\ 5\times(8.276\ 0+0.025\ 0)=8.363\ 3$$

可见,中国出口商出售即期美元比出售远期美元合算。出售一个单位的即期美元比出售一个单位的远期美元多得 0.016 2(8.379 5-8.363 3)元人民币。

同样道理,外汇借贷者也可采用此法进行套利,以获得最大的收益。

4.3.3 远期外汇投机

远期外汇投机是基于预期未来某一时点的即期汇率与目前的远期汇率不同而产生。在不考虑其他因素的情况下,如果预期未来某一时点的即期汇率大于目前的远期汇率,则投机者购买远期外汇,到时按约定的远期汇率办理交割取得外汇,然后在市场上抛售,从中赚取差价利润。反之,如果预期未来某一时点的即期汇率小于目前的远期汇率,则投机者卖出远期外汇,到时按市场汇率购买外汇,然后在远期市场上抛售,从中赚取差价利润。

举例说明如下:

【例 4-18】某日本投机商预期美元汇率有可能下跌。假设当时 3 个月期远期汇率为 USD/JPY=120.10,该投机商卖出 100 万元远期美元,成交时无须缴纳保证金。如果在交割日这一天,美元汇率真的下跌,假设美元汇率为 USD/JPY = 118.10,此时该投机商以此汇率购买 100 万美元并与银行办理交割,即按约定的远期汇率 USD/JPY=120. 10 卖出这 100 万美元取得日元。通过买卖,该投机商获得 200 万日元[100×(120. 10-118. 10)]的投机利润。

4.3.4 远期外汇交易的操作实例

Bank A: Cable Outright GBP 5 Mio Val 3 Month	A:询问英镑兑美元远期汇价,金额 500 万英镑,远期期限 3 个月
Bank B: SW 23/34 SP 00/10	B:银行报价,调期汇率 23/34,即期汇率 00/10
A: I Buy GBP	A:同意买入英镑
B: 5 Mio Agree To CFM at 1.644 4 I Sell 5 Mio GBP Val 9 Oct 1997 My USD to B Bank NY Thanks and Bye	B:同意成交,证实在 1.644 4 的价位我方卖出英镑 500 万,起息日为 1997 年 10 月 9 日(交易日为 7 月 7 日),美元付我行纽约分行账户。谢谢,再见
A: Ok Agreed My GBP to A Bank LDN Thanks and Bye	A:同意,英镑请付我行伦敦分行账户。谢谢,再见

远期外汇交易过程与即期外汇交易大致相同,下面简要地介绍一些不同点:

询价方通常使用 Outright 来表示作单独的远期外汇交易,与掉期外汇交易区分开来,通常掉期汇率的报价比即期汇率报价慢一些。交易员可以直接询问远期报价,也可以先做一笔即期,然后再要求对方将起息日调整至远期。询价方需要将交易金额和远期期限或者具体起息日期清楚地告诉对方,以便报价方根据期限报升贴水。报价方分别报出即期汇率和升贴水,通常不报远期汇率,也不特别指明升水或者贴水。交易证实时需要就交易的内容进行一次完整的重复叙述。

阅读材料 4-1

人民币远期市场

我国自 2005 年 7 月 21 日开始实行的以市场供求为基础的、有管理的浮动汇率制度,要求企业提高风险防范意识,主动运用外汇衍生工具规避由于人民币汇率水平正常浮动所带来的风险,从而为外汇衍生品市场的发展奠定了需求基础。同时,外汇衍生品市场的发展也将完善我国的外汇市场体系,提升外汇市场的深度和广度,强化市场供求在汇率形成中的基础性作用,保障和促进新汇率制度的顺利运行。为实现完善汇率形成机制和发展外汇市场的良性互动,中国人民银行适时发布了《关于扩大外汇指定银行对客户远期结售汇业务和开办人民币与外币掉期业务有关问题的通知》(银发[2005]201 号)和《关于加快发展外汇市场有关问题的通知》(银发[2005]202 号),扩大了远期结售汇业务主体范围,并推出了银行间人民币远期交易,初步确立了以银行柜台零售市场为基础、以银行间批发市场为主体,分层有序、协调互补的人民币远期市场发展格局。

远期交易是国际金融市场参与者用来防范汇率风险的重要工具,人民币远期交易一般是指交易双方以约定的币种、汇率和金额,在未来某一日期进行交割的人民币兑外汇的交易。在银行间人民币远期市场建设中,中国人民银行以市场化和规范化为原则,在借鉴国际外汇衍生品市场发展经验的基础上,结合当前我国外汇市场发展的实际,形成了人民币远期外汇市场的制度框架:在市场准入方面实行备案制,允许具备金融衍生品交易资格的金融机构进入远期市场,同时简化了市场成员的入市手续;在交易制度方面采用国际通行的询价交易方式,交易双方自主报价、谈判成交;在清算制度方面采用全额清算和净额清算相结合的方式,允许交易双方根据需要自行约定;在风险控制方面要求交易双方自担风险,市场成员通过签订远期协议明确交易双方的权利和义务,并允许交易双方根据对手的信用状况协商设定履约保证金。

银行间人民币远期市场于 2005 年 8 月 15 日正式上线运行。至当年 10 月 31 日,市场成员已经从最初的 3 家扩大到 54 家,包括了国有商业银行、股份制商业银行、政策性银行和外资银行分行等主要的银行类金融机构。随着交易成员的不断扩大以及市场成员对人民币远期交易认识的不断深入,远期市场报价和交易也日趋活跃。

根据利率平价理论,人民币远期市场的定价主要受即期外汇市场的人民币汇率水平、外汇货币市场利率、人民币货币市场利率和市场对人民币汇率预期等四个因素影响。当人民币远期头寸可通过即期外汇市场进行套期保值时,套补的利率平价基本成立,人民币远期汇率的升(贴)水率约等于相同期限外汇与人民币利率之差。在当前远期头寸尚不能通过即期外汇市场套期保值的情况下,银行间人民币远期市场与境外无本金交割人民币远期外汇合约(NDF)市场定价机制类似,都反映了市场成员对未来人民币汇率走势的预期,但比较而言,境外无本金交割人民币远期外汇合约(NDF)市场主要满足海外参与者的投机需求,银行间人民币远期市场的交易则一般以真实贸易为背景,以规避汇率风险为主要目的,供求稳定性高,价格引导能力强,因此参与者在两个市场间的套利活动将促使境外无本金交割人民币远期外汇合约(NDF)市场价格向国内银行间人民币远期市场价格收敛。

2005 年 8 月 15 日以来银行间人民币远期市场与境外无本金交割人民币远期外汇合约(NDF)市场价格的变化表明,在汇率形成机制改革伊始,银行间市场成员未能及时调整人民币升值预期。新汇率制度运行后,即期外汇市场人民币汇率保持基本稳定并正常浮动,促使市场成员的预期趋于理性,增强对人民币汇率保持稳定的信心,反映为银行间人民币远期价格竞争力逐渐增强,通过价格联动效应,引导境外无本金交割人民币远期外汇合约(NDF)的报价逐渐收窄,进一步缓解了国际金融市场的人民币升值预期。

国内银行间远期市场建立前,境外无本金交割人民币远期外汇合约(NDF)市场人民币对美元 1 年期合约贴水 2005 年 7 月 22 日最高达到 1 美元对人民币 7.710 0元,反映市场成员预期 1 年后人民币升值幅度为 4.9%;银行间远期交易推出后,至当年 10 月 31 日,境外无本金交割人民币远期外汇合约(NDF)市场人民币对美元 1 年期合约已经收窄到 1 美元对人民币 7.792 0 元,反映市场成员预期 1 年后人民币升值幅度已调整为 3.6%。同期银行间人民币对美元 1 年期远期合约为 1 美元对人民币 7.795 0 元。

资料来源:节选自 2005 年第三季度中国人民银行货币政策执行报告。

阅读材料 4-2

日本公司的远期外汇交易

日本某一贸易事业公司,每月外币交易量为 2 000 万美元左右。在远期外汇交易中,公司规定买方持有或卖方持有只能为 200 万美元。而未结算外汇余额(相反交易完毕部分除外)买卖双方各为 1 000 万美元。银行买卖手续费 0.1 日元。交

易时间是从××年7月到11月,共5个月。不考虑实际需要的预约保证金部分。这个公司进行了以下几次远期外汇买卖交易:

(1)7月3日,订立美元期货买进预约(买进持有200万美元)。合约内容:200万美元,1个月期货(8月6日交付),远期汇率1美元=238.60日元。买进远期美元的理由是:美日利率差距甚大,故判断目前美元将持续坚挺,依据对强势货币以期货折价买进的原则。

(2)7月24日,订立美元期货卖出预约400万美元(卖出持有200万美元)。合约内容:①采取7月3日买进外汇期货预约的相反交易,即卖出远期外汇200万美元,8月6日交割,远期汇率为1美元=245.50日元。这两个买卖合约8月6日到期结算时可获得利益(245.50−238.60)×200=1 380(万日元)。②新卖出外汇期货200万美元,期限3个月,10月26日交割,远期汇率为1美元=242.40日元。卖出远期美元的理由是:1美元兑换247日元为1983年9月2日以来的最高价格,首先予以牟利,并具有支援其后的买进操作之意而重新卖出。

(3)8月30日,买进远期外汇预约200万美元(买卖持有相抵为0),期限为1个月,10月3日交割,远期汇率1美元=239.70日元。买进理由:8月上旬美元行情虽为243日元,但当时未决定,已来不及,以后再未突破240日元。由于从日本流出资本颇巨,因此月底出现240日元时就把握此机会。

(4)9月4日,买进一个月期远期外汇预约200万美元(买进持有200万美元),远期汇率1美元=241.90日元。理由:7月份从日本流出的长期资本净额为71.4亿美元,以致基本收支、综合收支均有大量的逆差,由于认为美元仍将趋坚,所以考虑预约增加买进。

(5)9月18日,卖出远期美元预约400万美元(卖出持有200万美元)。合约内容:①采取第三笔预约买进部分的相反交易,即卖出远期外汇200万美元,10月3日交割,远期汇率1美元=247.80日元。到期结算时,可获得利益为(247.30−239.70)×200=1 520(万日元)。②新卖出远期外汇合约200万美元,期限2个月,11月20日交割,远期汇率1美元=246.00日元。卖出理由:出现248日元的美元高价,预约买进的部分已获利,所以决定重新卖出。

(6)9月25日,买进远期外汇预约400万美元(买进持有200万美元),其中200万为1个月期远期外汇,10月29日交割,远期汇率1美元=243.70日元;200万为2个月期远期外汇,11月27日交割,远期汇率1美元=247.80日元。买进理由:从9月18日的高价下跌近4日元所致。

(7)10月1日,卖出远期外汇预约200万美元,此为预约买进部分的相反交易(持有为0)。因为第四笔的远期外汇预约买进部分获利,所以预约卖出约200万美元,10月8日交割,远期汇率1美元=246.50日元,到期结算可获得收益为(246. 50−241.90)×200=920(万日元)。

(8)10 月 18 日,卖出远期外汇预约 200 万美元(预约买进部分套利,卖出持有 200 万美元)。由于 10 月 17 日汇率到达 250 日元大关后,认为目前美元价位已达顶点,而且 9 月 25 日第 6 笔预约买进部分已获利,于是卖出远期外汇 200 万美元,10 月 29 日交割,远期汇率 1 美元=249.00 日元。

(9)10 月 24 日,从即期市场买进现货外汇预约 200 万美元(持有为 0)。第 2 笔订定的卖出预约 10 月 26 日到期,必须在到期前 2 日以现货买回 200 万美元,2 个营业日后即 10 月 26 日交割,即期汇率 1 美元=244.20 日元,结算时损失为(244.20-242.40)×200=360(万日元)。

(10)11 月 8 日,买进远期外汇预约(卖出预约部分的买回)200 万美元(买进持有 200 万美元)。此为 9 月 18 日第 5 笔预约卖出部分的买回相反交易,11 月 20 日交割,远期汇率 1 美元=240.70 日元,到期结算时可获得收益为(247.30-240.70)×200=1 320(万日元)。买进理由是现货 240 日元显示日元偏高,已获收益。

(11)11 月 26 日,预约卖出(预约买进部分的结算)远期外汇 200 万美元(持有为 0)。此为第 6 笔预约买进的余额部分的相反交易,11 月 27 日交割,汇率为1 美元=245.70 日元,结算时可获利益(245.70-242.80)×200=580(万日元)。

从以上多次外汇远期交易的总体上看,先买进后卖出的操作共 1 000 万美元,而先卖后买的操作仅 400 万美元,综合结果获利 6 160 万日元。先预约卖出远期美元,是为了防止万一美元下跌时所造成的损失。而从上例的美元、日元行情分析,以事先预约买进逐期美元的期货操作,则可获得上述程度的操作收益。

资料来源:蔡玉龙,胡穗华. 日本公司远期外汇交易案例分析. 国际金融实务,1996(6)。

本章小结

远期外汇交易是指其交割日发生在即期交割日之后的交易,它是为了适应消除国际贸易中外汇风险的要求而发展起来的。根据交割日的不同,期汇交易可分为固定交割日的期汇交易和选择交割日的期汇交易。

远期外汇交易之所以受到市场参与者的青睐,以及远期外汇市场之所以能够快速地发展,其原因是此种交易较为有效地规避了汇率风险,可从中投机获利,并能够调整外汇银行外汇持有额和资金结构。

远期外汇交易交割日或结算日基本上是按月计算的而不是按天计算的,其交割日是在即期外汇交割日或结算日的基础上确定的,即要确定远期外汇交易的交割日首先要确定即期外汇交易的交割日。

根据利率平价理论,远期汇率等于即期汇率加上收到的利息减去支付的利息。换言之,远期汇率等于即期汇率加上以即期汇率为本金,两国利差为利率,在远期外汇到期日这段时间内的利息。

远期外汇交易的报价通常只报远期与即期之间的差额,即远期掉期率。远期掉期率的多少则主要取决于同期两种货币的利率差。至于在即期汇率基础上是加上还是减去远期掉期率,要看计算的远期掉期率数值的正负。如果计算的远期掉期率数值是正的,则应在即期汇率基础上加上远期掉期率计算出远期汇率,相反应在即期汇率基础上减去远期掉期率计算出远期汇率。在实际的外汇交易中,银行对于远期汇率也采用双向报价法,根据国际惯例,通常有两种远期汇率报价方法:完整汇率报价方法和远期差价报价方法。

远期套算汇率与即期套算汇率的计算方法相同,即交叉相除或同边相乘。

远期外汇交易的操作动机主要包括远期抛补、进出口商与外币借贷者套利和远期外汇投机等。

5. 换汇交易

新闻导引

美银:港汇转弱由股票投资者驱动,换汇人民币买 A 股①

美银美林发表研究报告指出,近期港汇转弱,主要是由于股票投资者沽港元、买离岸人民币的操作有关,预料在可见的将来,港汇仍会贴近 7.85 弱方兑换保证水平。

美银表示,沽售港元主要有三大市场力量,分别是以港元为基础的股票投资者、本港银行及机构投资者。现时港元转弱是由股票投资者驱动,因换汇至人民币,可便利投资者利用沪深港通渠道购买 A 股。而在去年,港汇弱势由港银及机构投资者驱动,港银坐拥大量港元头寸,有需要购买外汇资产;机构投资者因应港美息差,进行套利交易。

美银认为,金管局近期两度入市,与预期相符,本港仍有足够流动性支持正常的银行活动,预料直至总结余回落至环球金融风暴前的水平,港元资金才会收紧。

港汇于本周三清晨(周二纽约汇市尾段)再触 7.85 弱方兑换保证,金管局入市承接 39.25 亿港元沽盘,是 5 日内第二次,两次总共承接 54.32 亿元,银行体系结余跌至约 700 亿元。港汇最新报 7.849 8,仍贴近弱方保证水平。

学习要求

学习本章应了解外汇市场上换汇交易的逻辑原理,熟悉换汇汇率的计算方法,掌握换汇交易的操作技巧。

---

① 资料来源:经济通中国站,2019 年 03 月 14 日。

5.1 换汇交易概述

5.1.1 换汇交易的定义

外汇换汇交易(Swap Transaction),又称外汇掉期交易,是指将交易货币相同、金额相同而方向相反、交割期限不同的两笔或者两笔以上的外汇交易结合起来进行,也就是以A货币交换B货币,并于未来某一特定时日,再以相同金额的B货币换回A货币的交易。从结构上看,外汇掉期交易与再回购协议(Repurchase Agreement)十分相似,A货币是即期买进而远期卖出货币,B货币是即期卖出而远期买进货币。其中汇率、金额及买卖之交割日,均于交易的时候确定。

举例说明如下:

【例5-1】我们按1美元兑0.712 5英镑的即期汇率卖出100万美元买进71.25万英镑(即用美元兑英镑),同时再在远期市场上,按1美元兑0.711 5英镑的远期汇率,买进3个月期的100万美元。简言之,换汇交易就是同时买卖金额相同但交割日不同的外汇交易。

换汇交易的主要目的是轧平各货币因到期日不同所造成的资金缺口(Cash flow Gap),所以是资金调整的工具。在换汇交易中,一种货币在被买入的同时即被卖出,并且所买入的货币与所卖出的货币,在数额上总是相等的,因此,换汇交易不会改变交易者的外汇持有额,即货币的外汇净部位并未改变,也不会有汇率波动的风险。但是,所买进的和所卖出的货币,在期限上有所不同,因此交易的结果导致交易者所持有的货币期限发生变化。

由此可见,换汇交易与一般的套期保值或抵补存在以下几点不同:

第一,换汇交易改变的是交易者手中持有外币的期限,而非所持外汇的数额,因此货币的外汇净部位不变,故也不会有汇率波动的风险。

第二,换汇交易强调买入和卖出的同时性。

第三,换汇交易绝大部分是针对同一对手进行的。

基本上,换汇交易是外汇交易和货币市场借贷的共同运用,但由于此项操作可能没能够使资金流量轧平,所以仍可能面临利率波动的风险。因此从事一笔换汇交易可视为在货币市场上同时借入(贷出)一种货币及贷出(借入)另一种货币。

5.1.2 换汇交易的报价方法

在国际外汇市场上,换汇汇率(Swap Rate或Swap Point)就是换汇交易的价格，通常报价者对于换汇汇率的报价采用双向报价的方式。报价时，第一个数字表示报价者愿意卖出近期被报价币及买入远期被报价币（Sell Near Date/Buy Far Date，简写为 S/B）的换汇汇率；相反地，对询价者而言，此数字表示询价者买入近期被报价币及卖出远期被报价币的换汇汇率（Buy Near Date/Sell Far Date，简写为 B/S）。第二个数字表示报价者愿意买入近期被报价币及卖出远期被报价币（Buy Near Date/Sell Far Date，简写为 B/S）的换汇汇率；相反地，对询价者而言，此数字表示询价者卖出近期被报价币及买入远期被报价币的换汇汇率（Sell Near Date/Buy Far Date，简写为 S/B）。报价者所报出换汇汇率的数字是以货币的基本点（Point）为报价基础，也就是所报出换汇汇率的个位数就是基本点。报价方与询价方的这种相对关系如图 5-1 所示（其中 R.C.表示 Reference Currency，即被报价币）：

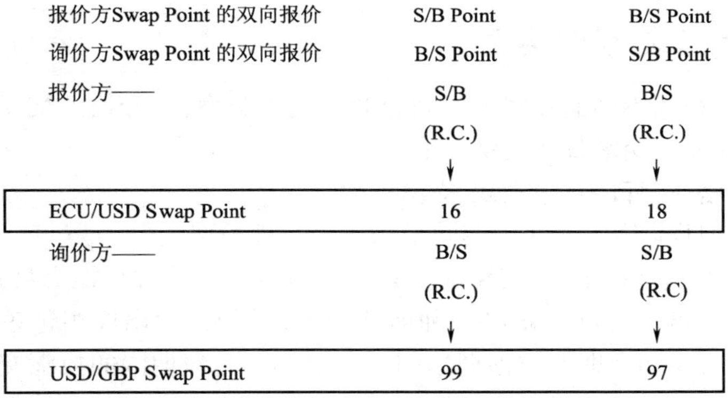

图 5-1　换汇交易中报价方与询价方之间的关系

一般地，在换汇交易中，询价方有选择交易方式的主动权，而报价方有选择价格的主动权。报价方只报出换汇汇率，而不会标明是升水或贴水，Swap Point 也不会特别标明正、负号，询价方可直接由其排序来判断其正负。

首先，如果是左小右大的排序，则代表升水，即换汇汇率为正，此时远期汇率就是即期汇率加上换汇汇率。其次，如果是左大右小的排序，则代表贴水，即换汇汇率为负，此时远期汇率就是即期汇率减去换汇汇率。

【例 5-2】已知：即期汇率　GBP/USD＝1.555 0/60

换汇汇率　Spot/1 Month 112/110

（1）如果询价方承做 B/S GBP AG USD（或 S/B USD AG GBP）Spot/1 Month 的换汇交易，即询价方在即期买入英镑的同时卖出 1 个月远期英镑，那么交易双方将确定按 112 的价位成交。由于换汇汇率排序左大右小，可判断为贴水，则即期汇率减去换汇率方可得远期汇率。双方可以按英镑兑美元即期汇率 1.555 0 确定 Spot

Rate,即相应的 1 个月远期汇率为 1.555 0-0.011 2=1.543 8。

(2)如果询价方承做 S/B GBP AG USD(或 B/S USD AG GBP)Spot/1 Month 的换汇交易,即询价方卖出即期英镑又买进 1 个月远期英镑,此时交易双方将确定按 110 的价位成交。双方可以按英镑兑美元的即期汇率 1.555 0 减去 110 点贴水,得到远期汇率为:1.555 0-0.011 0=1.544 0。于是询价方在即期以 1.555 0 卖出英镑买入美元,在 1 个月的远期按 1.544 0 买入英镑卖出美元,报价方的交易方向正好相反。

一般而言,双方确定的远期汇率水平(即交易的价格)对资金的收付并无太大影响,只要不偏离市场水平,交易双方都同意即可,真正重要的则是买卖差价,即换汇汇率。【例 5-2】中,交易双方也可以将即期汇率水平确定为 1.556 0,即询价方承做 B/S 时的远期汇率就是 1. 544 8,询价方承做 S/B 时的远期汇率就是 1. 545 0,这在换汇交易中是可以接受的。

5. 1. 3 换汇交易的类型

换汇交易根据不同的标准可以划分为不同的类型,划分换汇交易类型的标准主要有换汇交易的交割日和交易对手。

5. 1. 3. 1 根据交割日划分的换汇交易类型

根据交割日的不同,换汇交易可分为以下三种类型。

(1)即期对远期换汇交易(Spot Against Forward)。此种换汇交易是最基本、最常见的类型,是指在买进或卖出一种即期外汇的同时,卖出或买进该种货币的远期,货币的持有时间在即期与远期之间相互对调。其他期限的换汇交易都是在这种类型的基础上发展起来的,因此即期兑远期换汇交易的报价和计算方法具有一般性,是计算其他类型换汇交易价格的基础。期汇的交割期限大多为 1 星期、1 个月、2 个月、3 个月、6 个月,这是换汇交易中最常见的形式。在国际外汇交易市场上,常见的即期对远期换汇交易主要有以下几种类型:

①即期对次日(Spot—Next,S/N):自即期交割日算起,至下一个营业日为止的换汇交易。

②即期对一周(Spot—Week,S/W):自即期交割日算起,为期一星期的换汇交易。

③即期对整数月(Spot/N Months,S/N M):N Months 表示 1 个月、2 个月、3 个月等,是指自即期交割日算起,为期 1 个月、2 个月或 3 个月的换汇交易。

对于即期后交割的远期汇率计算,应按照远期汇率的计算原则,即左右掉期价格与左右即期价格相加或相减。

举例说明如下:

【例 5-3】市场基本信息如下:

即期汇率:USD/CHF=1.510 3/13

S/N:1/2

S/W:5/7

S/1M:20/30

银行的客户从事下列的买卖交易:

①S/N 交割的远期汇率:

买入 CHF 并卖出 USD:

1.510 3+0.000 1=1.510 4

卖出 CHF 并买入 USD:

1.511 3+0.000 2=1.511 5

则远期汇率:USD/CHF=1.510 4/15

②S/W 交割的远期汇率:

买入 CHF 并卖出 USD:

1.510 3+0.000 5=1.510 8

卖出 CHF 并买入 USD:

1.511 3+0.000 7=1.512 0

则远期汇率:USD/CHF=1.510 8/20

③S/1M 交割的远期汇率:

买入 CHF 并卖出 USD:

1.510 3+0.002 0=1.512 3

卖出 CHF 并买入 USD:

1.511 3+0.003 0=1.513 3

则远期汇率:USD/CHF=1.512 3/33

(2)即期对即期换汇交易(Spot Against Spot)。这是一种即期交割日以前的换汇交易,由当天交割或明天交割和标准即期外汇买卖组成,主要是银行为处理以即期交割日之前的资金缺口和短期头寸所普遍采用的方法。这类换汇交易常见的类型有以下几种:

①隔夜交易(Over—Night,O/N)。它是指货币存款或远期换汇在当天发生,次日结束的交易。其第一个交割日是交易日当天,第二个交割日是次日,即交易后的第一个营业日

②隔日交易(Tom—Next,T/N)。它又称明日—次日掉期交易,是指货币存款或远期换汇将在明天发生,并于后天(按即期汇率)结束的交易。其第一个交割日是明天,即交易后的第一个营业日;第二个交割日是后天,即交易后的第二个营业日。

隔夜交易和隔日交易的交割日不同于标准即期交易的交割日,因此掉期率也

要做适当调整。其掉期率的计算规则也是银行按照左边的价格买进远期基础货币,按右边的价格卖出远期基础货币。换言之,不论交易是发生在即期日之前还是之后,银行总是按照左边的价格卖出即期和买进远期基础货币,并按照右边的价格买进即期和卖出远期基础货币。对于今日和明日交割的换汇交易而言,即期交易日则变为较远的日期,而该交易日本身则为较近的日期。

举例说明如下:

【例 5-4】市场基本信息如下:

即期汇率:EUR/USD=1.150 5/10

隔日掉期率(T/N):2/1

假设客户希望买入明天交割的远期 USD,这相当于买入即期交割的 USD 同时,进行了一个买入明天交割的 USD 并卖出即期交割的 USD 的掉期交易。实际上是客户在买入即期 USD 后将交割日提前至明天,所以客户必须把即期交割日的 USD 卖出,以轧平即期交割日的头寸。因此客户需选择 B/S 的 T/N 掉期率作为计算基础。

同样道理,银行按左边的价格 1.150 5 买入即期交割的 EUR 并卖出即期交割的 USD,并按照 1 点的掉期率卖出远期 EUR 并买入远期次日的即期 USD。因此,银行必须选择 S/B 的 T/N 掉期率作为计算基础。

根据上述已知条件,隔日掉期率(T/N):2/1,这是按照左大右小排列方式表示掉期率,由上述分析得,客户在即期买入 USD,而后将交割日提前至明天,对于今日和明日交割的换汇交易而言,即期交易日则变为较远的日期,而该交易日本身则为较近的日期。因此掉期率也要做适当调整,即隔日掉期率(T/N):1/2,也就是左小右大的顺序排列。

根据前面所述的计算原则:如果是左小右大的排序,则代表升水,即换汇汇率为正,此时远期汇率就是即期汇率加上换汇汇率。

因此应将掉期率与即期汇率相加计算出明天交割日的远期汇率,即远期汇率 EUR/USD=1.150 6/12(1.150 5+0.000 1/1.151 0+0.000 2)。

【例 5-5】市场基本信息如下:

即期汇率:EUR/USD=1.150 5/10

隔夜掉期率(O/N):3/2

隔日掉期率(T/N):2/1

假设客户希望买入今天交割的 USD,相当于同时进行三个单独交易:买入即期交割的 USD;进行一个买入明日交割的 USD 并卖出即期(隔日)交割的 USD 掉期;进行一个买入今天交割的 USD 并卖出明天(隔夜)交割的 USD 掉期交易。所以客户只有将买入美元的头寸提前至今天,才能将即期交割日的头寸轧平。因此客户必须是选择 B/S 的 O/N 与 T/N 掉期率作为计算基础,将 O/N 与 T/N 的掉期率相加并根据计算远期汇率的原则来计算今天交割的远期汇率。

同样道理,银行必须是选择 S/B 的 O/N 与 T/N 的掉期率作为计算基础,将 O/N 与 T/N 的掉期率相加并根据计算远期汇率的原则来计算今天交割的远期汇率。由于即期交割日之后的掉期率为左大右小,但提前至今天,即期交割日之前的掉期率应为左小右大,即 2/3、1/2,应将掉期率与即期汇率相加来计算出今天交割的远期汇率。今天交割的远期汇率为 EUR/USD = 1.150 8/15(1.150 5+0.000 2+0.000 1/1.151 0+0.000 3+0.000 2)。

(3)远期对远期的换汇交易(Forward Against Forward)。此类换汇交易,是对不同交割期限的远期外汇双方做货币、金额相同而方向相反的两个交易。也就是从未来的某一特定日期起,至未来更远的某一特定日期止,这两个交割日都迟于即期交割日的换汇交易。交易的一般原则是:在买进某种货币较短的远期的同时,卖出该货币较长的远期;或是在买进某种货币较长的远期的同时,卖出该种货币较短的远期。

交易者进行"远期对远期"的换汇交易的基本的好处是可以利用有利的汇率机会。例如,美国某银行在 3 个月后应向外支付 100 万英镑,同时在 1 个月后又将收到另一笔 100 万英镑的收入。此时若市场上的汇率较为有利,它就可以进行一笔远期对远期的换汇交易。

举例说明如下:

【例 5-6】假定此时市场上的汇率为:

即期汇率:USD/GBP = 1.696 0/70

1 个月远期汇率:USD/GBP = 1.686 8/80

3 个月远期汇率:USD/GBP = 1.672 9/42

这时该公司有以下两种换汇交易可供选择:

①进行两项"即期对远期"的换汇交易。将 3 个月应付的英镑,先在远期市场买入(期限也为 3 个月,汇价为 1.674 2 美元),再在即期市场将其卖出(汇价为 1.696 0 美元),这样每英镑可得益 0.021 8 美元。同时,将 1 个月后要收到的英镑,先在远期市场上卖出(期限为 1 个月,汇价为 1.686 8 美元),并在即期市场上将其即期买入(汇价为 1.697 0 美元)。这样每英镑贴出 0.010 2 美元。每笔换汇交易合起来总计,每英镑可获净收益 0.011 6 美元。

②直接进行"远期对远期"的换汇交易。买入 3 个月的远期(汇价为 1.674 2 美元),再卖出 1 个月的远期(汇价为 1.686 8 美元),其能获得的净收益为每英镑 0.012 6 美元。可见,用这种"远期对远期"的换汇交易比用前者要更为有利。

然而,在一般情况下,银行在承做远期对远期换汇交易时,通常会将它拆为两个即期对远期的外汇交易,真正的远期对远期换汇交易在国际市场上只是偶尔使用,较为少见。

5.1.3.2 根据交易对手划分的换汇交易类型

依照交易对手是否相同,换汇交易又可分为以下两大类:

(1)纯粹的换汇交易(Pure Swap Transactions)。纯粹的换汇交易是指同时向同一对象买进或卖出不同交割日的等额外汇的交易。换言之,交易的买和卖都发生在相同的两个交易员之间。在这一交易中,换汇汇率是双方直接协商的,一旦双方达成协议后,即按约定的即期汇率和远期汇率成交。

(2)操纵性的换汇交易(Engineered Swap Transactions)。操纵性的换汇交易是指包括两个交易行为,两笔交易的对手并不相同的换汇交易。例如,某一交易员与某一交易对手按远期汇率买入远期外汇之后,再与另一交易对手按即期汇率,或另一期限的远期汇率,卖出同一币种的即期或远期外汇。

5.2 换汇汇率的计算

5.2.1 以利率差为计算基础的换汇汇率计算

所谓的换汇汇率(Swap Rate 或 Swap Point),是指两种货币在某一特定期间内互相交换运用的成本。若两种货币的货币市场与外汇市场是充分自由的流通市场,则此两种货币交换使用的成本就是两种货币的利率差。

在下列 Swap Point 的计算式中,只有利率差这一计算项会有正、负号产生,此正、负号可以帮助我们判断 Swap Point 是升水或贴水。

$$\text{Swap Point} = \text{即期汇率} \times (\text{报价币利率} - \text{被报价币利率}) \times \text{天数}/360 \tag{5.1}$$

依此方式计算出的 Swap Point,若是正数,就是升水,若是负数,就是贴水。简言之,只要通过“(报价币利率-被报价币利率)”这个计算项的正、负号即可判断是升水或贴水。一般地,即期汇率对换汇汇率的计算所产生的影响很小,因此只要不偏离市场,就可以作为计算的基础。

在换汇汇率的求取过程中,由于报价币与被报价币的利率为双向报价,在报价币与被报价币利率的选择上,亦需做正确的判断。以下从询价者的角度把 Swap Point 的计算方式再加以解析,使我们可以正确地选择利率的 Bid Rate 与 Offer Rate。

5.2.1.1 询价者 B/S 被报价币(即报价者 S/B 被报价币)的价位计算

若询价者做一 B/S 被报价币的换汇交易,时间为即期起 3 个月,询价者在即期市场买入被报价币(卖出报价币),并在远期市场卖出被报价币(买入报价币)。其思考过程如下:

(1)在货币市场上,以 Offer Rate 借入被报价币,然后在即期外汇市场卖出被报价币并买入报价币。

(2)把所买入之报价币存入银行 3 个月,存入利率为报价币利率的 Bid Rate。

(3)3 个月到期时,把报价币的本金与利息卖出,买入被报价币,并偿还 3 个月期的被报价币借入款(如图 5-2 所示)。

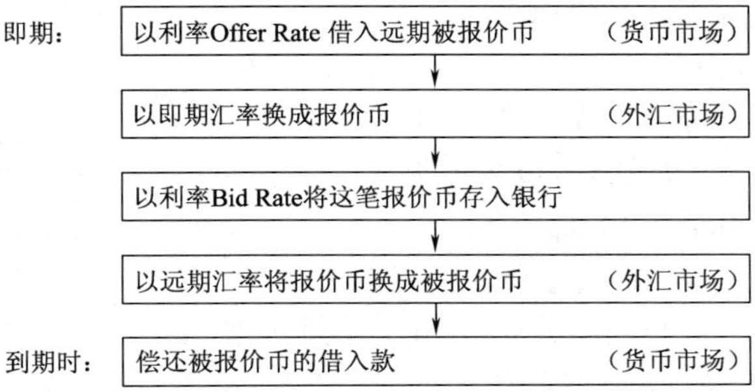

图 5-2

5.2.1.2 询价者 S/B 被报价币(即报价者 B/S 被报价币)的价位计算

若询价者做一 S/B 被报价币的换汇交易,时间为即期起 3 个月,询价者在即期市场卖出被报价币(买入报价币),并在远期市场买入被报价币(卖出报价币)。其思考过程如下:

(1)先在货币市场上,以 Offer Rate 借入远期报价币,然后在即期外汇市场卖出报价币,并买入被报价币。

(2)把所买入的被报价币存入银行,存入利率为被报价币的 Bid Rate。

(3)3 个月到期,把被报价币的本金与利息同时卖出,买入报价币,并偿还 3 个月期的报价币借入款,如图 5-3 所示。

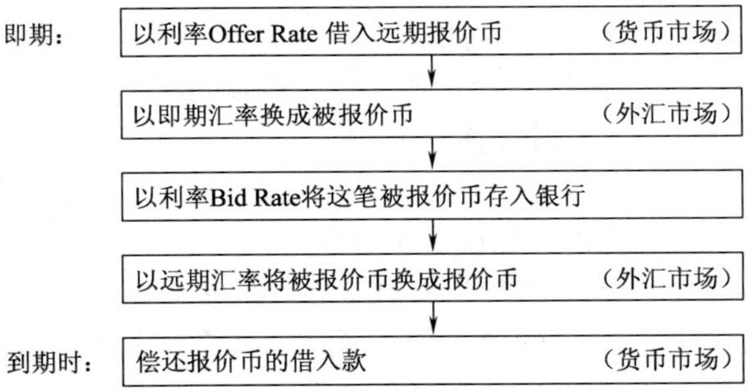

图 5-3

根据上述的推论,询价者的 S/B 被报价币的价位(即 Swap Point 的 Offer Side)的计算公式为:

Swap Point=Spot Rate×(报价币利率的 Offer Rate-被报价币利率的 Bid Rate)×天数/360 (5.2)

举例说明如下:

【例 5-7】市场基本信息如下:

USD/CHF Spot rate:1.475 0

GBP/USD Spot rate:1.957 0

USD DEPO1 Month:3.25/3.375% P.A.

CHF DEPO1 Month:9.815/9.94% P.A.

GBP DEPO1 Month:10/10.125% P.A.

其中:DEPO 代表银行同业存款利率。

询价者承做 Spot/1Month USD/CHF 的换汇汇率:(被报价货币为 USD)

(1)若询价者做一 B/S 被报价币的换汇交易,其思考过程如下:

首先,在货币市场上,以 Offer Rate 借入被报价币 USD,然后在即期外汇市场卖出被报价币 USD 并买入报价币 CHF。

然后,把所买入的报价币 CHF 存入银行 1 个月,存入利率为报价币利率的 Bid Rate。

最后,1 个月到期时,把报价币的本金与利息同时卖出,买入被报价币 USD,并偿还 1 个月期的被报价币 USD 借入款。

具体计算过程如下所示:

B/S USD AG CHF(或 S/B CHF AG USD):

1.4750×(9.815%-3.375%)×(31/360)= 0.008 17(即 81.7Points)

(2) 若询价者做一 S/B 被报价币的换汇交易,其思考过程如下:

首先,在货币市场上,以 Offer Rate 借入报价币 CHF,然后在即期外汇市场卖出报价币 CHF,并买入被报价币 USD。

然后,把所买入的被报价币 USD 存入银行,存入利率为被报价币的 Bid Rate。

最后,1 个月到期时,把被报价币的本金与利息同时卖出,买入报价币 CHF,并偿还 1 个月期的报价币 CHF 借入款。

具体计算过程如下所示:

S/B USD AG CHF(或 B/S CHF AG USD):

1.475 0×(9.94%-3.25%)×(31/360)= 0.008 5(即 85 Points)

同样道理,按照上面例子的分析过程,若询价者承做 Spot/1 Month GBP/USD 的换汇汇率(被报价币为 GBP),计算过程如下所示:

B/S GBP AG USD(或 S/B USD AG GBP):

1.957 0×(3.25%-10.125%)×(31/365)=-0.011 43(即 114.3Points)

S/B GBP AG USD(或 B/S USD AG GBP):

1.957 0×(3.375%-10%)×(31/365)=-0.011 01(即 110.1Points)

需要注意的是,基本上,GBP 的利率计算以 365 天为计算基础,但在以利率差为计算基础的过程中,无法兼顾两个货币的利率计算基础,因此大多数以 360 天为主。

5.2.2 以利率平价理论为计算基础的换汇汇率计算

每个国家有不同的经济条件及发展环境,因此每个国家的货币有不同的利率水平,以配合其国家特定的经济条件及发展状况。当国与国之间的利率水平有差异时,资金就可能会从利率较低的市场流向利率较高的市场,以获取较高的利息所得。然而资金拥有者在把资金转向高利率的货币市场时,为规避汇率波动所可能造成的汇兑损失,资金持有者在即期市场买入高利率货币的同时,会卖出远期的高利率货币。若上述两种货币的市场是充分自由的流通市场,套利资金的流动会快速地把汇率与利率拉平,使之成为均衡汇率,最后两种货币的即期汇率与远期汇率的汇差必等于两种货币的利率差,也就是说不论投资哪一种货币,其利息所得均相同,亦即两种货币达到所谓的均衡汇率,此即利率平价理论(Interest Rate Parity Theory)。

利率平价理论是资金从利率低的市场流向利率高的市场以获取高额利息的过程中,为避免汇率变动可能造成的损失,资金持有者在即期市场买入高利率货币的同时又卖出远期的高利率货币,进行的实际上是将套利与换汇业务结合起来的操作。大量外汇换汇交易的结果使低利率货币的现汇汇率下浮、期汇汇率上浮,而高利率货币的现汇汇率上浮、期汇汇率下浮。远期差价为期汇汇率与现汇汇率的差额。随着抛补套利的不断进行,资金拥有者在即期市场买入高利率货币的同时,卖出远期高利率货币。当两种货币的市场是充分自由的市场时,套利资金的流动会快速地把汇率与利率拉平,远期差价正好等于两国的利差,汇率成为均衡汇率。此时,不论投资于哪种货币,其利息所得均是相同的。

下面举例说明利率平价基础计算换汇汇率的应用。

【例 5-8】现假设有 100 万英镑,用于英镑投资或美元投资。投资者(或银行)可使用货币兑换方法,转换投资货币,银行便需要计算出在成本收益平衡情况下的换汇汇率。

设 i_1=美元利率=10.875%,i_2=英镑利率=13%,t=91 天,计算美元年利息的天数为 360 天,计算英镑年利息天数为 365 天,现汇汇率 e_s 是 GBP1=USD2.080 0。

首先要对利率按共同的天数做调整,把美元调整为 365 天的年利率,或把英镑调整为 360 天的年利率。美元年利率 10.875%×365/360=11%。投资者若把 100

万英镑兑换成美元,得美元 208 万元。利息损失 13%-11%=2%,按 91 天计算,利息损失是 2 080 000×0.02×91/360=10 516 美元。

这意味着,为了弥补这个利息损失,换汇过程中就要赚回 10 516 美元,才能相抵。根据已知条件 GBP1=USD2.080 0,100 万英镑现汇换 208 万美元,扣除上面计算得到的利率差成本,远期美元是:

$$2\ 080\ 000-10\ 516=2\ 069\ 484$$

所以计算直接远期汇率,应当是这一美元数除以 100 万英镑,每英镑约兑换 2.069 5 美元(美元升水),即 GBP1=USD2.069 5。

均等的汇率差是 2.080 0-2.069 5=0.010 5,即 105 点。

而以利率平价为基础的计算公式为:

$$\frac{e_s\times(i_2-i_1)\times t}{360(\text{or }365)}=\text{换汇汇率} \tag{5.3}$$

(其中 i_1 为调整以后报价币的年利率)

把【例 5-8】中的数字套入公式:

$$\text{Swap Point}=\frac{2.080\ 0\times(0.13-0.11)\times 91}{360}=0.010\ 5$$

以上公式是粗略的快速计算,如果精确计算要包含本金和年利息基础天数的因素。下面仍然用 100 万英镑兑换美元的例子,解释换汇汇率的产生过程,如图 5-4 所示:

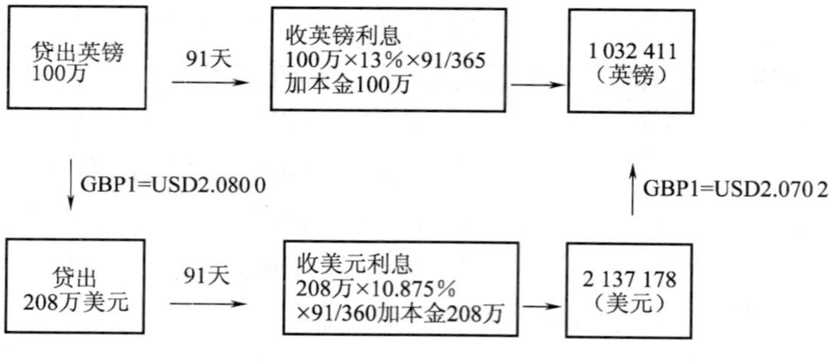

图 5-4 换汇汇率的产生过程

如将英镑(第一货币)用于本国投资,3 个月后本利和是 1 032 410.96 英镑。如将英镑兑换成美元(第二货币),按现汇汇率换成 208 万美元,在美国投资,3 个月的本利和是 2 137 178.3 美元。按利率平价,两货币 3 个月的调换汇率应是 GBP1=USD2.070 2,远期汇率差是 2.080 0-2.070 2=0.009 8=98 点(粗略公式计算的汇率差是 105 点)。

把上面过程转化成公式,第一货币(英镑)在本国投资的本利和是:

$$P_1\times\left(1+\frac{i_1\times t}{B_1}\right) \tag{5.4}$$

第二货币(美元)在本国投资的本利和是:

$$P_1\times e_s\left(1+\frac{i_2\times t}{B_2}\right) \tag{5.5}$$

其中 P_1 是第一货币的本金,e_s 是两货币的现汇汇率(直接标价法),i_1,i_2 是两货币的年利率,B_1,B_2 是两货币利率的基础天数(365 或 360 天),t 是实际投资天数,因此,已知两种货币的利率,可以计算它们的直接远期汇率 e_f:

$$e_f=e_s\times\left[\left(1+\frac{i_2\times t}{B_2}\right)\div\left(1+\frac{i_1\times t}{B_1}\right)\right] \tag{5.6}$$

同理,若 e_s 为间接标价法,计算逆汇率(间接标价)的远期汇率的公式为:

$$e_f=e_s\times\left[\left(1+\frac{i_1\times t}{B_1}\right)\div\left(1+\frac{i_2\times t}{B_2}\right)\right] \tag{5.7}$$

把【例 5-8】中的数字套入公式(5.7):

$$e_f=2.08\times\left[\left(1+\frac{0.108\ 75\times 91}{360}\right)\div\left(1+\frac{0.13\times 91}{365}\right)\right]$$

$$=2.08\times(1.027\ 5\div 1.032\ 4)=2.070\ 2$$

换汇汇率(远期汇率差)是 2.08−2.070 2=0.009 8 或 98 点。

如果用公式直接计算远期汇率差,被报价货币的 Swap Point 公式为:

$$\text{Swap Point}=e_s\left[\left(1+\frac{i_2\times t}{365}\right)\div\left(1+\frac{i_1\times t}{360}\right)-1\right] \tag{5.8}$$

报价货币的 Swap Point 公式为:

$$\text{Swap Point}=e_s\left[\left(1+\frac{i_1\times t}{360}\right)\div\left(1+\frac{i_2\times t}{365}\right)-1\right] \tag{5.9}$$

把【例 5-8】中的数字套入公式(5.9),计算英镑对美元的远期汇率差:

$$\text{Swap Point}=2.08\times\left[\left(1+\frac{0.108\ 75\times t}{360}\right)\div\left(1+\frac{0.13\times t}{365}\right)-1\right]$$

$$=2.08\times\left(\frac{1.207\ 5}{1.032\ 4}-1\right)=-0.009\ 8$$

下面再举一个计算换汇汇率的例子,同以利率差为基础的计算方法进行比较。

【例 5-9】市场基本信息如下:

即期汇率GBP/USD=1.957 0

USD DEPO 1 Month:3.25/3.37% P.A.

GBP DEPO 1 Month:10/10.125% P.A.

试求询价者承做 Spot/1 Month GBP/USD 的换汇汇率(GBP 是被报价币,GBP 的利率计算以 365 天为计算基础)。

①B/S:1.957 0×(1+3.25%×31/360)/(1+10.125%×31/365)= 1.945 7

Swap Point = 1.945 7 − 1.957 0 = −0.011 3 或 113 点

②S/B：1.957 0×(1+3.375%×31/360)/(1+10%×31/365)= 1.946 2

Swap Point = 1.946 2 − 1.957 0 = −0.010 8 或 108 点

相对于公式(5.2)而言，以利率平价理论为基础所计算出来的 Swap Point 是比较精确的。

5.2.3 畸零天数的换汇汇率计算

国际外汇市场上的换汇汇率报价，通常以周或月为单位日期来报价，但有些交易，交易日期往往不是整周或整月份，称之为畸零天。银行为满足顾客畸零天期的需求，必须以整月数的换汇汇率来为基础来加以计算，得出畸零天数的换汇汇率来调整换汇汇率。一般而言，畸零天期的计算方式有两种，一为平均天数法，二为差补法。

5.2.3.1 平均天数法

平均天数法，是以最接近畸零天期的整月数换汇汇率为基础，此一换汇汇率除整月数的天数，以求得平均天数的换汇汇率。每天平均换汇汇率乘以畸零天数就是畸零天期的换汇汇率。

举例说明如下：

【例 5-10】顾客在 5 月 18 日欲承做即期至 7 月 13 日之换汇交易，即期为 5 月 20 日。市场基本信息是：Spot/2 Months 的换汇汇率为 85 点，2 个月的到期日为 7 月 20 日，5 月 20 日至 7 月 20 日共 61 天。

$$平均每天的换汇汇率 = 85/61 = 1.393\ 4$$

5 月 20 日至 7 月 13 日共 54 天，那么：

$$1.393\ 4 \times 54 = 75.24$$

所以该畸零天期的换汇汇率为 75.24 点。

5.2.3.2 差补法

差补法是更加精确的计算畸零天期换汇汇率的方法。根据到期日，找到其前后为整数的两个参照日期，即从即期算起为整月的日期。这两个日期有其对应的即期汇率，差补法就是根据这两个到期日的汇率点数之差同其期限之差作比，得到一个比率，用此比率去乘实际的期限，得到的点数加上第一个参照日期的汇率点数，就是差补法得到的换汇汇率。

下面举例说明差补法的计算过程：

【例 5-11】Spot Date 为 5 月 20 日，Value 7 月 13 日。1 个月期的到期日为 6 月 22 日(33 天)，2 个月期的到期日为 7 月 20 日(61 天)。

若 Spot/1 Month 为 46 点，Spot/2 Months 为 85 点，6 月 22 日再加上 21 天为 7 月 13 日，所以此畸零天期的换汇汇率为：

$$46+\{[(85-46)/(61-33)]\times 21\}=75.25$$

差补法与平均天数法之计算结果略有差距，在实际中使用差补法来计算畸零天期的换汇汇率，误差会比较小。

5.3 换汇交易操作

在实际市场操作中，换汇交易的动机可以概括为以下五种类型，以下将逐一说明。

5.3.1 轧平货币的现金流量

轧平货币的现金流量，实际上就是弥补资金缺口以平衡资金流量。资金缺口(Cashflow Gap)是指因时间差距(Time Lag)而导致的所谓的资金流量不平衡。

【例 5-12】某银行与客户分别承做了四笔外汇交易：①卖出 200 万即期美元；②买入 1 个月的 100 万远期美元；③买入 150 万即期美元；④卖出 1 个月的 50 万远期美元。

从上述四笔外汇交易来看，该银行外汇头寸在数量上已经轧平，卖出即期美元净头寸与买入远期美元净头寸都是 50 万美元，但两个美元净头寸在时间上存在明显差距。银行为规避此资金缺口的利率风险，可承做一笔即期对远期掉期交易来平衡资金流量，即买入 50 万即期美元和卖出 50 万 1 月期美元。

于是，经过换汇交易银行不仅平衡了资金流量，而且也没有影响到外汇头寸。

5.3.2 进行两种货币间的资金互换

由于客户买进外汇的金额和卖出外汇的金额不能完全一致，因而银行在承做外汇交易时就难免有外汇头寸多余或短缺的情况发生，即出现“多头”(Long Position)或“空头”(Short Position)。

为避免汇率风险，银行可运用换汇交易在发生买超时将超买部分(买入的金额大于卖出金额)卖出，同时在较远期买入；或在卖超时将超卖部分(卖出的金额大于买入金额)补进，同时在较远期卖出这一头寸，以达到外汇业务平衡的目的。

举例说明如下：

【例 5-13】假设即期汇率：USD/CNY = 8.272 0/30，3 月期掉期率 40/50。中国银行上海分行承做了下面两笔外汇交易：①买入 200 万 3 月期远期美元，兑换人民币；②卖出 200 万即期美元，兑换人民币。

由上述两笔外汇交易可知，美元和人民币的头寸都已轧平，但美元和人民币的现金流量尚未轧平,银行通过承做一笔即期对3月期的换汇交易,即卖出200万远期美元兑换人民币和买入200万即期美元兑换人民币,这样就可轧平美元和人民币的现金流量。

5.3.3 调整外汇交易的交割日

银行在承做外汇交易时,时常会有客户提出要求,把交割日提前或推迟,从而造成资金流动的不平,为应付这一情况,银行可以运用换汇交易对交割日进行调整,并重新确定新的汇率水平。

举例说明如下:

【例5-14】加拿大某贸易公司2000年3月初与外国商人签订了一份10万美元的出口合同,合同执行日期为10月上旬,因而到期将有10万美元的外汇收入。为了防止这段时间内美元汇率下跌而蒙受损失,该贸易公司与银行签订了卖出6个月远期美元(买入加元)的合同,10月15日到期,汇率为1美元兑1.631 3加元。进入10月份,由于各种原因,该公司不能按时交货,收款期预计将推迟2个月。为了固定交易成本,该公司决定做一笔换汇交易来推迟远期外汇的交易日。10月13日加拿大外汇市场上的汇率是:

	即期汇率	2个月远期
USD/CAD	1.605 0/60	60/50

该公司进行买入/卖出美元的换汇:买入10万美元即期外汇,在10月15日交割(与3月份远期外汇合同的到期日相同),同时卖出2个月远期美元。这样,该公司就达到了对原来远期外汇合同进行展期的目的。该公司的账户变化情况如下:

3月份的远期外汇交易:卖出10万美元,收进16.313万加元,交割日10月15日;

10月份的换汇交易:买入即期美元的汇率为1.606 0。该公司买入10万即期美元,付出16万加元,交割日10月15日;

卖出2个月远期美元的汇率为1.606 0-0.006 0=1.600 0。该公司卖出2个月远期美元10万元,收进16万加元,交割日12月15日。

先看外汇账户:换汇交易所买进的10万美元正好抵补了3月份远期美元的卖出合同,剩下一笔2个月后到期的远期美元的卖出。外汇的出售时间得到推迟。

再看本币(加元账户):3月份的远期合同于10月15日到期,收进16.313万加元,正好用于支付换汇交易的即期加元支出16.06万元,两笔交易相抵后尚余2 530加元;2个月后另有一笔16万加元的本币流入。最后该贸易商有162 530(160 000+2 530)加元的收入。

与最初的远期外汇交易(3月份签订的远期外汇合同)相比,该贸易公司的本币收入减少了600(163 130-162 530)加元,但其外汇(美元)汇率下跌的损失却得以避免。

仔细分析不难发现,交易者通过换汇交易对原来的远期外汇合同进行展期时,其套期保值的效果与原来的远期合同签订后汇率的变化没有关系,只受换汇汇率的影响。例如,在本例中,美元为贴水货币,换汇汇率为 60 个点,因此交易者每 1 美元损失 0.006 0 加元。如果外汇(美元)为升水货币,该公司在这笔交易中反而有利可得。

5.3.4 赢利操作

在管理资金时,资金经理通常会预期利率的走势,运用换汇交易进行获利操作。一般说来,如果预期利率上升,则应贷出(Sell)短期资金,借入(Buy)长期资金;如果预期利率下降,则应该借入(Buy)短期资金,贷出(Sell)长期资金。以下从询价者的立场运用利率差观念下的换汇汇率计算公式来讨论换汇交易的套利操作策略。

换汇汇率=即期汇率×(报价币利率-被报价币利率)×天数/360

如果天数不变,那么影响换汇汇率变动的两大因素就应当是即期汇率和利率差。其中即期汇率变动幅度对换汇汇率的变动幅度影响较小,所以两货币间的利率差就是换汇汇率变动的主要因素,交易员可以根据对两种货币利差变化的预期和利率走势,通过相应的换汇交易实现赢利。

5.3.4.1 在预期利率差扩大的情况下

(1)被报价币升水时,即被报价币的换汇汇率为正,报价币利率高于被报价币利率,这时可能出现以下两种情况:

①报价币利率上升的幅度大于被报价币利率上升的幅度,则操作策略为贷出(Sell)短期及借入(Buy)长期的被报价币资金,即 Sell Near/Buy Far 被报价币(S/B 被报价币)。

②报价币利率下降的幅度小于被报价币利率下降的幅度,则操作策略为借入(Buy)短期及贷出(Sell)长期的报价币资金,即 Buy Near/Sell Far 报价币(B/S 报价币)。

(2)被报价币贴水时,即被报价币的换汇汇率为负,报价币利率低于被报价币利率,这时也可能出现以下两种情况:

①报价币利率上升的幅度小于被报价币利率上升的幅度,操作策略为贷出(Sell)短期及借入(Buy)长期的报价币资金,亦即 Sell Near/Buy Far 报价币(S/B 报价币)。

②报价币利率下降的幅度大于被报价币利率下降的幅度,操作策略为借入(Buy)短期及贷出(Sell)长期的被报价币资金,亦即 Buy Near/Sell Far 被报价币(B/S 被报价币)。

由此可以推论,在两种货币间利率差扩大的情况下,如果被报价币远期升水,操作策略应为 S/B 被报价币;如果被报价币远期贴水,操作策略应为 B/S 被报价币。

5.3.4.2 在预期利率差缩小的情况下

(1)被报价币升水时,由于被报价币利率低于报价币利率,则可能有以下两种情况:

①报价币的利率下降的幅度大于被报价币利率下降的幅度,则操作策略为借入(Buy)短期及贷出(Sell)长期的被报价币资金,即 Buy Near/Sell Far 被报价币(B/S 被报价币)。

②报价币利率上升的幅度小于被报价币上升的幅度,操作策略为贷出(Sell)短期及借入(Buy)长期的报价币资金,亦即 Sell Near/Buy Far 报价币(S/B 报价币)。

(2)被报价币贴水时,则被报价币的利率高于报价币的利率,这时也存在以下两种可能的情况:

①报价币利率上升的幅度大于被报价币利率上升的幅度,操作策略为贷出(Sell)短期及借入(Buy)长期的被报价币资金,亦即 Sell Near/Buy Far 被报价币(S/B 被报价币)。

②报价币利率下降的幅度小于被报价币利率下降的幅度,操作策略为借入(Buy)短期及贷出(Sell)长期的报价币,亦即 Buy Near/Sell Far 报价币(B/S 报价币)。

由此可以推知,在预期利率差缩小的情况下,当被报价币升水时,操作策略应是 B/S 被报价币;当被报价币贴水时,操作策略就应为 S/B 被报价币。

综合以上各项推论,可得出如下结论:

设 X 为 A、B 之利率差,即 $X=(A-B)$;A 为报价币的利率;B 为被报价币的利率;$|X|$为 $A-B$ 之利率差的绝对值;R.C.为 Reference Currency(被报价币)。

预期利率变动时,上述适当的获利操作方式,可归纳为表 5-1。

表 5-1 预期利率变动时的获利操作方式

预期 $\|X\|$ 的变化 \ X	升水 $X>0$	贴水 $X<0$
$\|X\|$增大	Sell Near/Buy Far S/B R.C.	Buy Near/Sell Far B/S R.C.
$\|X\|$缩小	Buy Near/Sell Far B/S R.C.	Sell Near/Buy Far S/B R.C.

举例说明如下：

【例 5-15】在预期利差扩大条件下，被报价币贴水时的操作。

假设　GBP/USD　即期/1 个月　换汇汇率：112/110

　　　GBP/USD　即期/2 个月　换汇汇率：226/223

　　　GBP/USD　即期/3 个月　换汇汇率：334/331

交易员预期 3 个月内美元利率会下降，从而英镑和美元的利差会扩大，这意味着英镑兑美元的换汇汇率会上升，换汇汇率为贴水，表明英镑的利率水平高于美元的利率水平。

根据以上预期，交易员承做如下交易：

按贴水 334，B/S GBP 3 个月，即：在即期买入英镑卖出美元，3 个月远期卖出英镑买入美元。

按贴水 110，S/B GBP 1 个月，即：在即期卖出英镑买入美元，1 个月远期买入英镑卖出美元，使之成为 1 个月对 3 个月的期差操作。

如果 1 个月后美元利率如同交易员预期的那样下降了，从而 Spot/2 个月的换汇汇率变为 244/238。

按 238 的价位承做 S/B GBP 2 个月，即在 1 个月到期时的即期卖出英镑买入美元，2 个月远期买入英镑卖出美元，从而轧平期差部位。

于是，其承做 B/S 的综合换汇汇率为 348（110+238），成本为 334，通过前后 3 次操作，交易可实现 14 Point（348-334）的赢利。

【例 5-16】在预期利差扩大情况下，被报价币升水时的操作。

假设　USD/EUR　即期/1 个月　换汇汇率：69/72

　　　USD/EUR　即期/2 个月　换汇汇率：163/165

　　　USD/EUR　即期/3 个月　换汇汇率：232/234

交易员预期 3 个月内欧元利率会上升，从而欧元和美元的利差会扩大，这意味着欧元兑美元的换汇汇率会上升，换汇汇率为升水，表明欧元的利率水平高于美元的利率水平。

根据上述预期，交易员承做了如下交易：

按升水点 234，S/B USD 3 个月，即：在即期卖出美元买入欧元，3 个月远期买入美元卖出欧元。

按升水点 69，B/S USD 1 个月，即：在即期买入美元卖出欧元，1 个月远期卖出美元买入欧元，从而实现 1 个月对 3 个月的期差操作。

如果 1 个月后欧元的利率如预期的那样上升了，Spot/2 个月的 Swap Point 变为 170/173。

按价位 170，在 1 个月到期时的即期承做一笔 B/S USD 2 个月以轧平期差部位。

可见,整个过程中该交易员承做S/B的综合换汇汇率为239(170+69),其成本为234,因此利润为5 Point(239-234)。

5.3.5 套期保值

用换汇交易来进行套期保值的主要是进出口商和外币借贷者。

5.3.5.1 进出口商利用换汇交易进行套期保值

换汇交易的操作动机是使各种货币的净头寸保持为零,从而规避汇率和利率风险。除此之外,换汇交易还可以用于在结算日不确定的情况下,对预期的外汇收支进行保值,防止因汇率波动带来的风险。

举例说明如下:

【例5-17】假设2002年10月3日伦敦外汇市场上行情如下:

即期汇率:GBP/HKD=13.550 0/600

1月期的掉期率:50/125

45天的掉期率:100/200

2月期的掉期率:100/300

假设在2002年9月18日,英国某出口商向中国香港某进口商出口了价值500万HKD的商品,11月18日收到货款(HKD)。9月18日英国出口商发货后立即向银行卖出2月期500万HKD,以防HKD汇率下跌,其结算远期汇率13.5460,到10月3日,进出口双方经协商将结算日推迟到12月3日。此时英国出口商在10月3日做了一笔远期对远期的换汇交易,将原来的远期合约展期到12月3日,即该出口商买入45天期500万HKD和卖出2月期500万HKD的远期对远期的换汇交易。实际上,英国出口商购买了45天期500万HKD的远期合约,同时卖出2月期500万HKD的远期合约,将结算日展期到12月3日。

该出口商实际交割结算过程如下:

11月18日交割9月18日签订的2月期合约,该出口商应收到36.911(500÷13.546 0)万英镑。

11月18日交割10月3日签订的45天期合约,该出口商应支出36.873(500÷13.560 0)万英镑。

12月3日交割10月3日签订的2月期合约,该出口商应该收到36.792(500÷13.590 0)万英镑。

于是,该出口商在12月3日应从银行收到36.830万英镑(36.911+36.792-36.873),但该出口商通过远期对远期的换汇交易将原来的保值期限延长15天,其支出费用为0.081万英镑(36.911-36.830)。

5.3.5.2 外币借贷者利用换汇交易进行套期保值

对于外币借贷者利用换汇交易进行套期保值,我们举例说明如下。

【例 5-18】假设市场信息如下:

即期汇率:USD/JPY = 120.10/20

3 月期掉期率:40/20

假设美国某公司以 1%的年利率借到 3 月期 5 000 万日元,然后兑换成美元,则可得到 41.60(5 000÷120.20)万美元。该公司为了防止日元 3 个月后升值,因此将以 USD/JPY = 119.70(120.10-0.40)的远期汇率向银行购买 3 月期远期日元 5 012.5万元,即 3 月后归还日元的本息 5 012.5 万元(1+1%×3÷12),将美元成本锁定为 41.87 万美元(5 012.5÷119.70),这样该公司就消除了因日元升值多支付美元的风险。

该公司在 3 个月后只需支付 41.87 万美元就可偿还日元的到期本息,因此该公司实际支付的利息为 0.27 万美元(41.87-41.60),其实际承担的利率为 2.6%(0.27÷41.60×12÷3×100%)。

5.3.6 外汇换汇交易的操作实例

Bank A: Cable Swap GBP 5 Mio AG USD 6 Months AG Spot	A:询问英镑掉期汇率 500 万英镑兑美元,即期对 6 个月远期
Bank B:50/54	B:银行报价,掉期汇率 50/54
Bank A:50	A:50 成交
Bank B:5 Mio Agree to CFM at 50 I Sell and Buy 5 Mio GBP AG USD Val 7 July 2005 and 7 Jan 2006 Rate 1.670 0 AG 1.675 0 My USD to B Bank NY My GBP to B Bank LDN Thanks for the Deal and Bye	B:同意成交,按升水 50 点我方即期卖出英镑,远期买入英镑。起息日为 2005 年 7 月 7 日和 2006 年 1 月 7 日,即期汇率和远期汇率分别为 1.670 0 和 1.675 0。美元付我行纽约分行账户,英镑请付我行伦敦分行账户。谢谢,再见
Bank A:Ok Agreed USD to A Bank NY GBP to A Bank LDN Thanks and Bye	A:同意,美元请付我行纽约分行账户,英镑请付我行伦敦分行账户。谢谢,再见

阅读材料 5-1

央行推出货币掉期交易

2005 年 11 月 25 日,央行通过银行间外汇市场与包括 4 家国有商业银行在内的 10 家商业银行首次进行了美元与人民币 1 年期货币掉期业务操作,共达成 60 亿美元交易,招标交易价为 1 美元兑 7.85 元人民币。这一成交结果,较当日收市的银行间外汇市场即期价高出约2.9%。

在2005年年底之前央行采取这一举动，立即在金融市场上产生了深度的“涟漪效应”，并受到国内外众多媒体的关注。

中金公司首席经济学家哈继铭认为，当天的美元与人民币1年期货币掉期业务操作的结果，即1美元兑7.85元人民币，“首先为市场提供了未来汇率走势的重要信号”，意味着1年之后人民币兑美元的汇率将为7.85左右。人民币升值一旦超过这个幅度将对参加这一掉期交易的商业银行有利，因为它们目前锁定的人民币回购价格将高于当时的市场价格。

这表明，央行推出货币掉期交易，从可操作的角度将引导人民币汇率长期呈现缓慢升值的趋势。这同时可缓解国内外市场上对人民币升值的压力，为货币政策操作保持独立性、稳定性和有效性创造有利条件。

哈继铭说，掉期交易减少了银行人民币头寸，降低了市场流动性，对基础货币的紧缩作用类似于中央银行票据发行。因此，货币掉期交易为中国人民银行提供了另一种控制货币供应的工具。一些专业人士也认为，央行推出货币掉期交易，在一定程度上是适应市场形势的变化，创新调控基础货币进而调控货币供应量的方式——用票据发行和货币掉期双管齐下的组合方式调节基础货币和货币供应量。

资料来源：金融时报，2005年11月30日。

本章小结

外汇换汇交易又称外汇掉期交易，是指将货币相同、金额相同而方向相反、交割期限不同的两笔或者两笔以上的外汇交易结合起来进行，也就是以A货币交换B货币，并于未来某一特定时日，再以相同金额的B货币换回A货币的交易。从结构上看，类似于再回购协议，即期买进而远期卖出某种货币，实际上就是即期卖出而远期买进该种货币。在报价方面只报掉期价格而不报即期汇率。

在国际外汇市场上，换汇汇率（Swap Rate or Swap Point）就是换汇交易的价格，通常报价者对于换汇汇率的报价采用双向报价的方式。

根据交割日的不同，换汇交易可分为即期对远期换汇交易、即期对即期换汇交易、远期对远期的换汇交易三种类型。依照交易对手是否相同，换汇交易又可分为纯粹的换汇交易和操纵性的换汇交易两大类。

在换汇汇率的求取过程中，由于报价币与被报价币的利率为双向报价，在报价币与被报价币利率的选择上，亦需做正确的判断。基于利率平价理论，当两种货币的市场是充分自由的市场时，套利资金的流动会快速地把汇率与利率拉平，远期差价正好等于两国的利差,汇率成为均衡汇率。此时,不论投资于哪种货币,其利息所得均是相同的。在国际外汇市场上的换汇汇率报价,通常以周或月为日期单位来报价,但有些交易,交易日期往往不是整周或整月份,称之为畸零天。畸零天期的计算方式有两种方式:一为平均天数法,二为差补法。

换汇外汇交易的主要操作动机包括:轧平货币的现金流量、进行两种货币间的资金互换、调整外汇交易的交割日、赢利操作以及套期保值等。

6. 外汇期货交易

新闻导引

新加坡亚太交易所拟上市永续外汇期货合约，正就合约征求意见[①]

新加坡亚太交易所(APEX)近日发布通知，就全新的永续外汇期货合约系列产品向全球投资者及相关人士公开征求意见。这是该交易所成功推出美元兑离岸人民币期货合约(UC)后，即将推出的又一个汇率期货产品。

据中国证券网25日消息，根据通知，本次合约系列共包含8个货币对：欧元兑美元(EUR/USD)、美元兑离岸人民币(USD/CNH)、英镑兑美元(GBP/USD)、美元兑日元(USD/JPY)、澳元兑美元(AUD/USD)、美元兑瑞士法郎(USD/CHF)、美元兑加元(USD/CAD)、新西兰元兑美元(NZD/USD)。

学习要求

学习本章应正确理解外汇期货交易的含义和特点，熟悉外汇期货交易的程序与规则，掌握外汇期货交易的操作技巧，清楚外汇期货交易与远期外汇交易间的异同。

① 资料来源：证券时报网，2019年03月25日。

6.1 外汇期货交易的含义及特点

6.1.1 外汇期货交易的含义

外汇期货(Foreign Exchange Futures)是一种交易双方在有关交易所内通过公开叫价的拍卖方式买卖在未来某一日期以既定汇率交割标准数量外汇的期货合同的外汇交易。

现代期货交易始于1972年美国芝加哥商品交易所(Chicago Mercantile Exchange, CME)的国际货币市场(International Monetary Market, IMM)。20世纪70年代以前,期货交易仅限于农矿产品。20世纪70年代以后,由于世界经济不稳定,利率、汇率经常大幅度的波动,人们开始尝试着将商品期货交易的机制移植到外汇交易和金融凭证交易上并获得了成功。

1972年5月16日,芝加哥商品交易所正式成立国际货币市场分部,推出了7种外汇期货合约,其主要目的就是要将商品期货交易的经验运用于外汇交易,使得从事与外汇交易有关的国际经济交易的经济主体能够规避外汇风险,从而揭开了期货市场创新发展的序幕。从1976年以来,外汇期货市场迅速发展,交易量激增了数十倍。1978年纽约商品交易所也增加了外汇期货业务,1979年,纽约证券交易所亦宣布设立一个新的交易所专门从事外币和金融期货交易。1981年2月,芝加哥商品交易所首次开设了欧洲美元期货交易。随后,澳大利亚、加拿大、荷兰、新加坡等国家和地区也开设了外汇期货交易市场,从此,外汇期货市场便蓬勃发展起来。外汇期货是金融期货中最早出现的品种,它不仅为广大投资者和金融机构等经济主体提供了有效的套期保值的工具,而且也为套利者和投机者提供了新的获利手段。

从世界范围看,外汇期货交易的主要市场在美国,其中又基本上集中在芝加哥商品交易所的国际货币市场(IMM)、中美洲商品交易所(MCE)和费城期货交易所(PBOT)。此外,外汇期货的主要交易所还有:伦敦国际金融期货交易所(LIFFE)、新加坡国际货币交易所(SIMEX)、东京国际金融期货交易所(TIFFE)、法国国际期货交易所(MATIF)等,每个交易所基本都有本国货币与其他主要货币交易的期货合约。

6.1.2 外汇期货交易的特征

6.1.2.1 外汇期货交易具有一定标准数量的合约单位

外汇期货交易对合约单位有严格的要求。特定货币的每份期货合约的数量相等,金额固定,这一特定数量由各交易所根据各标的货币与结算货币的正常平均汇率确定。如表 6-1 所示,芝加哥国际货币市场上英镑期货合约交易单位为 62 500 英镑,日元为 12 500 000 日元。

表 6-1　芝加哥国际货币市场外汇期货合约概况

合约种类	交易单位[①]	基本点数	最小价格变动(USD)	一张合约最小价格变动(USD)	合约时间(月)
欧元 EUR	125 000	0.000 1	0.000 1	12.5	3,6,9,12
英镑 GBP	62 500	0.000 2	0.000 2	12.5	3,6,9,12
瑞士法郎 CHF	125 000	0.000 1	0.000 1	12.5	3,6,9,12
加元 CAD	100 000	0.000 1	0.000 1	10	3,6,9,12
澳元 AUD	100 000	0.000 1	0.000 1	10	3,6,9,12
日元 JPY	12 500 000	0.000 001	0.000 001	12.5	3,6,9,12

6.1.2.2　外汇期货合约交易的合约时间标准化与报价统一

在外汇现货市场上,各种货币的汇率都用美元标价法(英镑、澳元等货币除外)。而在外汇期货市场上,交易货币的标价方式刚好相反,交易货币均以每单位货币值多少美元标价,这种标价方式是由外汇期货交易的本质决定的。作为外汇期货标的物的货币和商品期货的标的物一样,其价值应由结算货币(通常为美元)表示出来。例如:假定外汇现货市场上美元对日元的即期汇率为 1 美元=118.78 日元,外汇期货市场上日元期货合同(3 个月)的价格则为 0.008 568 美元。

外汇期货交易的报价一般保留到小数点后面第四位,最后一个尾数为基本点(Basic Point),即 1 point=USD0.000 1。但是低价值货币(如日元),其基本点通常为小数点后第六位,即 1 point=USD0.000 001,报价时将小数点后移两位,仍保留 4 位数,如上文中日元期货合约报价为 0.856 8。

交易合约时间是每 3 个月为一个周期,即交易届满月为 3、6、9、12 月,合约到期的月份称为即期月份(Spot Month)。

6.1.2.3　外汇期货交易的交割日统一

IMM 外汇期货合约的交割日为即期月份的第三个星期三。若当天不是营业日,则顺延至下一个营业日。合约交易的截止日期为交割日前的第二个营业日。最后一个交易日的汇率为结算价。

6.1.2.4　外汇期货交易所对每日汇率变动的幅度设有最低的限制

外汇期货交易合约的最小变动价位(Minimum Fluctuation Tick)是指标的货币汇率变动一次的最小幅度,用基本点的倍数表示。如表 6-1 所示,英镑的基本点是

① 后面章节中的外汇期货合约的单张交易单位,如无说明均为本表所列的交易单位。

0.000 2，最小变动价位是 0.000 2 美元；欧元和加拿大元期货的基本点都是 0.000 1 美元，最小变动价位也是 0.000 1 美元；日元期货基本点为 0.000 001，最小变动价位为 0.000 001 美元。

6.1.2.5 外汇期货交易所对价格最大波动进行限制

外汇期货交易市场是“以小搏大”，且单笔交易数额大，为防范汇率波动风险，主要外汇期货交易所都采取了一定程度的涨跌停板制度，即采取每日价格最大波动限制（Daily Limit Moves）。一旦价格波动超过该幅度，交易自动停止，这样，交易者便不至于因价格的暴跌暴涨而蒙受巨大损失。IMM 规定每日仅在开市的 15 分钟内对价格最大波动进行限制，之后没有任何限制。例如，在开市时，日元期货的每日价格最大波动为 200 点，每点的价位是 12.50 美元，所以，日元期货每份合约的每日价格最大波动为 2 500 美元。

表 6-2 所示是芝加哥商品交易所外汇期货价格行情表。

表 6-2 芝加哥商品交易所外汇期货价格行情

华尔街日报

期货价格

2006 年 9 月 13 日星期三

外汇期货								
						合约存续期		未结权益
	开盘价	最高价	最低价	结算价	价差	最高价	最低价	
Japanese Yen（CME）-￥12 500 000；$ per 100 ￥								
Sept	0.848 7	0.852 8	0.848 0	0.851 1	+0.002 8	0.943 5	0.847 1	121 252
Dec	0.859 4	0.863 4	0.858 6	0.861 7	+0.002 8	0.960 0	0.857 7	140 967
Mro7	0.873 1	0.873 3	0.871 9	0.872 3	+0.002 8	0.952 6	0.868 8	13 350
Est vol 139 934；vol Tue 118 714；open Int，275 585，+19 998.								
Canadian Dollar（CME）-CAD 100 000；$ PER CAD								
Sept	0.892 7	0.895 3	0.890 2	0.892 4	-0.001 0	0.917 5	0.970	65 279
Dec	0.895 2	0.897 8	0.892 5	0.894 8	-0.001 1	0.918 4	0.831 0	71 372
Mr07	0.898 1	0.900 1	0.895 6	0.897 5	-0.001 1	0.919 6	0.859 0	1 088
Est vol 77 906；vol Tue 77 776；open Int，138 181，+9 738.								
British Pound（CME）-£ 62 500；$ per £								
Sept	1.874 0	1.879 0	1.871 1	1.876 5	+0.002 3	1.916 1	1.728 2	61 670
Dec	1.876 4	1.880 3	1.873 1	1.878 7	+0.002 3	1.919 0	1.734 2	65 830
Est vol 87 462；vol Tue 113 215；open Int，127 633，+2 915.								

续表

外汇期货								
						合约存续期		未结权益
	开盘价	最高价	最低价	结算价	价差	最高价	最低价	
Swiss Franc(CME)-CHF 125 000; $ per CHF								
Sept	0.800 1	0.801 7	0.797 3	0.799 9	-0.000 6	0.882 2	0.771 2	58 348
Dec	0.807 0	0.809 1	0.804 5	0.807 2	-0.000 6	0.854 4	0.779 3	39 508
Mr07	0.812 5	0.815 6	0.812 5	0.814 6	-0.000 6	0.856 0	0.785 4	83
Est vol 81 345;vol Tue 72 050;open Int,98 012,+6 131.								
Australian Dollar(CME)-AUD 100 000; $ per AUD								
Sept	0.750 7	0.753 9	0.748 4	0.752 8	+0.002 6	0.777 5	0.700 1	39 476
Dec	0.748 9	0.752 6	0.747 0	0.751 4	+0.002 6	0.776 0	0.703 8	29 766
Est vol 35 328;vol Tue 40 601;open Int,69 370,-51.								
Mexican Peso(CME)-MXN 500 000; $ per 10MXN								
Sept	0.908 50	0.911 25	0.906 25	0.910 50	+0.002 75	0.944 00	0.825 00	41 191
Dec	0.901 25	0.907 50	0.901 25	0.906 50	+0.002 75	0.936 00	0.845 00	38 170
Mr07	0.900 00	0.900 00	0.900 00	0.902 25	+0.002 75	0.926 00	0.851 00	1 654
Est vol 19 908;vol Tue 29 758;open Int,81 318,-4 724.								
Euro(CME)-£ 125 000; $ per €								
Sept	1.268 7	1.272 2	1.266 9	1.269 6	…	1.307 4	1.186 4	101 069
Dec	1.275 3	1.278 7	1.273 4	1.276 1	…	1.313 5	1.191 3	66 976
Mr07	1.280 5	1.283 7	1.279 0	1.281 5	…	1.320 7	1.202 0	348

资料来源:华尔街日报,2006年9月13日。

6.2 外汇期货交易的程序与规则

6.2.1 外汇期货交易的市场组织结构

外汇期货交易都是在专营或兼营外汇期货的交易所进行的。任何个人或企业都可通过交易所买卖外汇期货,但他们不能进入交易所直接地、面对面地进行交易。能进入交易所进行交易的只有交易所的会员。要取得会员的资格必须向有关部门申请并经其批准,每年都必须缴纳巨额的会费。交易所会员的数量一般是固定的,新会员只有通过递补的方式才能进入交易所交易。外汇期货交易市场实际上由四部分组成,即外汇期货交易所、进行外汇期货交易的经纪商、通过经纪商买卖外汇期货的公众(包括企业和个人)和清算机构。

6.2.1.1 外汇期货交易所

在外汇期货交易中,交易所(Futures Exchange)本身并不参加交易,也无权干预外汇期货价格的决定。它是以个人名义加入而取得席位并实行会员制的一个非营利机构。从表面上看它仅仅是外汇交易的场所,为交易提供各种设施,实际上其作用远不止于此。每个交易所都有各自关于交易、组织及会员制的规则,其目的是借以维持稳定、有序、富有竞争而又受到有效监督的金融市场体系。为了弥补支出及间接费用(指维持营业所需要的费用),每个交易所都向会员收费,包括交易所会费、契约交易费等。交易所会员的数量一般是固定的,新会员只有通过递补的方式才能进入交易所交易。各交易所之间有时也互相联系以便为其会员在另一交易所交易提供便利。

交易所的具体工作包括以下几个方面:

(1)建立交易所会员共同遵守的交易方式、记账与记录标准、交易过程等。

(2)规定期货合约的主要条款和保证金比例设计及监督交割程序。

(3)定期评价会员的职业操守和财务实力。

(4)搜集期货交易的行市并予以公布和传播到各地。

(5)设立稽核和调查部,联合其他监督委员会审查会员行为及其经营记录。

(6)如果会员滥用被赋予的特权,扰乱市场秩序,不遵守会计及其他规则,或不符合交易所清算价、违反金融法规的,交易所有权对其进行惩戒,包括暂停、驱逐及收回会员资格等。

(7)建立证实程序。不同交易所对此规定有所不同。在美国,商品期货交易委员会要求会员之间相互确认交易。伦敦国际金融期货交易所则不要求会员之间相互交换契约,而是由配套和清算机构进行确认和证实。

最为重要的是,交易所制定了一系列规章制度,保证交易的顺利进行。关于这些规章制度的内容,将在后面外汇期货交易规则部分中进行详细介绍。

6.2.1.2 经纪商

经纪商(Futures Commissions Company)是为买卖双方代为达成外汇期货合约的公司。由于交易所的会员资格只能属于个人,所以经纪商(即注册登记的外汇期货交易所会员公司)通过向交易所派出具有会员资格的员工来进行场内的期货交易活动。按其职能的不同,经纪商可分为场内经纪商(Floor Broker)和场内交易商(Floor Trader)。场内经纪商主要职能是为客户提供最基本的下单服务,提供具有参考价值的研究报告和交易咨询,以及处理客户账户上保证金的变动状况,并收取佣金。场内交易商一般只为自己从事外汇期货交易,以赚取买卖差价为主。

6.2.1.3 外汇期货交易者

外汇期货交易者指那些交易所会员的客户,也指代表期货经纪商从事自营业务的场内交易商。根据其交易目的可以将外汇期货交易者分为商业交易者和非商业交易者;前者一般为企业,后者一般为个人。

商业交易者(Commercial Trader)本身主要以从事现货市场交易为主,其参与外汇期货市场交易的主要动机是:出于对其未来的外汇收益或支出及在现货市场上的交易活动所面临风险的考虑,利用期货市场规避汇率风险。另外,他们也可利用期货市场来调配资产配置,以满足其对风险的偏好与达到预期收益的目标。此类交易者主要是进出口商和商业企业。

非商业交易者(Trader)指非交易所会员的客户。这些交易者从事外汇期货交易的主要目的是投机。这种非交易所会员交易者有以下三类:

(1)基差交易者。基差交易者(Basic Traders)是从事外汇期货交易以获得现货价格与期货价格之间的差价收益。

(2)差价交易者。差价交易者(Spread Traders)是赚取两个期货价格之间的差价收益。

(3)头寸交易者(Position Traders)。根据其持有头寸的时间长短,头寸交易者可分为帽客(Scalpers)、当日轧平头寸交易者(Day Trader)和头寸交易者(Position Trader)。通常帽客持有头寸的时间最短,以极微小的波动买进或卖出,利用短线交易在数量上来赚取价差收益,此类交易者数量较大,促进了市场的流动性;当日轧平头寸交易者,又称日交易者,持有头寸的时间较长,以当天价格变动情况来获利,但持有头寸一般不过夜;头寸交易者持有头寸的时间最长,持有头寸的时间为几天、几周或数月。

6.2.1.4 清算机构

清算机构(Clearing House)又称清算所、清算公司、结算所等,是期货交易所之下或独立存在的负责期货合同交易的营利性机构,它拥有法人地位。交易所的会员要想成为清算会员(Clearing Members)必须单独申请,每笔期货契约交易的登记与清算需要另外付费。非清算会员的交易所会员必须与清算会员有账户关系,通过清算会员清算,并缴纳一定佣金。清算所的作用主要在于促成买卖双方在交易所完成期货合约交易,并进行买卖双方的合约和保证金的划拨。结算所采用的保证金制度,为所有在交易所内达成的期货合约交易提供履约保证。

如果买卖双方的报告中关于交易的数量与价格不相符合,清算所有权拒绝清算,并责成场内会员调查和纠正不符之处,如场内经纪人不能解决,则由仲裁机构裁决。当一天营业结束时,清算所给每个清算会员提供交易情况报表,以及全部可接受契约的细节,清算会员在规定时间内核对交易记录,不实之处,立即告知清算所。从总体上看,每个清算所登记的契约必然包括买卖双向行为,所以,清算会员的未轧平卖出头寸必等于其他清算会员的未轧平买进头寸,这样清算所的账户余额将保持平衡。

6.2.2 外汇期货合约

6.2.2.1 外汇期货合约的含义

外汇期货合约(Foreign Futures Contracts)是一种交易所制定的标准化的法律契约,此契约是买卖双方通过公开叫价达成的具有法律约束力的文件,买卖双方以此文件可以获得清算所的保证。外汇期货合约的内容包括交易币种、交易数量、交易时间、交割月份与地点,以及价格变动的最小单位等。外汇期货合约与远期外汇合约最大的不同是:外汇期货合约的价格变动代表今日的现金流动;远期合约的价格变动代表了将来某一日发生的现金流动。其原因是,外汇期货合约的结算现金实行逐日结算制,远期外汇合约的结算现金实行到期日结算制。所以,对两者价格的比较只有经过利息调整后才能进行。

外汇期货合约与远期外汇合约都是具有在未来有法律约束力的协议,但两种合约有不同的制度特征。对于外汇期货合约来说,它要求合约买卖双方提供原始保证金并作出承诺,在合约价值下降时提供变动保证金。按照市场惯例,远期外汇合约不要求投入保证金。如果交易者期望在合约有效期内积累更多保证金,外汇期货价格将高于远期外汇价格;反之,如果交易者预期在合约有效期内被要求追加保证金,外汇期货价格将低于远期外汇价格。

6.2.2.2 外汇期货价格与远期汇率的关系

由于交易者事前不能确定外汇期货合约的赢利或损失,外汇期货合约逐日盯市制度会使期货合约面临现金流动性风险。远期外汇合约就不存在这方面的问题。因为远期外汇合约在交割日之前不会有任何现金流动,只有在交割时才产生现金流动。因此,与远期外汇相比,这种现金流动性风险会降低外汇期货的吸引力。但从另一方面来说,因外汇期货合约在交易所进行集中交易,其流动性得到提高。而投资者与投机者通常把流动性作为首要因素考虑,这就提高了外汇期货的吸引力。从理论上讲,远期外汇和外汇期货价格都应反映下面几个因素:对未来利率与汇率的预期;对预期不确定性风险的报酬;对未来不能形成理性预期所产生的定价误差以及由于一些伪预测新闻事件造成的定价误差。总的来说,外汇期货价格与远期外汇价格之间的关系在理论上是比较模糊的。

另外,外汇期货交易脱胎于外汇远期交易,是外汇远期交易的标准化,两者的功能、原理都是一样的,只是在交易方式、信用风险等方面存在一定的差异。从理论上来说,如果市场是完全竞争市场,所有的交易者都是价格接受者,没有交易费用、保证金和税收要求,没有违约风险,外汇期货的价格应该等于或非常接近于远期外汇的价格,即远期汇率。因为如果不这样的话,聪明的投资者可发现并利用此机会套利。假定外汇期货价格 f 高于远期汇率 F,套利者可卖出外汇期货合约并按照外汇期货价格 f 受益,同时买入远期外汇,交割时可净赚 $f-F$。一旦交易者都如此进行交易,外汇期货合约的供给就会大大增加,必然导致外汇期货价格 f 下降,远期外汇的需求就会增加,引发远期汇率上升。相反地,如果外汇期货价格低于远期汇率,投资者就会按照外汇期货价格买入外汇期货合约,卖出远期外汇,也可以获得买卖的差额 $F-f$。一旦市场上所有的交易者都如此操作,期货价格会上升,远期汇率会下降,交易者的套利行为和市场的有效性保证了外汇期货价格收敛于远期汇率,即 $f=F$。

根据上述的分析,当两个合约的时间和交割日完全相同时,在合约到期日外汇期货合约与远期外汇合约的价格都收敛于即期价格。所以我们认为,外汇期货合约价格和远期外汇合约价格是一致的,它们的定价方法也是完全相同的。这样我们根据利率平价理论就可以确定远期外汇合约价格,也就确定了外汇期货合约的价格。外汇期货合约定价公式为:

$$F=S\frac{1+i\times\frac{n}{12}}{1+i^{*}\times\frac{n}{12}} \tag{6.1}$$

其中:i 为美元利率;i^{*} 为外币利率;S 为单位外币与美元的即期价格;n 为外汇期货合约的期限(月)。因此,计算出的 F 就是外汇期货合约的价格。

在实际买卖过程中,由于存在交易成本、税收、保证金等因素,而且交易也并不是没有风险的,距到期日越长,风险越大;另外无风险利率也不是恒定的,而是不确定的,套利者不知道怎样来买卖外汇期货合约获取无风险的收益。因此,外汇期货价格和远期汇率之间还是存在一定的差额,通常有几百个基本点的差异。

6.2.3 外汇期货交易的基本规则

外汇期货交易的基本规则是指由交易所制定的、旨在保证交易顺利进行的规章制度中最为重要的交易规则,主要包括以下几条。

6.2.3.1 公开叫价制度

外汇期货交易是一种标准化的场内交易,必须在集中性的交易场所通过公开叫价(Open Outcry)的方式成交,对任何一种外汇期货合约公开叫价所形成的价格对所有投资者有效。期货市场的公开叫价方式主要有两种:一种是电脑自动撮合成交方式,另一种是会员在交易所大厅公开喊价方式。在我国,交易电脑自动撮合的竞价方式又分为集合竞价和连续竞价两种。集合竞价产生开盘价,以此开盘参考价成交可得到最大交易量,高于该参考价的买入申报和低于该参考价的卖出申报必须全部成交;与参考价相同价位的申报,其中买入申报和卖出申报必须有一方能全部成交。依据以上规则在开盘前一瞬间产生开盘价,然后以此价格对所有有效委托中能成交的委托进行撮合成交,不能成交的委托在连续竞价期间排队等候。连续竞价是电脑系统的撮合主机自动对投资者申报的委托进行逐笔连续撮合处理的过程。

无论是集合竞价还是连续竞价,都遵循"价格优先,时间优先"的总原则,即在交易指令进入交易所主机后,最优价格最先成交,也就是说最高的买价和最低的卖价报单首先成交;在价格一致的情况下,率先进入交易系统的交易指令先成交。

公开叫价由期货交易所的会员进行,其他有意进行外汇期货交易的非会员必须通过会员在外汇期货交易所内通过公开叫价成交。

6.2.3.2 保证金制度

保证金(Margin System)是用来确保期货买卖双方履约并承担价格变动风险的一种财力担保金。因为外汇期货市场通常存在信用风险,若买卖双方直接达成交易,如果市场汇价出现不利于一方的情况,该方就会出现亏损,亏损达到一定程度时亏损方很可能会选择违约。在外汇期货交易中设立保证金是为了防止投资者因为外汇期货市场汇率变动而违约,从而给结算公司带来损失。参加外汇期货交易的各方必须交纳保证金,非会员客户必须向经纪公司(会员)交付保证金。会员必须向交易所的清算机构交纳保证金。期货交易的保证金除了起到防止交易各方违约的作用外,还是结算制度的基础。

按保证金交纳的时间和金额比例不同,可将履约保证金分为初始保证金(Initial Margin)和追加保证金两类(Maintenance Margin)。

初始保证金,有时也被称作原始保证金,是当交易者新开仓时必须依照各类合约的有关规定向清算所交纳的资金,通常为交易总额的一定比例。不同交易所规定的初始保证金缴纳金额有所不同,而且初始保证金缴纳多少通常也随合约金额及交易者身份不同而不同。例如,IMM 规定日元期货合约的初始保证金为每张 2 700 美元,英镑期货合约的初始保证金为每张 2 800 美元。任何人只需在外汇期货市场上开户并按规定缴纳初始保证金,就可以开始进行外汇期货交易。

在向交易所缴纳初始保证金后,交易所的清算机构根据外汇期货价格变化逐日清算未交割期货合约的盈亏,浮动赢利将增加保证金账户余额,浮动亏损将减少保证金账户余额。保证金账户在经过逐日清算(即逐日盯市)后必须维持一个最低余额,称为维持保证金。当市场汇价有利于交易者时,交易所会自动将赢利加到交易者的保证金账户,那么超过原始保证金部分的金额便可以被提领。IMM 规定日元期货的维持保证金为每张外汇期货合约 2 000 美元,英镑期货的维持保证金为每张外汇期货合约 2 100 美元。IMM 规定的初始保证金和维持保证金详见表 6-3。

表 6-3　IMM 外汇期货合约保证金的要求

单位:美元

期货合约货币种类	初始保证金	维持保证金
英镑	2 800	2 100
日元	2 700	2 000
瑞士法郎	2 700	2 000
加元	1 000	800
澳元	2 000	1 500

追加保证金(Variation Margin)反映了市场波动对交易者头寸的影响,因而也称为变动保证金。交易者在持仓过程中会因市场的不断变化而产生浮动盈亏(结算价-成交价),因而保证金账户中实际可用来弥补亏损和提供担保的资金会随时发生增减变化。当保证金账面余额低于维持保证金时,交易者必须在规定时间内补充保证金,否则在下一交易日,交易所有权实施强行平仓。这部分需重新补充的保证金就是追加保证金。

举例说明如下:

【例 6-1】IMM 英镑期货合约规模为 62 500 英镑,某交易者欲购入一个英镑期货合约,价格为 1.556 0,连续四个交易日保证金账户金额变化如表 6-4、表6-5所示。其中表 6-4 表示在交易者每日结算后根据浮动盈亏提领保证金或弥补亏损,使追加保证金后保证金账户余额始终为初始保证金;表 6-5 则表示客户只有在保证金账户余额低于维持保证金时才追加保证金的情况。读者可以从比较两表的不同来理解初始保证金、维持保证金、追加保证金的区别与联系。

表 6-4　保证金账户盈亏表(1)

时间	交易日 1	交易日 2	交易日 3	交易日 4
头寸	+1(多头)	+1	+1	+1
持有价格	1.556 0	1.560 0	1.556 8	1.550 0
结算价格	1.560 0	1.556 8	1.550 0	1.546 0
浮动盈亏	+0.004 0	-0.003 2	-0.006 8	-0.004 0
初始保证金	2 800 美元			
维持保证金	2 100 美元	2 100 美元	2 100 美元	2 100 美元
保证金账户余额	2 800 美元	2 600 美元	2 175 美元	1 925 美元
保证金账户盈亏	+250(0.004 0×62 500)美元	-200(-0.003 2×62 500)美元	-425(-0.006 8×62 500)美元	875(2 800-1 925)美元

注:"+"为保证金账户当日可提取的盈余;"-"为保证金账户当日低于初始保证金的亏损。

表 6-5　保证金账户盈亏表(2)

时间	交易日 1	交易日 2	交易日 3	交易日 4
头寸	+1(多头)	+1	+1	+1
持有价格	1.556 0	1.560 0	1.556 8	1.550 0
结算价格	1.560 0	1.556 8	1.550 0	1.546 0
浮动盈亏	+0.004 0	−0.003 2	−0.006 8	−0.004 0
初始保证金	2 800 美元			
维持保证金	2 100 美元	2 100 美元	2 100 美元	2 100 美元
保证金账户余额	3 050 美元	2 850 美元	2 425 美元	2 175 美元
保证金账户盈亏	账户余额大于维持保证金,不需追加	账户余额大于维持保证金,不需追加	账户余额大于维持保证金,不需追加	账户余额大于维持保证金,不需追加

保证金制度是期货交易的灵魂,而其顺利实施又有赖于每日无负债的逐日盯市结算制度。期货交易是一种零和交易,但盈亏双方结算并不直接在交易双方之间进行,而是由交易所通过双方保证金账户的盈亏划转来实现。当亏损一方在交易所保证金账户中承担其亏损时,交易所作为成交合约的担保者,必须代为承担这部分亏损,以保证赢利者能及时得到全部赢利。这样,亏损方便向交易所拖欠了债务。为了防止这种债务现象的发生,逐日盯市制度应运而生。

6.2.3.3　逐日盯市制度

所谓逐日盯市制度(Mark to Market Daily),又称逐日清算制度,是指结算部门在每日闭市后对会员经纪商的保证金账户进行结算、检查,根据每日的收益与损失进行调整,通过适时发出保证金追加单(Margin Call),使保证金余额维持在一定水平,即在维持保证金之上,从而防止负债发生的一种结算制度,其目的是控制期市风险。其具体执行过程如下:在每一交易日结束之后,交易所结算部门根据全日成交情况计算出当日结算价格;据此计算每个会员持仓的浮动盈亏,调整会员保证金账户的可动用余额;若调整后的保证金余额小于维持保证金,交易所便发出通知,要求在下一交易日开始之前追加保证金,若会员单位不能按时追加保证金,交易所将有权强行平仓。

逐日盯市制度对所有账户的交易及其头寸按不同币种、不同月份的合约分别进行结算,保证每一交易账户的盈亏都能得到及时、具体和真实的反映。

6.2.3.4　结算

外汇期货结算(Settlement),是指外汇期货清算机构根据交易所公布的结算价格,对客户持有外汇期货合约头寸的盈亏状况进行资金清算的过程。期货清算机构的组织形式有两种:一种是独立于期货交易所的结算公司,如伦敦结算所同时为伦敦三家期货交易所进行期货结算;另一种是交易所内设的结算部门,如芝加哥商品交易所(CME)有自己的结算部门。两者的区别在于:独立的结算所在履约担保、控制和承担结算风险方面独立于交易所之外;交易所内部结算机构则全部集中在交易所。独立的结算所一般由银行等金融机构以及交易所共同参股,相对于交易所独自承担结算,风险较为分散。

外汇期货交易的结算大体可分为两个层次:一是交易所对会员进行结算;二是由会员公司对其所代理的客户进行结算。交易所在银行开设统一的结算资金账户,会员在交易所结算机构开设结算账户,会员在交易所的交易由交易所结算机构统一结算。外汇期货结算是风险控制的重要手段,其核心的内容是逐日盯市制度,在前面已经做过介绍。

6.2.3.5 交割

外汇期货合约的持有者,按合约规定的日期以规定的外汇量进行交割(Delivery),标志着合约的履行与完结。下面以芝加哥商品交易所的国际货币市场外汇期货交易合同交割的有关规定,来说明外汇期货合同的交割过程。

交易所及其结算机构在外汇期货合约交割过程中扮演了重要角色。CME与其代理银行签订合约,在代理行开立美元账户,并在对应外汇期货合约的外币发行国的代理行分支机构或往来行开立外币账户。无论外汇期货经纪商是自营还是代客买卖,CME的结算机构都是交易的对手方,即表现为每个卖方的买方,或每个买方的卖方,合约买卖双方不直接交易,从而减少了交易对手违约的风险。

CME要求外汇期货合约的多头清算会员向IMM美元交割账户支付美元,而后这笔交割款项由该账户支付给空头清算会员。外币的转移则发生在外币发行国,空头的交割银行将外汇款项打入IMM在该国的交割账户,多头收款银行在交割日从该账户收取外汇款项。交割流程图如图6-1所示。

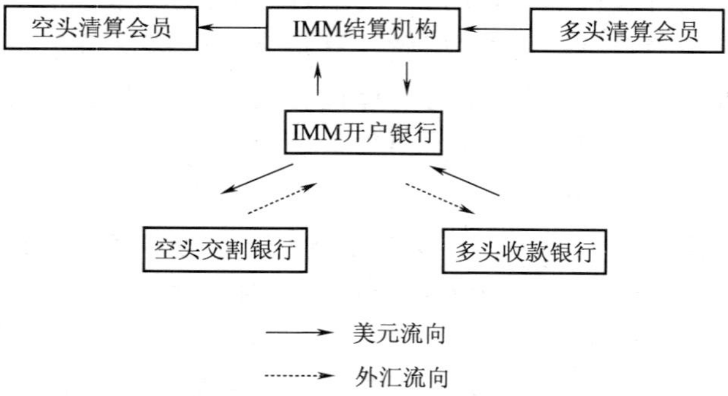

图6-1 外汇期货交割流程

外汇期货交易的交割设有以下具体规则:

(1)交割日期:在期货合同到期月份的第三个星期三,如果这天恰逢银行的休假日,则顺延一天。

(2)交割地点:买方指定的期货发行银行。

(3)买方责任:如果客户想要进行实际交割,那么代表他的境外经纪公司在交易的最后一天之前要向票据交换所交付一份买方交割委托书,而境外经纪公司在下午三点之前,必须将交割款项存入客户的账户,这笔存款的金额为交易最后一天的收盘价乘以期货合同上所标明的数量。

(4)卖方责任:如果客户想卖出期货并要进行实际交割时,则可通过代表他的境外经纪公司在交易的最后一天结束之前,交给票据交换所一份卖方交割委托书。

(5)交割月份:根据合约的内容而定。

(6)交割的成本:在完成交割时所发生的一切成本将全部由卖方承担。

(7)紧急事件、不可抗拒事件的干预:在这种情况下所作出的决定将约束契约的所有当事人。

(8)不能履行合约:假如有位具有交割承诺的票据交换会员不能履行他的义务或有执行上的瑕疵时,他将对已经为这项交易配合行动的另一票据交换会员所蒙受的损失负责。

除以上的常规措施外,交易所还有权在紧急情况下采取一些特别的措施以保证交易的顺利进行。例如,交易所可以要求会员减少其持有的头寸、公布其顾客的身份等。

6.2.4 外汇期货交易的程序

6.2.4.1 选择经纪公司及经纪人

在我国,任何机构要开办外汇期货交易,必须经国家外汇管理部门审批。因此,交易者在选择经纪公司时,首先就是选择那些经外汇管理部门批准并已领取营业执照的专业经纪公司。此外,由于各个经纪公司的经营范围、经营期货买卖的能力和经验,以及经纪人(或代理人、交易员等,以下统称经纪人)的业务素质等方面存有差异,所以,交易者能否恰当地选择国内经纪公司,对其能否在期货交易中赢利起着重要的作用。有鉴于此,客户在选择经纪公司时,除了要选择那些经国家外汇管理部门批准的可经营外汇期货业务的公司外,还要考虑所选择的经纪公司的信誉是否良好,其内部机构及其各项制度是否健全和完善,与国际市场的联系是否及时,以及利用路透社或美联社终端的能力如何。按规定,国内每家经纪公司必须使用或租用美联社或路透社的在线国际线路,以保证满足交易者能有效地使用终端设备查询外汇市场的各种即时信息,如图表、价格、新闻等。同时还要考虑与交易者接触或指定的经纪人的素质是否良好,以及处理外汇风险情况的能力和实际经验等。

在选择具体的经纪人方面,交易者还要尽量了解对方从事期货交易时间的长短,是否已有一定的实际交易经验,以往在外汇期货交易中的业绩如何以及洽谈中是否有夸大其词或设置圈套引诱欺骗交易者的行为等。在一般情况下,国内经纪公司及其经纪人对客户的各项咨询,必须实事求是地予以解答,严禁以引诱、欺骗、敲诈等不正当手段强拉客户,同时要向委托者阐明当时外汇行情及其对当前行情的估计与预测,此外还要向客户说明各种外汇期货交易可能存在的风险程度,以便客户自己作出慎重的选择。

6.2.4.2 开立保证金户

外汇交易者选择经纪公司及其经纪人后,如果打算立即或在近期委托经纪公司从事外汇期货交易的话,首先要按经纪公司的要求在经纪公司开立保证金账户。

在开户时,经纪公司将审核客户资格,同时确认客户用于期货交易的资金。对于保证金具体数额的确定,由国内各经纪公司参照国际外汇市场交易和境外经纪公司的行情,酌情而定。在一般情况下,国内经纪公司对客户收取的保证金,通常是客户打算买卖期货合约金额的2%~7%左右。

6.2.4.3 落单

所谓订单或指令(Order)是指客户决定在外汇期货交易时向期货经纪商下达的买进或卖出某种外汇期货合约的指示。其主要内容包括买进或卖出、合约数量、交割日期、货币类别、交易地点、交易价格及委托书有效期等。

根据订单上对场内交易员买卖期货合约价格条件的限制,可将订单分为市价订单(Market Order)、限价订单(Limit Order)、到价订单(Spot Order)。市价订单是指客户愿意按照现行市场行情的最好汇价交易某一特定交割日期的一定数量期货合约的订单。此种订单不规定具体的成交价格,只规定交割日期和合约数量。限价订单是指按照客户规定的汇价交易某一特定交割日期的一定数量期货合约的订单。此种订单的灵活性比市价订单差,因此在使用限价订单时要把握好现行市场汇价。通常,买进限价订单的汇价比现行市场汇价低,卖出限价订单的汇价比现行市场汇价高。到价订单又称为止损订单,是客户发出的高于现行市场汇价某一既定水平停止买进、低于现行市场汇价某一既定水平停止卖出的指令。这种订单经常运用于对冲和形成期货头寸,其目的是减少损失或取得好价位。

根据订单对场内交易员买卖期货合约有效期条件的限制,订单可分为开放订单(Good till Cancelled Order)、开盘或收盘订单(at the Opening or at the Close Order)、跨期套利订单(Saddle Order)、换月订单(Switch Order)。开放订单即为在客户撤销前一直有效的订单,不以落单当天为限。开盘或收盘订单指按客户的要求在期货市场开盘或收盘期间内买进或卖出某一特定交割日期的一定数量期货合约的订单。跨期套利订单指同时买进和卖出同类但交割期限不同的外汇期货合约的订单。换月订单指将已持有的某月份的外汇期货合约头寸经过交易后使之成为另一个月份的外汇期货合约头寸。此种订单也是同时买进和卖出期货合约,它与跨期套利订单的区别在于下这个订单时,客户已有了某一月份的外汇期货头寸。

目前在我国进行外汇期货交易一般是由境外经纪公司通过电话,向境内经纪公司直接报价,境外经纪公司的报价点数与国内经纪公司收到的美联社或路透社的报价点数,通常不超过10个点的价差,如果价格波动变化剧烈,应参照整个国际市场价位波动率另行确定,境外经纪公司与国内经纪公司不能随意加点。对于经纪公司的报价,客户如能接受,即可落单委托交易。如今在国内进行外汇期货交易时,既可直接向国内经纪公司发出买或卖的指令,也可以委托经纪人按客户本人要求代为发出交易指令。如客户自己进行交易,其每手买卖都要填写与国际市场对接的买卖合约单,每手的合约单须由客户与经纪公司代表签字,否则无效;如客户全权委托经纪人,须有客户交给国内经纪公司的委托书,这样国内经纪公司才能同意由受委托的经纪人予以落单。在委托交易方式上,国内有些经纪公司规定客户或其经纪人既可通过电话或电传委托买卖,也可亲自到经纪公司问价并直接填单交易。

(1)电话委托交易。国内有些经纪公司规定客户或其经纪人进行外汇期货交易一律通过电话完成。如客户要进行交易时,可亲自或委托其经纪人,利用经纪公司内线电话向经纪公司问价,假如客户认为价位合适即可在电话中敲定买卖。由于国际市场上的外汇期货价格瞬息万变,所以客户在问价后,应立即做出是买入还是卖出或不交易的决定。一旦客户或经纪人通过电话喊出交易价格后,买卖立即做实,客户不得反悔。当客户通过电话委托交易时,经纪公司对与客户之间的谈话内容、日期及具体时间都有电话记录,录音带通常由经纪公司存档半年以上,以备必要时核查,如客户与经纪公司之间存有异议,应以电话录音为准。

(2)到经纪公司问价,填妥买卖单据。有的经纪公司允许客户到经纪公司问价。如客户或其经纪人认为价格合适,即可填写买卖指令单据,交经纪公司实现期货交易。

交易的价格,以经纪公司的交易部门报出的交易价格为准,经纪公司内部的报价系统所显示的国际市场各有关银行的报价只供客户参考,不是实际交易价格。在一般情况下,经纪公司应允许客户发出限价指令,但客户须依据国际市场行情,不能强求经纪公司或经纪人在无限价价位上,按指定价位为自己限价落单交易。

客户或其经纪人在发出交易指令时,应在交易指令单上明确标明期货合同名称、合同期、买卖方向、金额和价格等。

6.2.4.4 境外经纪商代客户出市交易

客户填妥指令单并交国内经纪公司后,一般由国内经纪公司交由其境外的经纪公司进入国际期货市场的交易所进行交易。在交易中采用喊价的形式进行报价,报价的内容包括价格、数量和期货合同的期限等。

交易指令完成后,境外经纪公司的入市交易人员必须将交易明细填入指令单并立即通知国内经纪公司,由国内经纪公司将客户指令的执行状况通知客户。通知的形式一般是由国内经纪公司将前一天所有买卖记录报告表交给客户,注明其入市交易情况,并由客户及经纪人签字确认。

6.2.4.5 追加保证金或交割

在外汇期货交易过程中,当经纪公司代客户完成交易后,不论客户是否在当天轧平(即平仓)其期货头寸,只要他拥有期货头寸(空头或多头),经纪公司必然要按当天的收盘价来评估客户所持头寸的价值,然后将计算的盈亏记入客户的保证金账户。如果客户是赢利的,他即可取出这笔赢利部分,也可将这笔赢利继续留作准备金;如果客户是亏损的,经纪公司就会立即通知其客户补充其保证金,客户也必须在规定的期限内向经纪公司补足保证金,否则经纪公司就会在期货市场上将客户的期货头寸轧平(即由经纪公司自动替客户下达止蚀指令,进行无条件斩仓)。

假如客户的保证金能维持原购入(或卖出)期货合同所要求的保证金并且客户也希望等到期货合同到期日才进行实际交割,则在到期日由国内经纪公司委托境外经纪公司进行反方向交易(如将已购入期货合同卖出)。

经纪人接到交易者的订单指令后,通过电话、电传或传真等通信工具,迅速将订单指示通知其在交易所内的代表(或常设办事机构)。该代表收到订单后,立即登记并迅速交给场内经纪人,由场内经纪人撮合成交。当一笔交易成交后,场内经纪人要将交易结果迅速送给清算机构和那个经纪人代表,该经纪人代表则立即通知交易者。至此,一项交易指令就执行完毕,余下的清算工作由清算机构来完成。

国内经纪公司对客户每手已平仓(或已交割)的期货交易,应在平仓后的次日向客户发出买卖平仓报告表,客户再次核对所有买卖后签名认可。与此同时,国内经纪公司对客户已核对平仓的各项期货交易,经纪公司还要逐笔与客户进行结算,并由客户在其结算账户清单上再签字,以避免法律纠纷。经纪公司对每笔已平仓的期货交易向客户收取一定比例的手续费。

当客户需从其保证金账户提取款项时,一般应提前两个工作日以书面形式(提款单等)通知国内经纪公司,表明其提款意图,国内经纪公司将在这两个工作日内付款给客户。客户提款的限额是以该账户结存减去维持保证金，再减去当天客户未平仓合约的浮动亏损额来计算。图6-2是新开仓外汇期货合约交易流程图。图6-3是平仓外汇期货合约交易流程图。

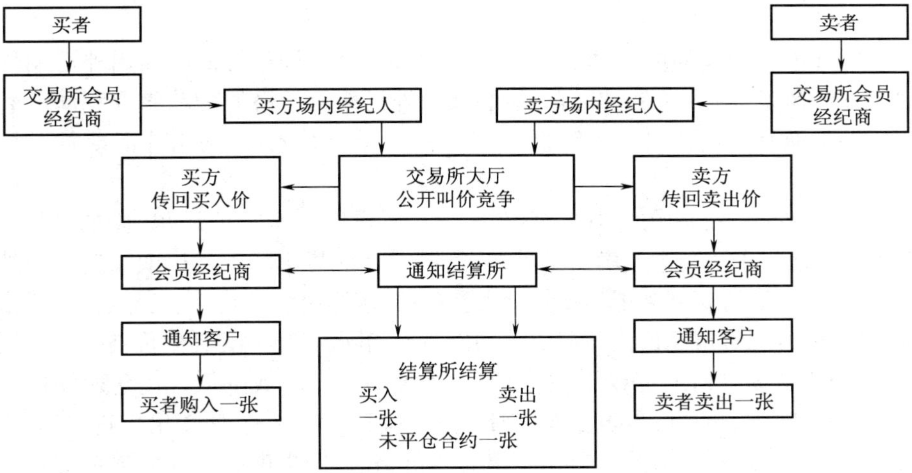

图6-2　新开仓外汇期货合约交易流程

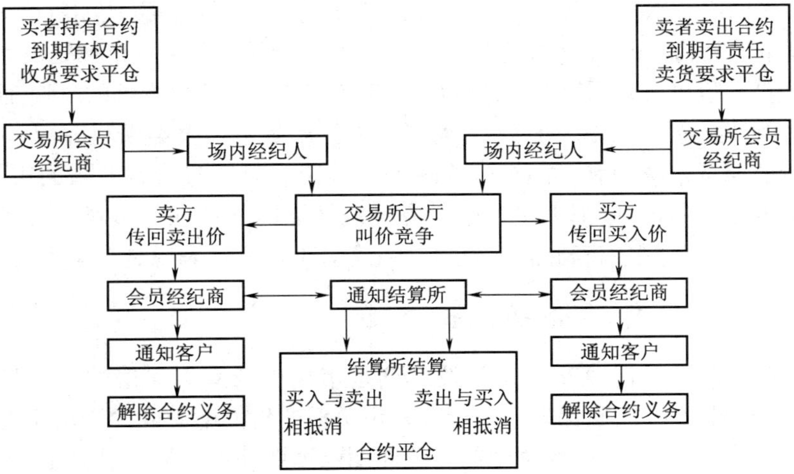

图6-3　平仓外汇期货合约交易流程

6.3 外汇期货交易的操作

进行外汇期货交易的主体有两大类:一类是套期保值者,他们利用外汇期货交易规避外汇风险;另一类是投机者,他们利用外汇期货价格的变动赚取利润。商业性外汇期货交易者通常是为了降低现有的外汇资产的风险,利用外汇期货合约来转移风险。

外汇期货交易最原始的目的是为外汇交易者提供转移汇率变动风险的工具。避险者预先在现货市场买进或卖出某种外汇,同时在期货市场上卖出或买进相同外汇的期货合约,以期货赢利来抵补现货亏损,以达到规避风险的目的。套期保值所依据的基本原理是:现货市场价格与期货市场价格受相同因素影响,其中价格变动呈同一趋势,即现货市场价格上涨或下跌,期货市场价格也升高或降低。在套期保值交易中,持有外汇现货的一方,为防止未来因价格下跌而遭受损失,便卖出期货合约,当未来的现货价格和期货价格低于当初卖出时的价格时,则采取买进同样数量期货合约对冲的办法,所得差价用来弥补现货市场上实际出售外汇的部分利润损失,以达到保值的目的。对套期保值者来说,参与外汇期货市场不是为赚取利润,而是通过套期保值来转移汇率风险。就整个期货市场而言,市场风险由为了避免风险而进行交易的套期保值者向愿意承担风险以求获利的投机者转移。投机者是以从期货市场的价格波动中谋取厚利为目的,在市场上愿意承担风险的交易者。期货市场是由套汇保值者(避险者)与投机者共同组成的,避险者一般不愿意承担价格变动的风险,而投机者却有能力而且愿意承担风险。仅有避险者的外汇期货市场很难顺利进行下去,而仅有投机者的期货市场则有可能导致市场的不稳定。只有避险者参与的市场,或者只有投机者参与的市场,都无法产生具有经济功能的外汇期货市场。市场交易越活跃,产生风险就越多,获利的机会也越多,这对于投机者来说是至关重要的。

6.3.1 外汇期货的套期保值交易

外汇期货的套期保值交易是指按照期货市场中的套期保值的决策程序和方法,利用外汇期货交易,确保外币资产或外币负债的价值不受或少受汇率变动带来的损失。具体做法是:在已经发生的一笔即期或远期外汇交易的基础上,为防止损失,同时做一笔相反方向的期货交易。这样如果其中一笔原有交易受损,可通过所做相反方向的期货交易的获利而弥补或者抵消。

6.3.1.1 空头套期保值

空头套期保值(Short Hedge),又称卖出套期保值。空头套期保值的特点是:即将有现货头寸的交易者，在期货市场上做一笔相应的空头交易，以防止现货头寸价格下跌而遭受损失。如出口商的应收外汇货款、个人或公司在外国银行的存款等，为避免外汇汇率波动造成此笔款项价格下跌，可以事先在外汇期货市场上卖出该种货币的期货合约，从而锁定其价格。

举例说明如下：

【例 6-2】中国一家跨国公司在英国的子公司急需母公司提供 250 万英镑资金，5 个月后即可将该笔资金调回母公司。于是，母公司在现汇市场上用人民币购买了 250 万英镑汇给该子公司。为了避免由此产生的外汇交易风险，母公司在外汇期货市场上进行空头套期保值，套期保值过程和损益分析如表 6-6 所示。

表 6-6 外汇期货交易空头套期保值损益分析

	外汇现货市场	外汇期货市场
4 月	买入 250 万英镑，即期汇率为 1 英镑 = 13.7 元人民币，支付 3 425 万元人民币	卖出 40 份 9 月份到期的英镑期货合同，每份 62 500 英镑，共计 250 万英镑，期货价格 1 英镑 = 13.8 元人民币，可收入 3 450 万元人民币
9 月	卖出 250 万英镑，汇率为 1 英镑 = 13. 3 元人民币，收入为 3 325 万元人民币	买入 40 份 9 月份到期的英镑期货合同，期货价格 1 英镑 = 13.35 元人民币，支付3 337.5 万元人民币
赢利或亏损	-100 万元人民币	112.5 万元人民币

从例【6-2】中可以看出，由于英镑对人民币贬值，母公司在现汇市场上的交易亏损为 100 万元人民币，在外汇期货市场上的交易赢利为 112.5 万元人民币，套期保值最终赢利为 12.5 万元人民币。如果母公司没有进行套期保值，在 4 月的现汇市场上买入 250 万英镑，9 月 1 日收回英镑时将其在现汇市场上出售，母公司会因英镑贬值损失 100 万元人民币。当然，如果英镑升值，母公司进行套期保值将比不进行套期保值盈利更多。但是，在 4 月买入现汇时，母公司并不知道 5 个月后英镑到底是升值还是贬值。升值固然有利，但万一英镑贬值，母公司在现汇市场上的交易必然蒙受损失。一旦采取了套期保值，英镑在现汇市场上贬值时，在期货市场上也会贬值，母公司在外汇期货交易中将获利，可以抵消现汇交易中的一部分损失。

6. 3. 1. 2 多头套期保值

多头套期保值（Long Hedge），又称买入套期保值，是指对国外负有债务的债务人或将来在某一时间内支付外汇货款的进口商将要以外汇支付的款项，为避免计价货币汇率上升造成损失，采取先在外汇期货市场上购进同等数量的外汇期货合约,等到将来在现货市场上购进所需外汇时,卖出购进的期货合约。

举例说明如下:

【例 6-3】美国某进口商 6 月份从德国进口一批设备,预计 3 个月后必须在现货市场买进 500 万欧元,以支付这批设备的货款。为避免 3 个月后因欧元升值而花费更多的美元,以稳定设备的购入成本,该进口商可先行在期货市场上买进 40 份欧元期货合约,总额 500 万欧元。此时,现货市场上美元对欧元的汇率为 1 欧元=1.000 0 美元。该进口商在外汇市场上购进了 3 个月期交割的欧元期货合约,并按 1 欧元=1.010 0 美元的汇率成交,这 40 份合约的成交额为 1.01×12.5×40=505 万美元。

假设 3 个月后,欧元果真升值为 1 欧元=1.060 0 美元,该进口商在现货市场上以升值后的欧元汇率购进 500 万欧元,作为支付进口设备之用,需要美元 530(1.06×500)万美元,亏损 30 万美元。与此同时,该进口商又在期货市场上把 3 个月前购进的 40 份欧元期货合约卖出,成交汇率为 1 欧元=1.070 0 美元,可得到 535(1.07×500)万美元,赢利 30 万美元。由此可见,该进口商在现货市场上亏损的 30 万美元,又从期货市场上得到了补偿,其实际支付的金额被锁定在 500 万美元(见表 6-7)。

表 6-7 多头套期保值损益分析

	欧元现货市场	欧元期货市场
6 月份	若此时买进 500 万欧元,需支付 500 万美元	买进 40 份 3 个月欧元期货合约,总额 500 万欧元。期货价格为 1 欧元=1.010 0 美元,支付 1.01×500=505(万美元)
9 月份	购进 500 万欧元用于支付货款,需要美元 1.06×500=530(万美元)	此时期货价格 1 欧元=1.070 0 美元,卖出期货,可以得到 1.07×500=535(万美元)
赢利或亏损	-30 万美元	30 万美元

【例 6-3】中,欧元现货价格与期货价格的变动幅度相同,因此通过作出与现货数额相同、期限匹配、方向相反的期货交易,即可以完全冲销现货价格波动的风险。然而,现实的外汇期货交易中,规避风险的交易也会产生另一种风险,即基差风险(Basis Risk)。基差风险产生的原因通常有:所需避险的现货价格并不完全等于其期货合约的价格;避险者无法事先确知什么时候买进或卖出所需避险的资产;在期货合约到期之前,避险者可能就已了结其期货合约。所谓基差(V)是指现货价格(S)与期货价格(F)之间的差距。用公式表示为:

$$V=S-F$$

基差的变动率等于现货价格的变动率减去期货价格的变动率。假设上述字母的小写代表它们的变动率，则基差变动率为：

$$v=s-f$$

随着期货合约交割月份的临近，期货价格收敛于其现货价格。如果现货与期货两者在各方面的条件都一样，则当期货合约到期时，其基差为零。但在到期之前，基差可能为正或为负。当现货价格增长的幅度大于期货（或现货价格降低的幅度小于期货）时，即 $s>f$，基差会扩大，称为基差转强（Strengthening of the Basis）；反之，基差会缩小，称为基差转弱（Weakening of the Basis）。需要强调一点，基差风险的存在不仅会降低避险效果，而且也会增进避险效果。对于空头套期保值者而言，当基差转强，会增进避险效果；反之，会降低避险效果。而对于多头避险者而言，当基差转强，会降低避险效果；反之，会增进避险效果。

6.3.1.3 交叉套期保值

在外汇期货市场上，一般只有外币对美元的期货合约，很少有非美元货币之间的期货合约。在发生非美元货币收付的情况下，只能进行交叉套期保值。

举例说明如下：

【例 6-4】3 月 1 日，英国进口商与日本出口商签订了价值 25 亿日元的进口货物合同，5 个月后以日元进行结算。3 月 1 日，英镑对美元汇率为 1 英镑＝1.600 0 美元，美元对日元汇率为 1 美元＝100 日元，则英镑对日元汇率为 1 英镑＝160.00 日元；英镑期货价格为 1 英镑＝1.580 0 美元，日元期货价格为 1 日元＝0.010 0 美元。由于在 IMM 市场上不存在英镑对日元的期货合约，英国进口商为防止英镑对日元贬值，该进口商在 IMM 市场上同时买入 200 份 8 月份日元期货合约和卖出 250 份英镑期货合约。8 月 1 日，即期汇率为 1 英镑＝1.530 0 美元，1 美元＝98.00 日元，则英镑对日元汇率为 1 英镑＝147.98 日元；英镑期货价格为 1 英镑＝1.530 0 美元，日元期货价格 1 日元＝0.010 5 美元。该进口商操作过程如下（见表 6-8）。

表 6-8 交叉套期保值损益分析

	外汇现货市场	日元期货市场	英镑期货市场
3 月 1 日	按 1 英镑＝160.00 日元将英镑兑换成日元，需 250 000÷160＝1 562.5（万英镑）	按 1 日元＝0.010 0 美元买入 200 份 8 月份日元期货合约，支付 2 500 万美元	按 1 英镑＝1.580 0 美元卖出 250 份 8 月份英镑期货合约，收入 1 562.5×1.580 0＝2 468.75（万美元）
8 月 1 日	按 1 英镑＝147.98 日元将英镑兑换成日元，需 250 000÷147.98＝1 689.42（万英镑）	按 1 日元＝0.010 5 美元卖出平仓 200 份 8 月份日元期货合约，收入 2 625 万美元	按 1 英镑＝1.530 0 美元买入平仓 250 份 8 月份英镑期货合约，支付 1 562.5×1.530 0＝23 90.625（万美元）
赢利或亏损	−126.92 万英镑	125 万美元	78.125 万美元

因此,该进口商赢利 203.125(125+78.125)万美元。该进口商在现货市场上按 8 月 1 日英镑对美元汇率 1 英镑=1.510 0 美元折算成英镑是 134.52(203.125÷1.51)万英镑。这样该进口商通过交叉套期保值实际净赢利为 134.52−126.92=7.6 万英镑。

英国进口商因日元对英镑升值,在现货市场上需多支付 126.92 万英镑才能到时支付 25 亿日元的货款。但其在期货市场上通过套期保值赢利了 134.52 万英镑,这样该进口商不仅锁定了支付货款的成本,而且净赚取 7.6 万英镑额外收益。

6.3.1.4 套期保值的效果

(1)套期保值效果分析。套期保值操作可能成功,即现汇市场上的损失由期货市场上的赢利进行弥补;也有可能失败,即现汇市场上的赢利被期货市场上的亏损抵消。

套期保值的失败源于错误的决策,其具体原因如下:

①对价格变动的趋势预期错误,不应做保值而做了保值。如出口商未来有外汇收入,如果预计外汇汇率将上涨,可以不做期货的套期保值;否则汇率变动带来的收益将会被期货市场的损失全部或部分所抵消。

②资金管理不当,对期货价格的大幅度波动缺乏足够的承受力,当期货价格短期内朝不利方向变动时,交易者没有足够的保证金追加,被迫斩仓,致使保值计划中途夭折。

成功的套期保值,所起避险效果也依情况不同而出现以下三种情况:有赢保值,即期货市场上的赢利在弥补现货市场上的亏损后还有盈余;持平保值,期货市场的赢利正好弥补现货市场上的亏损;减亏保值,即期货市场上的赢利不足以弥补现货市场上的亏损。

(2)影响保值效果的原因。从理论上讲,持平保值是一种理想的保值状态,但这种情况在现实中很少存在。一般来说,影响保值效果的原因主要有以下几方面:

①时间差异。对某个币种进行保值,往往有好几个不同的期货合约可供选择。选择不同的月份,保值效果并不一样。按照套期保值的原理,要达到理想的保值效果,最好选择与未来现汇交易时间同一月份的期货合约保值,如在 3 月份签订了 6 月份交货的合同,最好选择 6 月份的期货合约保值。但在实际操作中,考虑到市场流动性等因素,往往会选择其后月份的合约,如 9 月份的合约。另外,现实中期货价格与现货价格波动的幅度往往不完全一样,不同时点两种价格并不完全相同,导致两个市场的盈亏不能完全相抵。

②地点差异。同一种货币在不同外汇市场的现汇交易价格存在差异,同样,在不同交易所内,即使是同种货币相同月份的期货合约价格也并不相同。

③数量差异。外汇期货合约是标准化合约,交易数量必须是一张期货合约交

易金额的整数倍。现汇交易的数量则根据实际交易需要,并不受标准化约束。这种套期保值数量上的不匹配便导致了受险头寸暴露。

6.3.2 外汇期货的投机交易

外汇汇率的不稳定性,一方面迫使商业交易者纷纷利用期货市场进行套期保值,以避免汇率波动的风险;另一方面,这种不稳定性也给投机者带来了获取利润的可能性。投机交易是没有现货市场做后盾的,外汇期货是利用期货市场价格的频繁变动,在期货市场上买进卖出,以赚取期货市场的差价,这提供了一种相对低成本的货币投机(Speculation)途径。因为只要缴纳少额的保证金便可以进行大额的外汇期货合约的买卖,这样投机者用少额的资金就有可能获得高额的投机利润。一般来说,外汇期货的投机交易可以分为两类:一类是简单的"单项式"投机,即普通的买空卖空交易活动;另一类是外汇期货套利交易。

6.3.2.1 买空与卖空交易

(1)买空行为,又称多头投机,是投机者预测某种外汇期货合约的价格将要上涨,而采取购买某一交付月份的外汇期货合约,一旦预测准确,便立即将事先购买的合约卖出,以从中赚取差额。

举例说明如下:

【例 6-5】假设 2004 年 9 月 2 日市场行情如下:

即期汇率:1 美元=120 日元

日元期货价格:1 日元=0.008 33 美元

某投机者预测 12 月份交割的日元期货价格呈上升趋势,所以他买入 100 张 12 月份日元期货合约,每份期货合约为 1 250 万日元。假设 2004 年 11 月 2 日,日元期货价格上升为 1 日元=0.009 33 美元。于是该投机者立即平仓其日元期货合约,则他的获利为:(0.009 33−0.008 33)×12 500 000×100=1 250 000 美元。即在不计交易成本的前提下,该投机者从事日元期货的多头投机交易获利为 125 万美元。

(2)卖空行为,又称空头投机,是指投机者预测某种外汇期货合约的价格将下跌,而采取事先出售外汇期货合约,待该合约的价格真正降低后再买进,以从中赚取差额。这里就不举例说明,请读者自行思考。

要说明的是,买空卖空交易成功的关键是投机者能否正确地预测未来汇率变动的方向。如果预测准确的话,会因为期货交易的杠杆效应带来巨大的收益,但如果预测不准的话,将会给其带来难以估计的巨额损失,这正是外汇期货投机的巨大风险所在。

6.3.2.2 外汇期货套利交易

外汇期货套利投机交易是指投机者同时买入和卖出两种相关的外汇期货合约,然后再进行反向对冲,即卖出和买入其手中持有的合约,从这两种合约的相对价格变动中获利。外汇期货套利投机又分为跨市、跨期与跨币投机套利。

(1)跨市套利投机。它是指投机者在不同市场上预测同种外汇期货价格呈不同走势,在一个交易所买入一种外汇期货合约,在另一个交易所卖出同种合约,一段时间后再将合约同时平仓,从而获利。进行跨市套利投机的首要步骤是判断同一种外汇期货价格在不同期货市场上变化的方向。在操作过程中,一般的原则如下:

如果预测两个市场的同种外汇期货合约均处于上涨状态,其中一个市场的涨幅高于另一个市场,则在涨幅大的市场买入,涨幅小的市场卖出。

如果预测两个市场的同种外汇期货合约均处于下跌状态,其中一个市场的跌幅大于另一个市场,则在跌幅大的市场卖出,跌幅小的市场买入。

跨市套利涉及不同的交易所,套利者必须考虑到两个市场的行市和影响因素。有时虽然合约涉及同一种货币,但不同交易所的交易规则、最后交易日、交割期规定具有差异,若进行不同国家的交易所间的套利交易,还要考虑汇率变动的影响,最好在不同的交易所内均有场内经纪人,套利数额大时才有可能在短时间内获利。

举例说明如下:

【例 6-6】某套利者在国际货币市场和伦敦国际金融期货交易所进行英镑期货合约的跨市套利。在国际货币市场,每份英镑期货合约为 62 500 英镑;在伦敦国际金融期货交易所,每份英镑期货合约为 25 000 英镑。6 月 20 日,套利者在国际货币市场以 1 英镑=1.632 5 美元的价格买入 4 份 9 月份到期的英镑期货合约,同时在伦敦国际金融期货交易所以 1 英镑=1.657 4 美元的价格出售 10 份 9 月份到期的英镑期货合约。至 8 月 20 日,套利者以 1 英镑=1.668 0 美元的价格分别在两家交易所对所持合约平仓。交易结果如表 6-9 所示。

表 6-9 跨市套利损益分析

	国际货币市场	伦敦国际金融期货交易所
6 月 20 日	买入 4 份英镑期货合约 支付 1.632 5×62 500×4=408 125 美元	出售 10 份英镑期货合约 收入 1.657 4×25 000×10=414 350 美元
8 月 20 日	出售 4 份英镑期货合约 收入 1.668 0×62 500×4=417 000 美元	买入 10 份英镑期货合约 支付 1.668 0×25 000×10=417 000 美元
赢利或亏损	8 875 美元	−2 650 美元

该交易者在国际货币市场赢利了 8 875 美元,在伦敦国际金融期货交易所亏损 2 650 美元,通过跨市套利交易净赢利 6 225 美元。原因在于两个交易所 9 月份英镑期货都处于上涨状态,而且国际货币市场英镑期货的涨幅(0.035 5 美元/英

镑)高于伦敦国际金融期货交易所的涨幅(0.010 6 美元/英镑),从而在国际货币市场做多头的赢利超过在伦敦国际金融期货交易所做空头的损失,净赢利正是来源于两个交易所该种期货合约的相对价格变动:(0.035 5－0.010 6)×250 000＝6 225 美元。

(2)跨期套利交易,又叫跨月买卖交易。它是指在同一个期货市场上同时买卖相同币种、不同交割月份的期货合约,从中套取投机利润。其具体方法是利用不同交割月份之间的差价,进行相反交易,从中赚取利润。跨期交易包括两种形式:一种是现货交易和期货交易相结合,即买入现货卖出期货,或者买入期货卖出现货;另一种是将两笔不同期限期货交易相结合,即买入较近的期货卖出更远的期货,或者反之而进行的跨期交易。本书中主要讨论两种不同期限期货交易的组合,即买入某一交割月份的期货合约同时卖出另一交割月份的同种货币期货合约的交易行为。在买入或卖出期货合约时,合约数量应该保持一致。跨期套利具体操作中应该按照如下原则进行:

如果预测两种合约价格均上涨,买入预期涨幅较大的交割月份的期货合约,卖出预期涨幅较小的交割月份的期货合约。

如果预测两种合约价格均下跌,卖出预期跌幅较大的交割月份的期货合约,买入预期跌幅较小的交割月份的期货合约。

举例说明如下:

【例 6-7】3 月 1 日,假设 IMM 市场上,6 月份交割的英镑期货合约价格为 1 英镑＝1.563 0 美元,9 月份交割的英镑期货合约价格为 1 英镑＝1.551 0 美元。一投机者预测 6 月份交割的英镑期货合约价格下跌速度比 9 月份交割的英镑期货合约价格上升速度快,因此他采用跨期套利投机,卖出 10 张 6 月份交割的英镑期货合约,同时买入 10 张 9 月份交割的英镑期货合约,来获取价差上的利润。如果该投机者于 5 月份进行平仓,此时 6 月份的英镑期货合约价格为 1 英镑＝1.556 0 美元,9 月份交割的英镑期货合约价格为 1 英镑＝1.553 0 美元,那么这个投机者平仓后的利润为:

$$(1.5630-1.5560)\times 62\,500\times 10+(1.5530-1.5510)\times 62\,500\times 10=5\,625(\text{美元})$$

跨期交易需要注意的是两种价格之间的相互关系,即两种合约的相对价格变化而不是合约价格水平的绝对变化,这是跨期交易与一般投机交易最重要的区别。

(3)跨币种套利。它是指套利者预测交割月份相同而币种不同的外汇期货合约价格将出现不同走势,买入预期价格上升的外汇期货合约,卖出预期价格即将下跌的外汇期货合约,以获取投机利润。在买入或卖出期货合约时,两种货币期货合约的交易金额(其美元价格)应保持相同。跨币种套利操作的一般原理如下:

有两种货币,如果预测一种货币对美元升值,另一种货币对美元贬值,买入升值货币的期货合约并卖出贬值货币的期货合约。

如果预测两种货币都对美元升值,买入升值速度较快的货币期货合约并卖出升值速度较慢的货币期货合约。

如果预测两种货币均对美元贬值,卖出贬值速度较快的货币期货合约并买入贬值速度较慢的货币期货合约。

如果预测两种货币,一种货币对美元汇率保持不变,另一种货币对美元升值,则买入升值货币的期货合约卖出汇率不变的货币的期货合约;若预测另一种货币对美元贬值,则卖出贬值货币的期货合约,买入汇率不变货币的期货合约。

举例说明如下:

【例 6-8】10 月 10 日,国际货币市场 12 月期瑞士法郎的期货价格为 1 瑞士法郎=0.550 0 美元,12 月期英镑的期货价格为 1 英镑=1.580 0 美元,则 12 月期瑞士法郎期货兑英镑期货的套算汇率为 1 瑞士法郎=0.348 1 英镑。某套利者在国际货币市场买入 10 份 12 月期瑞士法郎期货合约,同时卖出 7 份 12 月期英镑期货合约。之所以卖出 7 份英镑期货合约是因为瑞士法郎期货合约与英镑期货合约的交易单位不同,前者是 125 000 瑞士法郎,后者是 62 500 英镑,而两者套算汇率为 1∶0.348 1。因此,为保证实际价值基本一致,前者买入 10 份合约,后者卖出 7 份合约。12 月 5 日,该交易者分别以 1 瑞士法郎=0.595 5 美元和 1 英镑=1.660 0 美元的价格对冲了结持仓合约。其交易过程和损益分析如表 6-10 所示。

表 6-10　跨币种套利损益分析

	瑞士法郎	英　镑
10 月 10 日	买入 10 份 12 月期合约 支付 0.550 0×125 000×10=687 500 美元	卖出 7 份 12 月期合约 收入 1.580 0×62 500×7=691 250 美元
12 月 5 日	出售 10 份 12 月期合约 收入 0.595 5×125 000×10=744 375 美元	买入 7 份 12 月期合约 支付 1.660 0×62 500×7=726 250 美元
赢利或亏损	56 875 美元	-35 000 美元

该交易者在瑞士法郎的期货合约交易中赢利 56 875 美元,在英镑期货合约交易中亏损 35 000 美元,通过跨币种套利交易净赢利 21 875 美元。

6.4　外汇期货交易与远期外汇交易的比较

外汇期货交易与远期外汇交易都是外汇买卖双方通过签订合同的方式,预定在未来某一日期按既定的汇率交割合同所规定的货币;两者都可以用来进行套期保值或外汇投机;价格计算公式也基本一致。但是,毕竟外汇期货市场和远期外汇市场有着一系列不同的规则和要求,为了更好地把握外汇期货交易的特点,有必要对外汇期货交易与远期外汇交易的关系进行分析。

6.4.1 市场参与者有所不同

从事远期外汇交易虽然没有资格限制,但实际上远期外汇市场的参与者大多数为专业化的证券交易商或与银行有良好往来关系的大厂商,而广大个人投资者与中小企业由于缺乏足够信用极难有参与交易的机会。但在外汇期货市场上,任何投资者只要按规定缴存保证金,均可通过具有期货交易所清算会员资格的外汇经纪商来进行外汇期货交易,不受所谓资格的限制。

6.4.2 交易场所与交易方式不同

传统的银行间远期外汇交易一般都是在场外进行,没有具体的交易场所。而外汇期货交易只能在受政府管理的期货交易所内采取公开竞价的交易方式进行,交易的竞争性很强,而且有严格的交易规则和程序。

在交易方式方面,远期外汇交易是交易各方之间通过电话、电传、电报、电脑终端等通信网络来进行的,远期汇率通常是由买卖双方通过询价报价来确定的,价格的波动不受任何限制;外汇期货交易则是由场内经纪人、场内交易商在指定的交易栏旁通过公开喊价、竞争拍卖的方式进行的,价格的波动一般有上下限的限制。此外,期货交易所还对各种外汇期货规定了特定的交易时间。

6.4.3 报价方式不同

进行远期外汇交易时,银行所报的报价是双向的远期汇率,一个数字是买入价,另一个是卖出价,一般由银行报出,有时根据客户交易量大小还可对远期汇率进行调整;在外汇期货市场上,在任何一个时点上只存在一个单一价格,它是场内经纪人、场内交易商之间在交易所内讨价还价相互竞争的结果。在期货市场上,买方只报出价(Bid),卖方只报开价或发价(Offer),竞争的结果确保期货合约能在目前报出的出价的最高价格(最高的出价)上出售,或确保期货合约能在目前开出的开价的最低价格(最低的开价)上购入。价格一旦形成,在该时点对交易所内全部交易者有效。当然,公开喊价在每分钟内都会发生变化,这实际上是期货市场内在的调节机制,它能不断地使想做多头和想做空头的两类交易者在数量上达到均衡。

6.4.4 有无标准化合约的不同

远期外汇交易合约是非标准化合约,它的交易金额是没有规定的,交易的数量可由客户与银行商定,通常较为多见的成交金额为 100 万美元、200 万美元或 300

万美元等,但其他数额的交易也可以协商敲定;外汇期货交易则是按标准化的数量(即合约面额)进行,要在期货市场上进行套期保值或外汇投机,只能按合约标准化的数额或其倍数进行交易。

在交易期限方面,远期外汇交易的期限具有很大的选择余地,最常见的期限有1月期、2月期、3月期、6月期或1年期,其他期限如15天期、45天期等也可以面议,不少银行还做远期择期交易;外汇期货合约则有标准化的交割期限,一般1年中只有4个固定的交割日期可供选择(在美国IMM,交割日期已扩大到8个)。

交易合约金额的标准化既有利于对冲交易的进行,也简化了结算的过程,但它在套期保值中却限制了交易者根据具体的需要而进行选择的余地。因此,通过上面的分析我们可以看出,外汇期货交易与远期外汇交易各有利弊、互为补充,是可供交易者根据实际情况进行选择的两种不同的交易方式。

6.4.5 信用风险不同

远期外汇交易合约直接由交易双方签署,这就存在合同涉及的双方当事人可能违约的信用风险。由于远期外汇交易没有二级市场,为了注销或展期一个远期外汇合约就必须另行签署新的远期合同,这样信用风险很难避免。而外汇期货交易则不然,尽管每项外汇期货合约都涉及买方和卖方两个当事人,但他们并不互相承担义务,这是因为有交易所清算机构介入,任何期货合约一经签订就立即转为买卖双方各自以清算机构为交易的对方,所以期货交易一般不存在信用风险,所有合约都可以得到严格履行。远期外汇交易和外汇期货交易在信用风险上的差异决定了两者流动性的不同:由于外汇期货合约是一种标准化合约,所以流动性强,易于转让;远期外汇交易则由交易双方根据需要自行商定合约细则,并且交易双方都有要求对方履行义务的权利,而没有允许对方转让权利和责任的义务,因此,这种合约的流动性低,大多数合约都由最初的交易双方进行结清。

6.4.6 有无保证金的不同

远期外汇交易一般不收取保证金,只有在个别情况下,例如银行对客户的信用情况不太熟悉,银行才会要求客户存入大约为远期合约金额的5%~10%的资金作为其履行合约的保证。而在外汇期货市场上,为确保每一份期货合约在生效后当事人能对因期货价格发生变化而造成的亏损及时进行支付,期货交易所要求买卖双方都存入保证金,而且在期货合约有效期内的每一天都进行结算,调整保证金。

6.4.7 结算业务的不同

远期外汇交易的结算业务一般由经办这一远期交易的银行同经纪人直接进行,而没有专门的结算单位。银行间远期外汇交易的盈亏只能由交易双方在协议的结算日自行结算,一般要到交割时才会有现金流动。而在外汇期货交易中,结算业务统一由专门的结算机构办理。结算机构负责处理涉及未结清合约的现金支付;在每个交易日结束之时,结算机构根据当日结算价格计算盈亏,并进行划账。外汇期货合约在其生效后的每一个营业日都可能发生现金流动。

6.4.8 交易成本不同

在远期外汇市场上,银行为客户办理远期外汇买卖时所发生的费用都包括在外汇的买入价与卖出价的差价中,通常不再另外收取佣金,但通过外汇经纪商或银行间外汇经纪商进行的交易要收取佣金。此外,远期外汇交易的成本还包括远期汇率报价的买卖价差(Bid-ask Spread)。值得注意的是,收取佣金的远期外汇交易的成本不一定高于不收取佣金的远期外汇交易,经纪商通常可以为客户提供更具竞争力的报价,从而减少买卖价差。而外汇期货交易的买卖双方不仅要交保证金,而且还要交佣金,佣金数额由经纪商与委托人协商决定,随经纪商提供服务的不同、客户交易金额大小等因素而变动。这样,相比而言,外汇期货交易的成本较高。

6.4.9 信息成本不同

远期外汇交易市场是一个无形的、抽象的市场,其信息成本很高。不同银行的远期汇率报价有所不同,不同经纪商的佣金比率也有所不同。由于缺乏一个公开报价市场,客户只有多方了解、比较后才能得到较为有利的交易价格和较低的佣金水平。

外汇期货交易市场采用公开竞价、统一报价、标准合约等制度,是一个有形的、具体的市场,相对而言更是一个信息较为完备的效率市场。一般来讲,市场汇率就是可得到的最佳交易价格,交易者不必为此付出信息成本。

6.4.10 受监管的方式不同

远期外汇市场在很大程度上是交易双方自行管理的,远期外汇合同仅受一般的合同法和税法的制约,外汇期货市场则受到政府机构统一严格的管制。在美国,期货市场受国会于 1974 年授权建立的商品期货交易委员会的监督与管理;在英国,MFFB 则是由国际商品清算所经营管理的。

可见,远期外汇交易不受合约规格的限制,较之外汇期货交易更加灵活,在套期保值时针对性更强,往往可以将市场风险全部对冲掉。但是,远期外汇交易的价格不具备外汇期货交易的公开、公正、公平,没有交易所和清算所作为中介和交易保障,缺乏保证金制度和逐日盯市制度,其流动性远低于外汇期货交易,且面临着巨大的信用风险和流动性风险。

阅读材料 6-1

我国外汇期货交易的发展历程

(1)1992 年我国外汇期货试点情况。20 世纪 90 年代初期,由于外汇价格管制逐步放开,人民币汇率波动频繁,企业产生了规避风险的需求。1992 年 6 月 1 日,我国在上海外汇调剂中心推出了外汇期货交易试点。试点外汇品种有美元、英镑、德国马克、日元和港元等,交易时间为周一、周二、周四、周五下午 14:30 至 15:30,具体的交易规则参照了国外外汇期货交易的普遍做法,并结合国情设计了我国最早的外汇期货标准合约(参见表 6-11)。

表 6-11　1992 年试点的美元外汇期货合约

交易标的	美元期货合约
交易单位	25 000 美元
最小变动价位	0.000 1 元人民币
每日价格最大波动	开市 15 分钟内限价为 150 点,15 分钟后无限价
合约月份	3 月、6 月、9 月、12 月和现货月份
交易时间	周一、周二、周四、周五下午 14:30 至 15:30
最后交易	合约到期月份的第 22 日
交割日期	交割月份的第 23 日
交割地点	指定银行
交易手续费	每张合约 75 元人民币
初始保证金	每张合约价值的 5.5%

外汇期货试点推出首日成交 620 万美元。但由于当时市场需求比较小,成交量也很小,到 1992 年底成交的标准合约才 10 813 份,总金额为 21 626 万美元,而当时上海外汇现汇市场日均交易额就有 3 000 多万美元。市场流动性的不足严重阻碍了外汇期货市场的发展。

1993 年 2 月 1 日,国家外汇管理局发布了《关于适当开放金融机构代客户办理外汇买卖业务的通知》,规定企事业单位自有的外汇现 汇经批准,可委托有权经营外汇买卖业务的金融机构办理即期或者远期外汇买卖,希望以此扩大外汇期货的需求,促进外汇期货市场的发展。在试行外汇期货交易的初始阶段,我国对外汇交易的监管更注重事前审批,而对交易中和交易后的监管没有相应的措施,因而出现了诸多违规甚至违法的交易活动。例如,未经批准而从事外汇衍生品交易的机构大量存在,其中有一部分与境外机构勾结,打着期货咨询和培训的名号非法经营外汇期货;有的期货经营机构以误导下单和私下对冲等欺诈手段骗取客户资金;有的机构进行大量的逃汇套汇活动。这些非法交易不仅扰乱了我国金融管理秩序,造成外汇管理混乱，还给其他机构和个人造成了相当大的损失，致使经济纠纷不断增加。

为进一步规范外汇期货市场的发展，1993 年 6 月 9 日，中国人民银行在批准颁布的《外汇期货业务管理试行办法》中明确规定，办理外汇期货交易的机构必须是经国家外汇管理局核准的具有经营代客外汇买卖业务的金融机构，或由金融机构合资设立的外汇期货经纪公司；外汇期货交易的对象为外商独资企业、国内民营企业及境内居民，国有企业、集体所有制企业和中外合资经营企业只能从事在现货市场某一笔交易基础上的以套期保值为目的的对冲交易，不允许投机。同时，国务院还于 1993 年 11 月发布了《关于坚决制止期货市场盲目发展的通知》，不允许开展境外商品期货交易、外汇期货和外汇按金交易，严厉打击非法境外外汇期货交易，支持和保护境内外汇期货市场的发展。

即便在上述种种努力之下，我国外汇期货成交量仍然非常小，市场秩序也相当混乱，各地非法外汇期货交易猖獗一时，投机之风盛行。1994 年 12 月 14 日，中国证券监督管理委员会（简称“中国证监会”）、国家外汇管理局、国家工商行政管理局、公安部发布《关于严厉查处非法外汇期货和外汇按金交易活动的通知》会议纪要，明确提出“外汇期货和外汇按金交易具有很强的投机性和风险性，目前在我国开展这项交易有很大弊端，已造成相当大的损失，在今后相当长的时间内，我国不进行这方面的试点。”1995 年 3 月 29 日，中国人民银行又发布了《关于禁止金融机构随意开展外汇衍生金融工具交易业务的通知》，规定国内金融机构一律不得开展投机性外汇衍生工具业务，国内金融机构可根据需要适当进行保值性外汇衍生工具交易。最终，中国人民银行和国家外汇管理局在 1996 年 3 月 27 日宣布《外汇期货业务管理试行办法》完全失效并加以废止。

（2）现阶段国内交易场所研发上市外汇期货产品情况。

一是中国外汇交易中心暨全国银行间同业拆借中心（简称“外汇交易中心”）自 2004 年着手研发人民币外汇期货，目前已经做好推出外汇期货交易的准备。自 2004 年起，外汇交易中心组成一个 20 余人的外汇期货开发小组，与芝加哥商业交易所等境外交易所开展外汇期货产品研发合作，着手推出人民币外汇期货，于 2006 年完成了人民币外汇期货合约设计、制度建设和系统开发等相关工作，并开展内部模拟交易并得到有关监管机构的肯定。尽管外汇期货的基础资产是外汇，但外汇期货本质上属于期货，在我国分业监管模式下属于多头交叉监管的金融衍生品。即便《期货交易管理条例》（2017 修订）第四条为外汇期货在期货交易所之外的其他交易场所上市提供了可能，外汇交易中心能否直接上市外汇期货还需相关监管部门协调一致。截至目前，外汇交易中心尚未正式上市任何一款外汇期货产品，产品如何上市仍处于研究协调阶段。

二是中国金融期货交易所（简称“中金所”）于 2011 年内设 10 余人的“外汇期

货开发小组”,2014年更名为“外汇事业部”,专门从事外汇期货产品的研发上市工作。目前,中金所外汇事业部在借鉴境外先进经验的基础上,结合我国市场现状和特点,已完成八款外汇期货产品的合约设计(包括美元、欧元、日元、英镑、卢布、雷亚尔兑人民币六款人民币外汇期货产品,以及欧元兑美元、澳元兑美元两款交叉汇率期货产品),并密集召开市场机构与专家座谈会,反复论证合约设计。2013年,中金所先后上线了美元、欧元、日元、英镑兑人民币的四款人民币外汇期货仿真交易。2014年7月初,中金所又上线了欧元兑美元、澳元兑美元两款交叉汇率期货仿真交易。2014年9月,中国证监会批准了中金所欧元兑美元、澳元兑美元交叉汇率期货立项。2014年10月底,中金所经中国证监会批准启动了欧元兑美元、澳元兑美元交叉汇率期货全市场仿真交易。但是,在1992年外汇期货试点失败带来的消极影响下,国内对重新推出外汇期货产品存在诸多顾虑,外汇期货上市文件在征求相关部委意见阶段遭遇较大阻力。目前中金所尚未正式上市任何一款外汇期货产品,产品开发仍处于研究阶段。

资料来源:李佳.建设我国外汇期货市场的思考与探索.中国流通经济,2017,31(04):104-113。

阅读材料 6-2

外汇期货交易所报价解读

表6-12是国际货币市场欧元合约结算价格的报价单。

表6-12 国际货币市场欧元合约结算价格报价单

Euro fx exchange										
Pit-traded prices as of 07/01/03 04:00pm(cst)										
MTH/	SESSION					PT	EST	PRIOR DAY		
STRIKE	OPEN	HIGH	LOW	LAST	SETT	CHGE	VOL	SETT	VOL	INT
SEP03	1.151 6	1.158 5	1.150 4	1.153 6	1.153 6	+67	12K	1.146 9	42 669	94 533
DEC03	1.148 4	1.155 0	1.148 3	1.151 3	1.150 9	+67	116	1.144 2	96	1 330
MAR04	1.151 2	1.151 2	1.150 5	1.150 7	1.148 6	+67	11	1.141 9	11	172
JUN04	—	—	—	—	1.146 6	+67		1.139 9		63
SEP04	—	—	—	—	1.144 9	+67		1.138 2		12
DEC04	—	—	—	—	1.143 5	+67		1.136 8		6
TOTAL						EST	VOL	VOL	OPEN	INT
TOTAL							13 032	42 776	96 116	

资料来源:美国芝加哥商品交易所,www.cme.com。

第一栏:“Euro fx exchange”表明金融产品是欧元外汇期货;

第二栏:表明某一时点的各种价格,这里指 2003 年 7 月 1 日下午 4:00 的报价;

第三栏:“MTH/”代表期货的到期月份;“SESSION”代表价格状况;“PT”代表基本点;“EST”代表估计值;“PRIOR DAY”代表上一交易日的情况。

第四栏:“STRIKE”代表合同约定;“OPEN”为开盘价;“HIGH”与“LOW”分别表示当天最高价和最低价;“LAST”为收盘价格;“SETT”即“settlement price”为结算价格,是指当天交易临近结束时的一个较短时间内(最后 30 秒或 60 秒)各种成交价的平均数,若在此期间只有一个成交价,结算价格等于收盘价;“CHGE”即“change”,是指当天结算价格与上日结算价格相比较上升(+)或者下降(-)了多少基本点;“VOL”为当日成交量(volume of the current day);“INT”代表未平仓合约数。

第五栏:为到期日,如“SEP03”代表到期日为 2003 年 9 月。

第十一栏:“EST VOL”为估计交易量,“VOL OPEN”代表建仓数量。

阅读材料 6-3

人民币外汇期货业务

2006 年 8 月 27 日美国中部时间下午 5 点,即北京时间 28 日凌晨,芝加哥商品交易所开始挂牌买卖人民币对美元、欧元及日元的期货及期权合约,汇丰银行和渣打银行被指定为该合约的做市商。

人民币外汇期货及期权合约丰富了芝加哥商品交易所的外汇交易品种。这些合约包括以现金结算的期货合约和美式期权合约。两类合约均仅在芝加哥商品交易所全球交易(CME Globex)电子交易平台中进行。

外汇期货合约允许买卖双方于议定的日期以预定价格,在交易所进行指定数额的某货币交收。外汇期货可用来对冲汇率风险和管理币种之间交易时涉及的内含货币汇率波动风险。中国外汇交易中心会员可以通过外汇交易中心,参与芝加哥商业交易所(CME)全球电子交易平台的国际货币市场(IMM)汇率和利率产品交易。

人民币外汇期货合约的优点包括:定价机制透明度高、为企业和机构提供人民币外汇风险的管理机制、交易对手的信用,并且统一结算交收均有保证,而每日市场整体流通资金预计将超过 600 亿美元。

本章小结

外汇期货是金融期货的一种。本章介绍了国际金融市场上外汇期货交易的有关知识。读者通过本章的学习应该熟知外汇期货合约的基本特征,了解外汇期货交易的规则和程序,重点掌握保证金制度和逐日盯市制度,并能结合本章的知识分析解决外汇市场中基本的套期保值问题。

7. 外汇期权交易及互换交易

新闻导引

持续新增外汇期权！瑞讯银行已提供约80种可交易货币对①

瑞讯银行(Swissquote)正寻求通过在其"Advanced Trader"平台上新增Vanilla外汇期权,以实现可交易期权产品组件的多样化。此举有助于延续这家瑞士在线银行为客户提供更多外汇交易机会的趋势。

瑞讯银行早在2010年推出的"Advanced Trader"平台,在过去约10年的时间中一直在持续新增功能和期权产品。而最新的Vanilla外汇期权是典型的欧盟风格的看涨期权和看跌期权,这类期权能使交易策略更加精确和个性化。

特别是,瑞讯银行的新期权适用于45种货币对。在新期权上,瑞讯银行选择了强调多样化和优化的外汇策略,这包括:根据个人交易策略量身定制的外汇期权;为个人交易策略定制的外汇期权,到期日设定为特定日期,最长期限为1年(一般的期权提供方要求到期日符合更广泛的时间区间,包括周次、月度或年度)。

此外,瑞讯银行新增的外汇期权非常适合分散和对冲个人的外汇交易风险,以及那些希望利用多种策略从尽可能多的市场趋势中获益的人。在新增这些期权后,瑞讯银行的"Advanced Trader"平台将提供大约80种可交易货币对,包括主流、二级和奇异货币对。

学习要求

学习本章应正确理解外汇期权交易和互换交易的内在逻辑和特点,学会实际操作外汇期权交易和互换交易的方法和技巧。

---

① 资料来源:外汇天眼,2019年11月22日

7.1 外汇期权交易

7.1.1 外汇期权的定义及特点

7.1.1.1 外汇期权的含义

外汇期权(Foreign Exchange Option),又称货币期权(Currency Option),是一种选择权契约,其持有人即期权买方(Buyer or Holder)享有在契约期满或之前以规定的价格购买或销售一定数额的某种外汇资产的权利,而期权卖方(Seller or Writer)收取期权费,有义务在买方要求执行时卖出(或买进)合约规定的特定数量的某种外汇资产。

当行市有利时,期权的买方有权买进或卖出该种外汇资产,如果行市不利,他也可不行使期权,放弃买卖该种外汇资产,使其到期作废,损失的只是预付的期权费(Premium),又称权利金或期权价格(Option Price)。由于外汇期权提供的是一种选择的权利而非强制的担保,所以购买者在购买外汇期权时必须支付期权费。无论期权持有者是否行使期权,期权费不得收回。外汇期权费一般在两个银行营业日内以期权涉及的两种货币中的任何一种来支付,但也可以选择第三种货币,这完全由期权出售方自行决定。

阅读材料 7-1

期权的起源及其发展

期权的概念早在古希腊、古罗马时代已具雏形。在亚里士多德的《政治经济学》中,记载了古希腊哲学家泰利斯利用天文知识,预测来年的橄榄收成情形,再以极低的价格取得西奥斯及米拉特斯地区橄榄榨汁机的使用权,这种使用权已隐含了期权的概念。

20 世纪 60 年代末 70 年代初,动荡不定的国际金融和世界经济形势、涨跌不定的利率和汇率,加大了金融业务的风险,人们对挖掘市场潜力、发展和完善更好的避险措施产生了强烈的需求,从而刺激了期权交易向规范化的场内交易发展。

1973 年 4 月 26 日,世界第一个期权集中交易所——美国芝加哥期权交易所(Chicago Board Option Exchange)正式成立,同时推出标准化的股票期权合约,并正式挂牌交易。尽管最初仅交易 16 种以股票为标的的买权合约,但它标志着金融期权场内市场交易的开始。

7.1.1.2 外汇期权合约

外汇期权合约是标准化契约,方便期权买卖双方在交易所内以公开竞价方式进行交易,并有助于外汇期权次级市场的活跃。在期权交易中,期权费是唯一的变量,其他要素都是标准化的。期权费是期权的买方为获取期权合约所赋予的权利而必须支付给卖方的费用,其多少取决于执行价格、到期时间以及整个期权合约。

外汇期权合约与外汇期货合约有许多相似点,表现为以下几点:

第一,交易币种较少。外汇期权交易所交易的货币通常是少数几种国际货币,如欧元、英镑、瑞士法郎、加拿大元、澳大利亚元、日元等。

第二,通常采用美元报价。为便于交易,所有的汇率均以美元表示。如 1 英镑等于多少美元,或 100 日元等于多少美元等。

第三,外汇期权合约有标准化的交易单位。在交易所交易的外汇期权合约是标准化的,以费城股票交易所(PHLX)为例,其大部分合约的交易单位为外汇期货合约交易单位的一半,如表 7-1 所示。

表 7-1 费城股票交易所外汇期权合约交易单位一览

货币种类	外汇期权合约交易单位
欧元 EUR	EUR 62 500
英镑 GBP	GBP 31 250
瑞士法郎 CHF	CHF 62 500
加元 CAD	CAD 50 000
澳元 AUD	AUD 50 000
日元 JPY	JPY 6 250 000

外汇期权合约标准化的主要内容包括以下几个方面:

(1)执行价格。即合同中规定交易双方未来行使期权买卖外汇的交割汇价。日元期权价格以 0.000 1 美元为最小单位,其他外汇期权则以 0.01 美元为最小单位。

(2)到期月份固定。通常为每年的 3 月、6 月、9 月及 12 月。

(3)到期日固定。到期日指期权买方有权执行期权的最后一天,通常定于到期月份第三周的最后一个交易日,超过这一天未被执行的合同即自动作废。

(4)保证金。卖方在被买方要求执行期权权利时,有依执行价格进行交割的义务,而为确保合同义务的履约,须在订约时缴付保证金。卖方所缴保证金通过清算所会员缴存于清算所的保证金账户内,随市价而涨跌,并于必要时追加。

(5)期权费。订约时由买方支付卖方以取得执行选择权的费用。由于买方除了支付期权费外，不承担任何义务，所以买方在订约时不必交纳保证金。

(6)交割通常通过清算所会员进行。目前全球最大的外汇期权市场——芝加哥证券交易所，设有期权清算公司以保证交易的顺利进行，使买卖双方不必作对方的信用调查工作，期权清算公司同时负责期权合同的清算事宜。

7.1.1.3 外汇期权的特征

外汇期权交易可作为规避外汇汇率波动风险的有效保值工具，从某种意义上可以说是远期外汇抵补与期货交易保值的延伸，但它与后两者存在着极其明显的差别。远期外汇合同订立后，即使在合同到期前汇率出现有利于自己方向的变动时，也必须在到期日按预定的价格履行合同交割义务，双方都不得反悔或更改合同，从而不得不坐失可得到的汇兑利益；期权却有选择余地，买方可以放弃执行合约，从而随市场行情的变化，获得更大的赢利。外汇期货契约订立后，虽然可在汇率朝着有利方向变动时反向交易冲销原契约，而不至于坐失汇率变动的好处，但是必须缴纳保证金，并每日按清算价计算盈亏，必要时需追加保证金，否则已进行的期货合约会被拍卖掉；而期权如不行使，到期只是失效的问题，风险是有限度的，到期前无现金流失。

外汇期权在到期时可以以现金结算，也可以在期权有效期内的任何时间以残值或期权价格再次出售，还可以直接将货币交割或支付给出售方银行，然后客户将按协定汇率收取相应兑换的货币。值得注意的是，外汇期权并不总是给持有者带来收益，有时外汇期权到期时毫无价值，客户便只有损失期权费了。

外汇期权之所以成为比传统远期外汇交易和外汇期货交易更具灵活性的避险和投资工具(三者比较详见表 7-2)，是因为期权的买方或持有者可面对四种选择：何时行使期权、是否执行期权、在什么价位执行期权以及协定汇率。投资者或投机者一旦签订远期合约或交易外汇期货合约就必须在到期时以合约所规定的汇率进行交割，这是买卖双方到期时必须要履行的义务。远期外汇合约必须进行实际交割，否则就要承担违约责任；外汇期货逐日清算未交割合约的盈亏，一旦保证金不足而不能及时补齐，就会遭受强制平仓。

表 7-2 外汇期权、外汇期货、远期外汇交易的比较

	外汇期权	外汇期货	远期外汇
交易币种	少数几种国际货币	少数几种国际货币	无限制
交易方式	在交易所集中交易为主，以及银行间交易	在注册的交易所内以公开竞价的方式进行	买卖双方通过电话、电传等方式直接联系
交易者	被批准进行期权交易的证券交易所的参加者及其一般客户	注册的交易所会员及其一般客户	主要是银行和避险主体

续表

	外汇期权	外汇期货	远期外汇
合约单位	标准化	标准化	无限制,交易双方商定
合约定价方式	公开竞价	公开竞价	无限制,交易双方商定
价格波动限制	无限制	有每日最高波动幅度限制	无限制
履约义务	买方无义务,卖方有义务履约	双方都有义务履约	双方都有义务履约
保证人	期权清算公司	清算所	无
保证金	期权买者只支付期权费,期权卖者依据每日行情支付保证金	买卖双方皆缴纳保证金,且每日计算盈亏	无保证金,但银行通常对客户限定承做金额
交割时间	固定的到期月份	3,6,9,12 月份	无限制,交易双方商定
交割与清算	买方无交割义务	实际很少交割,多为对冲了结合约	多数进行实际交割,客户也可以与银行签订冲销合约来冲销
交易成本	较大,对于买方:佣金+期权费;对于卖方:佣金+保证金-期权费	较大,对于买卖双方均包括保证金与佣金	很少,佣金隐含在买卖差价上

鉴于远期外汇合约与外汇期货合约的缺陷,在 20 世纪 80 年代外汇市场开始有了外汇期权交易。1982 年 12 月美国费城股票交易所(Philadelphia Stock Exchange, 简称 PHLX)首先公开在有组织的市场上进行外汇期权交易,1984 年美国的芝加哥商品交易所(Chicago Mercantile Exchange, 简称 CME)沿用 PHLX 的形式进行外汇期权合约的交易。此后加拿大、瑞典、法国、瑞士和中国香港地区也先后推出了外汇期权交易。到 20 世纪 90 年代,外汇期权市场已覆盖了以费城和芝加哥为中心的场内交易,以及伦敦、纽约和东京各地的银行间市场的场外交易。

7.1.2 外汇期权交易的类型

外汇期权交易根据其交易场所、被赋予的权利、行使期权的时限、复杂程度与使用范围的不同,划分为以下几种主要类型。

7.1.2.1 在有组织的交易所交易期权和场外交易期权

外汇期权根据其交易的场所不同,可以分为在有组织的交易所交易期权和场外交易期权。

(1)有组织的交易所交易期权。这是指在被认可的交易所买入或卖出事先约定的合约。交易所期权可以是一定数量的即期货币交易,也可以是一个相似的货币期货合约交易，交易所期权是标准化的：到期日、名义本金、交割地点、交割代理人、协定代理人、协定价格、保证金指定、合约金制度、合约各方、头寸限制、交易时间以及行使规定都是交易所事先确定的，外汇期权交易者需要做的只是确定合约的价格和数量。与即期外汇市场一样，外汇期权市场也是一个全球性的完整的市场，市场主要参与者是专业交易商，还有各类规模不同的银行和其他投资者。外汇期权市场为银行提供了弥补自身头寸或满足客户需求的便利，在一定程度上类似于一个银行间同业市场。在交易所交易的标准化期权可以进入二级市场买卖，具有很大的流动性。

（2）场外交易期权（也称为柜台交易）。柜台交易（OTC）的期权占期权交易总量的90%以上，是由银行出售给客户，可以满足客户在日期、数量和币种等方面特定需求的外汇期权交易。OTC 期权的特点是：可以直接在交易者之间，也可通过期权经纪商交易；不需支付保证金；规模可以协商；通常是欧式期权交易。其主要参与者包括银行和投机交易者等职业交易人，以及需要利用外汇期权控制外汇风险的套期保值者。柜台交易的期权可以适合各种客户的需要，不像交易所交易期权那样标准化，可以根据客户的需要对期权进行特制。在 OTC 期权市场上，期权经纪商对期权的报价一般是通过特定的期权定价模型来进行的，并且要考虑诸如交易货币的即期汇率、执行价格、到期日、利率、交易货币汇率的变动等因素。目前场外交易市场的期权合同也在向标准化发展，其目的是为了提高效率，节约时间。

这两个市场是相互连通的，场内交易市场在一定程度上扮演了批发市场和调剂市场的角色，而柜台交易市场则相当于零售市场，银行作为中间商，活跃于两个市场之间。但是，两个市场的交易规则又不相同，场内交易的标准外汇期权合约有严格的币种、交易单位、到期日、交易时间等合约规格方面的规定，定制外汇期权可按客户的要求进行有限度的调整。而柜台交易市场所提供的合约规格具有很大弹性，可以完全按客户要求制定，同时也可以避免保证金的负担。

7.1.2.2 看涨期权和看跌期权

外汇期权根据所赋予的权利的不同，可分为看涨期权（Call Options）和看跌期权（Put Options）。

看涨期权（又称买权）是指期权的买方享有在规定的有效期内按某一具体的执行价格（协定汇率）买进某一特定数量的某种外汇资产的权利，但不同时负有必须买进的义务。看跌期权（又称卖权）是指在到期日或在到期日为止的期间内，按照事先约定的执行价格，拥有卖出某一特定数量的某种外汇资产的权利，但不同时负有必须卖出的义务。例如，一张外汇期权合约内容是 USD CALL/CHF PUT，称为美元买权，瑞士法郎卖权，它表示外汇期权的持有者有权按协定汇率从卖方买入美元，同时卖出瑞士法郎。

订立期权合同的买卖双方分别为期权购买者和期权出售者。两种基本合同和合同双方组合起来，就有四种情况：买入看涨期权；卖出看涨期权；买入看跌期权；卖出看跌期权。外汇期权交易双方权利与义务之间的关系，见表7-3。

表7-3 外汇期权买方和卖方权利与义务之间的关系

	看涨期权	看跌期权
外汇期权的买方	有权利在期权到期日或之前决定是否按行使价格买入某种外汇资产	有权利在期权到期日或之前决定是否按行使价格卖出某种外汇资产
外汇期权的卖方	有义务在期权到期日或之前应期权买方要求按行使价格卖出某种外汇资产	有义务在期权到期日或之前应期权买方要求按行使价格买入某种外汇资产

7.1.2.3 美式期权和欧式期权

外汇期权根据其行使期权的时限的不同可分为美式期权（American Options）和欧式期权（European Options）。所谓欧式期权，是指该期权合同的买方只能在合同到期的最后一刻，即期权到期日前的第二个工作日决定他是否要求卖方执行合同；美式期权的买方则可以在合同到期日以前任何一天要求卖方执行合同，选择更加灵活，因而期权价格也相对贵一些。美式期权与欧式期权的划分并非地域上的概念，近年来无论在欧洲、美国还是在其他地区，美式期权已经成为主流，并且交易量已经超过欧式期权。

也有一部分美式期权规定必须在某些特定日期，如到期日前两周执行期权，这种介于传统的美式期权与欧式期权之间的新型期权被称为半美式期权或百慕大期权。

7.1.2.4 标准期权、奇异期权以及期权衍生品种

根据期权的复杂程度和使用范围，可将外汇期权分为标准期权（Vanilla Option）、奇异期权（Exotic Option）以及期权衍生品种。

（1）标准外汇期权是传统的期权产品，有着标准化和规范化的合约。此种外汇期权根据交易的基础资产不同来划分，可分为外汇现汇期权、外汇期货期权和期货式期权。

①外汇现汇期权（Option on Spot Foreign Currency），又叫即期外汇期权，是指期权购买者有权在到期日或者到期日之前，以协定汇率买入或卖出一定数量的某种外汇现货。这是外汇期权最基本的交易形式。

②外汇期货期权（Option on Foreign Currency Futures）是指期权购买者有权在到期日或之前，以协定汇率买入或卖出一定数量的某种外汇期货合约，即买入看涨期权以使期权买方按协定价取得外汇期货的多头地位；买入看跌期权以使期权买方按协定价建立外汇期货的空头地位。期货合约的到期日通常紧随该期权的到期日之后。与现汇期权不同的是，外汇期货期权合同交易的对象是外汇期货，交易金额与期货合同相同，且期货期权基本上是美式期权，即可以在到期日前任何时候行

使期权。目前,外汇期货期权在芝加哥商品交易所(CME)交易。当外汇期货看涨期权的买方行使期权时,其可从期权出售方获得标的期货合约的多头再加上期货价格超过执行价格的超额现金;当看跌期权的买方行使期权时,其可以从期权出售方获得标的期货合约的空头再加执行价格超过期货价格的超额现金。这种交易工具的最大优点体现在资金使用效益方面。如果是现货交易,期权被执行后,无论是收付交易本身还是作为清算头寸而对冲,都会按交易额而需付大量资金。期货期权则不同,设立的头寸采取预付保证金方式,结算按轧差方式进行,因此可以用较少的资金完成交易。由于这种交易在期限、执行价格和交易单位方面均已标准化,通常不易与需要保值的现汇配平,因此在实际交易中很少用于套期保值。

③期货式期权(Option on Futures)。由于汇率波动性加剧,导致外汇期权的价格具有较大的不确定性,因此外汇期权也能以一种期货的形式进行交易,来规避此种不确定性所带来的风险的发生,这便是期货式期权交易的由来,所以又可称之为期权期货。期权期货与一般的期货合同类似:交易双方盈亏取决于期权行市变动方向;交易双方均须交纳保证金;保证金实行逐日清算制度,即按每天收市的期权交易价对期权合约价格的变动差额进行盈亏结算。当人们预计期权行市上涨,就会买入看涨期权的期货,取得多头地位。如果期权行市果然上涨,买入者获利,出售者亏损;反之,则买入者亏损,出售者获利。期权的价格每天在市场上标出,任何一方出现亏损会被要求追加保证金;反之,获得赢利的一方,则可以从保证金账户提取赢利。

通过比较以上三种外汇期权交易的基本性质可知,外汇现汇期权和外汇期货期权的持有人在买入期权时必须支付无追索的期权费,只有执行或转让期权时才会发生现金流动;期货式期权购买者不必支付期权费,而是缴纳保证金。期货式期权每日按收市清算价进行盈亏结算,保证金可以撤回,也可以追加不足部分,或提取超额部分,但交存保证金数与期权费有直接的关系。表 7-4 是日元的期货期权的行情。

表 7-4 外汇(日元)期货期权行情

执行价格	看涨期权			看跌期权		
	10 月	12 月	3 月	10 月	12 月	3 月
760	—	—	—	—	—	—
765	—	—	—	—	—	—
780	—	8.17	—	—	0.02	—
800	—	—	—	—	0.06	—
810	—	—	—	—	0.10	—
820	—	—	—	0.01	0.17	0.32

续表

执行价格	看涨期权			看跌期权		
	10 月	12 月	3 月	10 月	12 月	3 月
830	—	—	—	0.04	0.30	0.48
835	—	—	—	—	0.38	—
840	—	2.64	—	0.10	0.49	0.69
845	—	—	—	0.16	0.63	—
850	—	1.95	3.16	0.24	0.79	0.98
855	—	1.65	—	0.39	0.99	1.15
860	0.77	1.40	2.54	0.60	1.23	1.34
865	0.55	1.18	—	0.88	1.51	1.57
870	0.38	0.98	2.04	1.21	1.80	1.82
875	0.26	0.81	1.82	1.59	2.13	—
880	0.18	0.67	1.61	2.00	2.48	2.36
885	0.13	0.56	1.43	2.45	2.86	2.67
890	0.09	0.46	1.26	2.91	3.26	2.99
895	0.07	0.39	—	—	3.69	—
900	0.06	0.33	0.99	—	4.12	3.70
905	0.04	0.28	0.88	—	—	—
910	0.03	0.23	0.79	—	5.01	4.48
915	0.02	0.19	—	—	—	—
920	0.01	0.16	0.63	—	5.94	5.31
925	—	0.13	—	—	—	—
930	—	0.11	0.50	—	6.89	6.16
935	—	0.09	0.45	—	7.37	6.61
940	—	0.07	0.40	—	7.85	7.05
945	—	0.06	—	—	—	—
950	—	0.06	0.33	—	8.84	7.97
955	—	0.05	0.29	—	—	—
960	—	0.05	0.26	—	—	—
965	—	0.04	—	—	—	—
970	—	0.04	0.22	—	—	—

续表

执行价格	看涨期权			看跌期权		
	10月	12月	3月	10月	12月	3月
975	—	0.03	—	—	—	—
980	—	0.03	0.18	—	—	—
985	—	0.02	—	—	—	—
990	—	0.02	0.16	—	—	—
1 000	—	0.02	0.14	—	13.83	12.77
1 010	—	—	0.11	—	—	—
1 020	—	—	0.09	—	—	—
1 030	—	—	0.07	—	—	—
1 035	—	—	—	—	—	—
1 040	—	—	0.04	—	—	—
1 045	—	—	—	—	—	—
1 050	—	—	0.03	—	—	—
1 055	—	—	0.02	—	—	—
1 060	—	—	0.02	—	—	—
1 065	—	—	0.01	—	—	—
1 070	—	—	0.01	—	—	—
合约总量		看涨期权	13 714	看跌期权	13 283	
未平仓合约数		看涨期权	48 798	看跌期权	41 143	

注:所有价格均为结算价格,合约总数及未平仓合约数为前一交易日值。

合约规格:12 500 000 日元/合约　标价:美分/100 日元。

(2)奇异期权是金融机构根据客户的不同需求将标准欧式期权和美式期权结构加以改变衍生出来的新型期权。奇异期权在条件、功能方面发生了不同程度的变化,包含了比传统的期权更多的特征。它们至少有一方面不符合传统的标准期权合约的内容,特别是在到期期限、到期价格、协定价格或基础资产等方面。奇异期权的产生是银行同业竞争加剧、传统外汇期权赢利减少后,银行寻求金融创新的结果。品种繁多的奇异期权,有着不同的定价方式和特殊的用途。有些奇异期权尚未形成统一的市场定价机制,因此所有奇异期权目前都在场外市场上进行交易,因此它们的竞争性和替代性较小,透明度较差,流动性也较低。下面介绍几种被广泛使用的奇异期权。

①百慕大期权(Bermudan Options)。百慕大期权也称半美式期权,是欧式期权

与美式期权的混合物。欧式期权只允许期权在到期日执行,美式期权则允许期权在有效期内任何时候都可以执行。百慕大期权则允许期权在有效期内某些特定日期执行。因此,在百慕大期权合约订立时,除了要规定标准齐全的相关条件外,还要写明可提前执行的日期。由于百慕大期权介于欧式期权和美式期权之间,其期权费大于欧式期权小于美式期权。严格地说,百慕大期权不能算一种奇异期权,而只是期权执行方式发生了一点变化。百慕大期权很少在外汇市场交易,但在其他市场如债券市场交易活跃,主要是具有买权或卖权性质的债券的交易。

②两值期权(Binary Options),也被称为数字期权(Digital Options)。它是具有不连续收益的期权。在进行期权交易时,交易双方约定一个汇率水平,在期权到期日或到期日之前,如果市场汇率水平达到这个预先约定的汇率水平,期权卖方将支付买方一笔预先约定的金额;如果市场汇率水平未能达到预先约定的价格,期权买方将一无所获。两值期权有两种类型:全付或不付型,即仅在到期日期权为价内期权时才有收益;一触即有型,只要期权在有效期内某一时刻为价内期权,买方就有收益。由于两值期权在执行价格附近呈现高度的不连续性,因此它们很难进行对冲,通常与其他金融工具联合使用。

③障碍期权(Barrier Options)的收益依赖于目标汇率在某一特定时间段内是否达到特定水平。在障碍期权中,除了协定汇率,还设有一个障碍价格。当标的外汇汇率达到特定的汇率水平(障碍价格)时自动终止的期权称为敲出期权(Knock-out Option);当即期汇率达到障碍价格时自动生效的期权称为敲入期权(Knock-in Option)。

对于敲出期权,我们在此以下降敲出看涨期权(Down-and-Out Call)为例。假设对于英镑的下降敲出看涨期权协定汇率为1英镑=1.564 5美元,其下降敲出障碍价格为1英镑=1.563 0美元。只要英镑的即期汇率维持在1英镑=1.563 0美元以上,则该下降敲出看涨期权与普通的看涨期权一样。一旦某一时刻英镑的即期汇率达到1英镑=1.563 0美元,则该期权自动终止,价值丧失。在这种情况下,障碍价格即敲出价格必须低于初始价格。同样,对于英镑的上升敲出看跌期权(Up-and-Out Put),假设协定汇率为1英镑=1.563 0美元,其敲出障碍价格为1英镑=1.564 5美元。只要英镑即期汇率在1英镑=1.564 5美元以下,那么这个上升敲出看跌期权与普通看跌期权一样。一旦英镑即期汇率升至1英镑=1.564 5美元,则该期权自动终止,价值丧失。这种情况下,障碍价格高于初始价格。

对于敲入型期权,我们仅以下降敲入看涨期权(Down-and-In Call)为例。假设对于英镑的下降敲入看涨期权协定汇率为1英镑=1.564 5美元,其下降敲入障碍价格为1英镑=1.563 0美元。只要英镑的即期汇率维持在1英镑=1.563 0美元以上,则该下降敲入看涨期权维持无效状态。一旦某一时刻英镑的即期汇率达到1英镑=1.563 0美元,则该期权与普通的看涨期权完全一样,直至期权到期。在这种情况下，障碍价格即敲出价格必须低于初始价格。

图 7-1 比较了看涨期权四种可能组合的价格路径。在所有图线中，粗线描述了期权有效期间有关的价格路径；细线描述了剩余路径，即期权无效期间的路径。读者可自行尝试绘制敲入、敲出看跌期权可能的价格路径，并分析期权有效的区间。

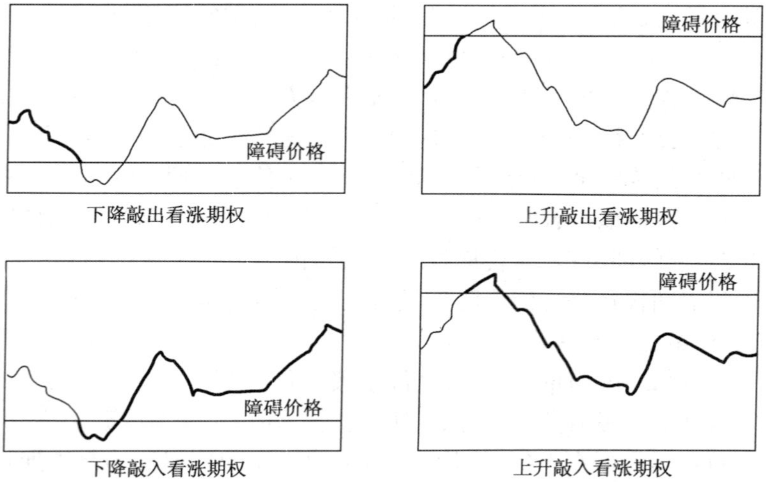

图 7-1　敲入、敲出看涨期权的路径

下降敲出看涨期权在汇率降至障碍水平时失效，而下降敲入看涨期权在汇率降至障碍水平时开始生效。通过图 7-1 的比较不难发现，当障碍水平及其他参数相同时，上述两种障碍期权是完全互补的。当一个作废时，另一个仍然有效，期权有效期内的任意时刻存在且只存在一个有效的期权。因此，这两类期权加起来必然成为一个标准的看涨期权。相似地，上升敲出看涨期权与上升敲入看涨期权也互补。这样，从期权卖出到终止这段有效期限内，互补的两类期权价值加起来必然成为一个规则的欧式看涨期权。

$$c_{欧式期权}=c_{下降敲出期权}+c_{下降敲入期权}$$

$$p_{欧式期权}=p_{上升敲出期权}+p_{上升敲入期权}$$

由于所有这些期权的价格都不为负，所以任一个下降敲入看涨期权与下降敲出看涨期权的价格都小于一个其他条件均相同的欧式期权。类似地，这对于其余几组互补的障碍期权同样适用。所以，障碍期权比等价的普通期权更廉价，因此也更具吸引力。

④平均汇率期权（Average Rate Option），又称为亚式期权（Asian Option），是指期权到期日卖方向买方支付协定汇率（K）与期权有效期内平均汇率之间差额的

期权。通过期权可能获得的收益或可能产生的损失依赖于标的外汇在整个期权有效期内的即期汇率平均值(A),而不是最终的即期汇率。如果购买看涨期权,支付的亚式期权价格为 $\mathrm{Max}(0, A-K)$;如果购买看跌期权,支付的期权价格是 $\mathrm{Max}(0, K-A)$。计算期权有效期内的平均汇率方法有许多,如算术平均法和几何平均法等。我们可以根据每月、每周、每日、每小时的观测值来计算平均汇率。计算出数字的准确程度取决于抽样频率,抽样频率越高计算出的数字越准确,意味着平均汇率期权的价格越低。

平均汇率期权之所以被人们广泛运用,是因为该期权的行使与否依赖于平均汇率,而不是某一天的市场汇率,因此该期权合约受到期日这一天汇率剧烈波动影响的可能性不大。许多公司采用平均汇率水平将报告期内的外币现金流量转换为本币现今流量,并采用平均汇率期权作为最有效的避险工具之一。此外,平均汇率期权的期权费比标准期权的期权费便宜,因为平均汇率的方差总是小于时间序列中即期汇率的方差,即波动性更小。

⑤平均协定汇率期权(Average Strike Option),是指期权到期日卖方向买方支付平均汇率(A)与最终即期汇率(S)之间差额的期权。如果是看涨期权,支付的是 $\mathrm{Max}(0, S-A)$;如果是看跌期权,支付的期权价格是 $\mathrm{Max}(0, A-S)$。在该期权交易中,协定汇率为期权有效期内的平均汇率。平均协定汇率期权价格比标准期权要低,因为平均汇率的方差总是小于时间序列中个别汇率的方差。

⑥回顾期权(Look Back Option)分为回顾看涨期权(Look Back Call Option)和回顾看跌期权(Look Back Put Option)。所谓回顾看涨期权是指允许期权购买方在到期日以一个汇率购入目标外汇,这个汇率代表目标外汇在期权有效期内实现了的最低汇率,此最低汇率成为看涨期权的协定汇率。回顾看跌期权是指允许期权购买方以在期权有效期内实现了的最高汇率卖出目标外汇,实现了的最高汇率成为看跌期权的协定汇率。回顾期权允许期权购买方以规定期限内的最低汇率买入或以最高汇率卖出,因此该期权用于对汇率波动的范围进行投机或者套期保值。回顾期权的价格通常高于普通期权。

(3)外汇期权的衍生产品。此处我们介绍下面三种外汇期权的衍生产品。

①范围远期合约(Range Forward Contract),是指要求客户在某一汇率水平以内才能按照最好的市场汇率进行交易的期权。当市场汇率超出该汇率范围时,客户必须按照另外固定的最好汇率进行交易。由于客户利用市场有利汇率的机会较少,客户支付的期权费也较少,甚至可能为零或为负。

假设买卖双方签订了一份范围远期合约,设 S 为未来某日的即期汇率,买方付给卖方期权费后获得在不同汇率区间以不同价格购买外汇的权利。如图 7-2 所示,在该合约条件下,期权买方被要求购买外币并付出外汇价格为 X_2(当 $X_2 \geqslant S$),S(当 $X_1 > S > X_2$)或 X_1(当 $S \geqslant X_1$)。

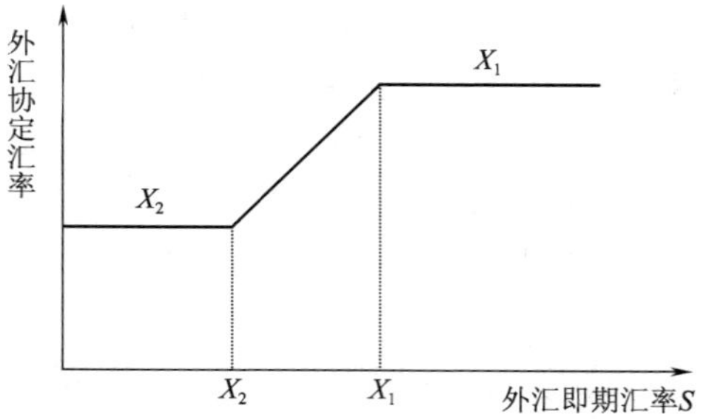

图 7-2 范围远期合约不同区间的外汇协定汇率

显然，购买最高价 X_1、最低价 X_2 的范围远期合约相当于买入协定汇率为 X_1 的欧式看涨期权同时，卖出协定汇率为 X_2 的欧式看跌期权。这里看涨期权的执行价格高于看跌期权的执行价格，即 $X_1>X_2$。当市场汇率 S 处于 $X_1>S>X_2$ 区间时，买方只要付出即期汇率 S 就可以获取所需的货币。否则，买方将行使看涨期权，支付最高为 X_1 的价格购进外汇，或者被看跌期权的买方要求支付最低为 X_2 的价格购进外汇。

②合成远期交易，是指按照相同协定汇率同时买入（卖出）一个看涨期权和卖出（买入）一个看跌期权所形成的远期交易，即利用两个期权交易所形成的合成交易。如果交易者按照相同协定汇率同时买入一个看涨期权和卖出一个看跌期权，则形成一个合成远期看涨交易；反之，如果客户按照相同协定汇率同时卖出一个看涨期权和买入一个看跌期权，则形成一个合成远期看跌交易。

③参与远期交易（Participation Forward）为交易者提供的往往是最不利的汇率，一旦交易者发现市场汇率更有利而不愿意按照原来的汇率进行交易，则他可选择与交易的对手方（通常为银行）分享利润。例如，假设一个参与率为 50%的参与远期交易，若客户卖出美元并得到加拿大元的价格为 1 加元=0.798 7 美元，而此价格对于欲购入加元的交易者来说是最不利的价格。如果市场汇率下降到 1 加元=0.789 8 美元，客户可以按照 0.798 7+（0.789 8-0.798 7）×50%=0.794 25 买进加元。参与远期交易无须缴纳期权费，但与普通期权相比，客户有 50%潜在的利益丧失。

7.1.3 外汇期权交易的规则与程序

7.1.3.1 外汇期权市场

在前面关于外汇期权分类部分我们曾经提到外汇期权交易按照其交易场所不同可以分为柜台交易外汇期权和交易所交易外汇期权，相应地，这两种期权交易的市场分别成为场外期权市场和场内期权市场。前者是由伦敦、纽约和东京为中心构成的银行同业期权市场；后者是由费城股票交易所和芝加哥商品交易所以及伦敦国际期货交易所构成的交易所期权市场。场内期权市场和场外期权市场的差异是由场内期权和场外期权的不同特点决定的,两类市场的差异主要表现在以下五个方面:合约标准、交易方式、合约定价、信用风险、交割与清算。

(1)合约标准。场外市场交易的外汇期权合约是完全由买卖双方根据实际情况自行协商制定的,场内市场交易的外汇期权合约是标准化的,合约中的各项内容由交易所制定。

(2)交易方式。场外期权市场的银行间以及银行与客户之间的交易是直接进行的,而场内期权市场的买卖双方是通过经纪人进行间接交易的。

(3)合约定价。场外期权市场是银行间以及银行与客户之间通过电话或电子资讯系统等方式,由交易双方协商决定外汇期权合约的价格;场内期权市场的交易双方通过公开竞价的方式决定期权合约价格。

(4)信用风险。场外期权市场的交易是直接进行的,一旦达成期权交易,就意味着买卖双方都得承担交易对手违约的风险。因此,场外期权市场的参与者主要是实力雄厚、信誉良好的大银行与投资银行。场内期权市场则不存在信用风险,或违约风险,因为场内期权市场的责任方(期权卖方)必须缴纳保证金且通过期权清算公司(Option Clearing Corporation, OCC)进行每日清算。一般而言,银行与客户进行期权交易,期权卖方总是银行,而客户是期权的买方。

(5)交割与清算。场外市场的期权合约大多数都涉及实际交割,但在场内市场交易的外汇期权合约很少进行最终交割,而是在到期日前进行对冲或者让期权合约过期。

阅读材料 7-2

全球各主要货币期权场内市场简介

(1)费城股票交易所。费城股票交易所(Philadelphia Stock Exchange,PHLX)成立于1790年,是美国第一家场内股票交易所。如今它已成为北美主要的股票、股票期权、指数期权和货币期权交易市场之一,其中股票有2 200多只,股票期权1 180多种,指数期权13种和多种货币期权。另外,PHLX在创新型产品和服务的引进与拓展方面也一直是行业中的佼佼者。它的自动通信和执行系统(PACE)是最早的股票自动交易系统。石油服务部(OSXTM)的指数期权是交易最活跃、产业基础最稳固的指数期权产品,因而成为石油产业的行业基准。金/银部(XAUTM)、半导体部(SOXTM)、KBW银行部(BKXTM)和公用事业部(UTYTM)也是行业的领头羊。然而,最为重要的创新是对于场内交易的货币期权,PHLX为其创造了一个独一无二的市场结构,同时可进行标准化货币期权(Standardized Currency Option)

和客户化货币期权(Customized Currency Option)的交易。客户化货币期权允许交易者随意对合约的各个方面的特征进行设置,而对于标准化货币期权而言,这些都是事先设定而不可更改的。这样就为交易者提供了前所未有的灵活性,因而其交易也非常活跃。表 7-5 提供了 2003 年 5 月 23 日的标准化货币期权的交易情况和 2003 年 4 月份期权清算公司(Options Clearing Corporation,OCC)的统计报告。

表 7-5　PHLX 标准化货币期权的交易情况和清算统计报告

2003 年 5 月 23 日标准化货币期权交易情况			2003 年 4 月份 OCC 统计报告		
期权品种	成交量（份）	未平仓数（份）	已清算合约（份）	已清算交易（笔）	期权费总计（美元）
美元/澳元	23	1 993	1 079	179	640 935
美元/英镑	0	281	36	2	8 513
美元/加元	136	5 469	1 980	163	1 065 635
美元/日元	0	1 050	5 997	61	5 492 925
美元/瑞士法郎	0	222	232	12	173 588
美元/欧元	198	5 771	8 979	360	7 671 338
合计	357	14 786	18 303	777	15 052 934

(2)芝加哥商品交易所。芝加哥商品交易所(Chicago Mercantile Exchange,CME)成立于 1919 年,是由成立于 1891 年的芝加哥黄油与鸡蛋交易所(Chicago Butter and Egg Board)演变而来的。现在,CME 已是美国最大的期货交易所、全球第二大的期货期权交易所。作为一个全球风险管理的交易市场,它将世界各地的衍生产品的交易者紧密地联系在一起。在 CME 进行交易的产品可以在其场内进行交易,也可以通过 CME 的 GLOBEX 电子交易平台进行交易,涉及的标的资产有利率、股票指数、货币和商品四大类。此外,CME 还拥有自己的清算所,从而可以为通过 CME 交易的各种产品提供信用支持和清算服务,且该清算所拥有全球最大的期货未平仓合约规模。2002 年,由于 CME 的母公司、芝加哥商品交易所持股公司(Chicago Mercantile Exchange Holdings Inc.)的股份在纽约股票交易所成功上市交易,CME 便随之成为美国第一家上市的金融交易所。同年,它创下了期货交易量的世界之最,合约数达 5.564 亿份,标的金额大于 328.6 兆美元。如今,每天在 CME 进行清算的资金额达 18 亿美元,并同时管理 274 亿美元的抵押存款。另外,CME 还拥有全球最大的期货和期货期权未平仓合约规模,这使得 CME 成为交易最活跃、流动性最强的期货和期货期权市场。在交易方式上,起初,CME 的会员是在拍卖市场上通过公开喊价进行交易的。在这种交易方式下,场内交易员站在交

易池(Trading Pit)内,喊出他们要买卖产品的数量和价格,并同时使用手势传达同样的信息。这是一种有效的价格发现方式,它使得交易者在选择期货或期货期权的供求时,可以获得最佳价格。随着各种场内交易系统的引入,其交易的速度和效率得到了进一步提高。不仅如此,现在这种公开喊价和其他场内交易系统还与CME的GLOBEX电子交易系统相连接,只要具备交易终端,交易者可以在全球任何地点、几乎任何时间进行交易。在货币期权方面,在CME交易的货币期权均为货币期货期权,也就是说其标的资产都是货币期货。到目前为止,一共有14种货币期货可以作为标的资产发行期权合约,其中以美元为基础的品种有11个,以欧元为基础的品种有3个。表7-6提供了各品种的名称、推出的日期以及2003年5月份的交易量。

表7-6　CME货币期货期权品种及2003年5月份的交易量

货币期货期权	推出日期	2003年5月份的交易量(合约份数)
美元/英镑	1985.2.25	15 982
美元/瑞士法郎	1985.2.25	4 877
美元/日元	1986.3.5	43 600
美元/加元	1986.6.18	34 027
美元/澳元	1988.1.11	5 996

7.1.3.2　外汇期权交易的术语

(1)期权的内在价值与时间价值。内在价值(Intrinsic Value),指协定价格与现行市场价格之间存在有利于买方的差额,也是期权买方行使期权所能获得的利润。价内期权的内在价值为正,价外或平价期权的内在价值为零。

时间价值(Time Value),指期权所支付的高于内在价值的剩余期权费,即期权价值高于期权内在价值的部分。时间价值产生于期权风险分担的不对称性。期权的时间价值很难估算,它表现为期权市场价格与内在价值之差,而市场价格是随时会发生变化的。不论是看涨期权还是看跌期权,按照期权定价模型计算出来的期权费包括内在价值与时间价值两部分。内在价值是期权交易的最低价格,它只能非负;时间价值是期权的风险溢价,它的大小主要受协定汇率与即期汇率之间的关系、期权到期时间、两种货币利差以及两种货币汇率波动性等因素的影响。我们用图7-3说明期权价格、内在价值与时间价值的关系。一般来说,期权合约越接近到期日,其时间价值就越小,时间价值在到期日为零。因为期权合约在未到期前存在着市场价格变动给买方带来赢利、给卖方带来损失的机会,所以,买方愿意为此付出一定的费用,而卖方则要求对内在价值以外部分的费用进行补偿。换言之,只要合约未到期,就存在着内在价值可能提高的机会,就存在着时间价值(见

图 7-4)。

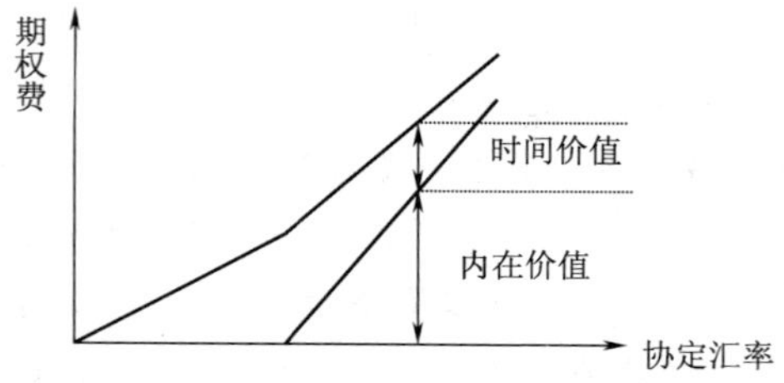

图 7-3　看涨期权的价格、内在价值与时间价值的关系

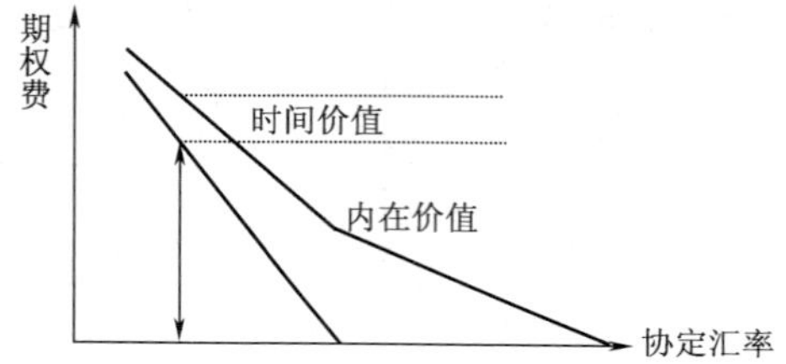

图 7-4　看跌期权的价格、内在价值与时间价值的关系

(2)价内、价外与平价期权。价内期权(In-the-Money Option),也称实值期权,指外汇期权买方要求卖方履约时可以获利的期权,即具有内在价值的期权称为价内期权。对于看涨期权,当外汇期权合约的协定汇率低于标的外汇的即期或远期汇率时,由于履约可使买方获利,此时该看涨期权就是价内期权。对于看跌期权,当外汇期权合约的协定汇率高于标的外汇的即期或远期汇率时,由于履约可使买方获利,此时该看跌期权就是价内期权。

价外期权(Out-of-the-Money Option),也称虚值期权,与价内期权相反,指外汇期权买方要求卖方履约会导致损失的期权。对于看涨期权,当外汇期权合约的协定汇率高于标的外汇的即期或远期汇率时,由于履约可使买方遭受损失,此时该看涨期权就是价外期权。对于看跌期权,当外汇期权合约的协定汇率低于标的外汇的即期或远期汇率时,由于履约可使买方遭受损失,此时该看跌期权就是价外期权。

平价期权(At-the-Money-Option),指外汇期权买方要求履约时标的外汇资产的市场价格等于期权合约协定价格的期权。平价期权内在价值为零。

在期权市场上,价内期权的期权价格要高于平价期权和价外期权,因为价内期权的持有人赢利的机会大或卖方承担的风险损失大,故要求较高的转让价格。市场汇率并非静止不动,而是瞬息万变的,某种价内的外汇期权可能随时变为价外期权。这里划分价内、价外及平价期权的依据是期权的内在价值而非时间价值。

(3)期权到期日(Expiry Date),又称起算日(Value Date),指外汇期权合约到期的最后一天,也是交割外汇的日期。如果期权持有者希望执行期权,则必须在合约到期时通知卖方。

(4)期权价格,即期权费(Premium),指外汇期权买方为获得选择权而支付给期权卖方的费用。期权定价模型,如我们在后面章节里将介绍的B-S模型,可以计算出期权的公平价格,在数量上它等于期权的内在价值与时间价值之和。公平价格是交易商制定期权价格买卖差价的基础,所以通常期权费采用双向报价,即报出买入价和卖出价。在报价方式上,通常采用的有点数报价法和百分数报价法。

①点数报价法。若期权费以报价货币表示,另一种货币是基础货币,则以点数报价。例如,USD CALL/CHF PUT,即期汇率为1美元=1.500 0瑞士法郎,瑞士法郎是报价货币,美元是基础货币。期权费为270/300,表示金额为1美元的期权所需支付的期权费是0.030 0瑞士法郎。该合约金额为100万美元,表示买入该期权的期权费支出为3(100×0.030 0)万瑞士法郎,折合美元为2(3÷1.500 0)万美元;卖出该期权的期权费收入为2.7(100×0.027 0)万瑞士法郎,折合美元为1.8(2.7÷1.500 0)万美元。

②百分数报价法。若期权费以基础货币表示,则采用百分数报价法。上述例子,若期权费为1.8%~2%,表示金额为1美元的期权所需支付的美元期权费。因此,买入该期权的期权费支出为2(100×2%)万美元;卖出该期权的期权费收入为1.8(100×1.8%)万美元。

依据市场惯例,外汇期权费一般采用点数报价法,但在实际交易中期权费有不同的报价方法。以上面美元看涨期权、瑞士法郎看跌期权为例,该期权有以下四种报价方式:每1美元的瑞士法郎的点数,以瑞士法郎表示为瑞士法郎的百分数;每一个瑞士法郎的美元点数,以美元表示为美元的百分数。

7.1.3.3 外汇期权交易的程序

目前外汇期权交易的双方不再自行在市场上寻找交易对手,而是通过交易所集中达成。一般而言,期权的买方和卖方进行标准化期权合约交易时,可通过经纪商以各种委托单指示场内经纪人代为进行交易。一旦成交,场内经纪人会记录成交的时间、价格、数量,以及成交对方所属的清算公司,以便通过清算所进行交易清算。同时交易所也会记录下该笔成交资料,以便输入报价系统,然后显示在市场行情系统上。成交资料同时传回给进行委托的经纪商,以便通知交易的买方或卖方。整个外汇期权交易过程如图7-5所示。

我国银行只提供欧式期权交易,即客户只有在期权到期日才能执行合约,在期

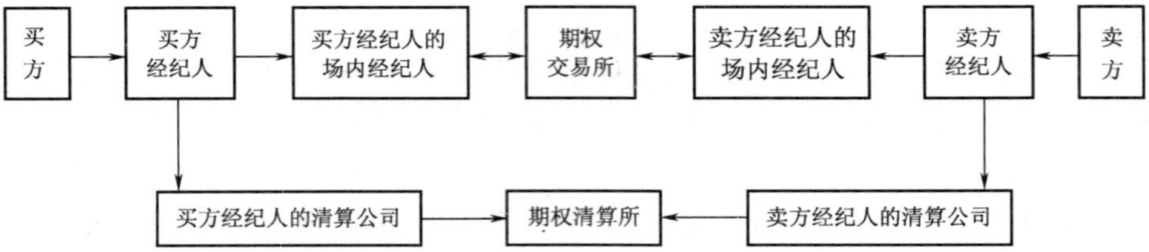

图 7-5 外汇期权交易流程

权到期日前,客户不得要求提前行使外汇期权。投资者在委托经纪商买卖外汇期权时,必须遵循规范化的流程。这些规范化的流程主要有以下几个方面:

(1)与银行签订《保值外汇买卖总协议》。

(2)价格委托。这主要有市价委托(Market Order)、限价委托(Limit Order)、停损委托(Spot Loss Order)和停损限价委托(Spot Limit Order)四种。与外汇期货交易中市价订单、限价订单、到价订单的划分相类似。市价委托指投资者下单时以当时市场上可以取得合约的最好价格来进行交易,这样最有可能在市场上达成交易。限价委托指投资者将成交价格进行限制,只有在价格有利于投资者时才有可能成交。在停损委托中,当市场价格触及事前设定的停损价格时,委托单即可变成市价委托单。在停损限价委托中,当市场价格触及事前设定的停损限价时,委托单即可变成限价委托单。

(3)在期权费交收日,到银行缴纳协议规定的期权费。

(4)行使期权。美式期权的买方可以在有效期限内任何一天行使期权。欧式期权的买方只有在到期日才可以行使期权。若买方决定行使期权,需要在期权到期日上午 10:00 前将书面的行使期权通知送达银行,否则有关期权将自动失效。

(5)清算与交割。客户行使期权后,于期权交割日到银行办理期权交割手续,买卖双方的交易资料将转入期权清算公司进行清算。清算公司为了降低所承担的卖方违约风险,在外汇期权交易时向卖方收取保证金。如果买方要求卖方履约,买方可向经纪商提出行使期权的要求,经纪商再向清算公司提出要求履约的通知。此时清算公司会在履约通知提出的次日以随机抽样的方式,在拥有期权卖方头寸的经纪商中选出一家,发出指定通知书,再由该经纪商自行分配拥有卖方头寸的客户进行交割或支付差价。因此,清算公司的运行机制使得当投资者要出售其拥有的外汇期权时,他们并不需要将它卖给某个具体购买者,而是与清算公司进行反向交易来冲销原来的外汇期权,这与外汇期货的交易方式相同。

阅读材料 7-3

中国内地的外汇期权交易

外汇期权交易较之外汇期货交易更为复杂,也更加灵活多样。由于目前在中国尚未形成规范的外汇期货交易市场,交易所内的外汇期权交易更是无从谈起。然而,场外交易的外汇期权在中国却是由来已久,中国银行、中国建设银行等国有商业银行一向都将外汇期权交易作为传统的代国内客户办理外汇买卖的重要方式。近年来,中国银行深圳分行推行的外汇期权宝业务也是一种具有中国特色的外汇期权创新品种。但是,各银行提供的外汇期权买卖不是以本币兑外币远期汇率为标的汇率,而是代客户在国际外汇市场买入以两种外币汇率(其中一种一般为美元)为标的汇率的看涨期权或者看跌期权。而且,可供客户选择的外汇期权品种只有买进欧式看跌期权和买进欧式看涨期权两种,银行作为期权出售方获得期权费收益。

下面我们以中国银行北京分行为例介绍银行代客户买卖外汇期权的规定。

(1)代客户买卖外汇期权货币的种类:美元(USD)、港币(HKD)、瑞士法郎(CHF)、澳大利亚元(AUD)、加拿大元(CAD)、澳门元(MOP)、日元(JPY)、英镑(GBP)、马来西亚林吉特(MYR)。

(2)服务对象。凡是国家授权从事对外经济贸易活动、开展国际金融业务的国内企事业单位和部门(包括外商投资企业),及具有法人资格的经济实体,均可按国家外汇管理局有关规定委托银行买卖外汇期权。

(3)外汇期权买卖申请。客户必须提供相应的进出口贸易合同或贷款合同或其他相关经济协议,并证明其用于买卖外汇的资金来源正当。调整头寸及货币保值性质的外汇期权买卖,需事先经外汇管理部门批准并与银行签订有关协议,客户委托银行买卖的货币币种、金额、期限必须与其提供的相关合同文本规定相符。委托交易金额不得超过原经济协议的110%。期权买方(客户)办理期权交易时,应在交易日向期权卖方(银行)支付不低于市场汇率水平的期权费(由银行交易室向市场询价或估算),并填报《货币期权买卖委托书》(内容包括买卖币种、金额、协定价格、期权到期日及到期时间),以递单方式做实时交易。银行交易室按客户委托书中的"协定汇率"向市场询价,在客户确认的期权价位与市场成交,在此价位上加上一定比例的银行费用为银行与客户成交价,即客户实际应付期权费,银行结算部门在交易日向客户发出《货币期权买卖证实书》,并根据客户交易申请书和银行交易室交易单将客户实际应付期权费,按交易单注明的起息日期主动从客户保证金账户中划出交割清算,剩余款项可根据客户要求划回其结算账户。

(4)外汇期权的履行。在期权合约到期日上午10:00之前,客户应以书面形式通知银行交易室是否执行期权。如果客户准备执行期权(履行交割),在期权合约到期之前填制并提交《执行货币期权申请书》,并在履约日将期权合约约定的卖出货币金额划入保证金账户,银行于期权履行后两个营业日将客户划入的货币汇入客户指定账户行使期权后,于期权交割日到银行办理期权交割手续。如果客户未能在到期日前提交申请书或全额将卖出货币划入保证金账户,将被视为放弃期权。如客户放弃行使期权,银行结算科将在期权合约失败后,将客户保证金账户余款划回其结算账户。

7.1.4 影响期权费的基本因素

期权价格是由期权的买方支付给卖方的费用,即期权费,也就是期权的买方为取得期权合约所赋予的权利而付出的代价,或者期权卖方为承担期权合约所规定的义务而得到的补偿。无论期权合同最终是否执行,这笔费用均归期权卖方所有。构成期权价格的因素有两个:内在价值和时间价值,期权价格等于内在价值与时间价值之和。

7.1.4.1 外汇的即期汇率

如果是看涨期权,期权价格随着市场即期汇率的上升而提高,随着市场即期汇率的下降而减少。如果是看跌期权,期权价格随着市场即期汇率的上升而减少,随着市场即期汇率的下降而上升。

7.1.4.2 期权合约的协定汇率

协定汇率与市场即期汇率之差决定了期权的内在价值。就看涨期权而言,协定汇率越高则期权价格越低。因为,协定汇率越高,买方要求卖方履约的可能性便越低,而卖方承担的相应风险也就越低,所以双方愿意接受的期权价格也就越低。对于看跌期权,情况正好相反,合约中协定价格越高则期权价格就越高。

7.1.4.3 外汇汇率的波动性

一般来说,汇率较为稳定的货币收取的期权费比汇率波动大的货币低。这是因为市场汇率的波动性越大,买方越有可能要求履行合约来获利或达到避险的效果。外汇市场价格波动对期权费也有影响,这牵涉到价格变动不大的相对稳定市场和价格起伏频繁的不稳定市场两种情况。在价格稳定的市场上,期权费的变动较慢,而在不稳定市场上,期权费变动较快。市场汇率波动越剧烈的期权合约,其期权价格越高。

市场汇率波动有两种不同的类型:历史波动率与隐含波动率。

(1)历史波动率是对市场汇率过去实际波动程度的描述。其计算公式为:

$$\sigma = \sqrt{\sum_{i=1}^{n} \frac{(S_i - \bar{S})^2}{n-1}}$$

其中：σ 为市场汇率的历史波动率；S_i 为 i 时刻的即期汇率；$\bar{S}$ 为抽样期限内的平均汇率，n 为抽样期限内的天数。历史波动率只是对过去市场汇率波动程度的一种描述，在市场汇率波动分布函数稳定的状态下，它可以为期权交易者提供一种期权定价的参考依据，以及预测目前的市场汇率并作为计算市场汇率波动率的依据，但不是期权价格的决定性因素。

（2）隐含波动率（Implied Standard Deviation）是由于市场汇率经常出现阶段性与突发性的波动特征，未来市场汇率波动性的大小不可能被精确计算而采用间接计算得出的波动率。因为它的决定变量本身是一些未知数值，所以在一张特定的期权合约价格制定过程中应该考虑隐含波动率的数值，这取决于期权交易商对隐含波动率的主观判断。在外汇期权交易的实际操作中，大多数交易商将期权价格作为已知数，再根据期权定价模型逆推计算得出波动率，即隐含波动率，并将数值与自己的主观判断认为合适的隐含波动率进行比较，从而决定是否接受这个已知的期权价格，或以其为参考值对期权价格进行修正。

7.1.4.4 利率水平

对于看涨期权而言，本国货币利率越高、外国货币利率越低，即两国货币利率差越大，期权费越高；对于看跌期权情况恰好相反。具体原因在后面有关期权的价格敏感性部分进行分析。

7.1.4.5 期权合约的到期时间

无论看涨期权还是看跌期权，合约期越长，期权交易本身进入内在价值领域的机会就越多，期权买方赢利机会就会增加，其所需支付的期权费自然较多。购买期权不仅是为了赢利，另一个重要的目的就是保值和消除汇率风险。在市场供求关系正常的情况下，期权费和风险有着密切的联系。期限越长，汇率波动的可能性就越大，期权卖方遭受损失的可能性也就越大，故合约期限与期权费呈正方向变动。对于美式期权，由于买方选择执行合约的日期更为自由，费用也相对要收得更多一些。

7.1.4.6 外汇期权市场供求关系

如果某个时期期权交易的购买人数大大超过出售人数，则出售者的风险可能增加，因为受期权交易市场的限制，购买人的增加使得出售期权的人通过购买期权来降低风险的机会减少，结果促使期权出售者把风险转嫁到期权费上，抬高期权费。但在充分流通的市场上，买卖双方都十分活跃，上述因素对期权费的影响较少。此外，期权交易金额的大小对期权费也会产生一定的影响。

7.1.5 外汇期权交易的策略与操作

7.1.5.1 看涨、看跌期权的损益分析

（1）假定在外汇期权交易中不存在违约风险，即合约的卖方不存在不履行合

约的可能，下面我们举例来分析说明外汇看涨期权交易中双方的损益。

【例 7-1】一位外汇交易者买入一份“欧元看涨期权”，合约基数是125 000欧元，支付的期权费为每欧元 0.010 0 美元，协定价格为 1 欧元＝1.246 1 美元。期权买卖双方的损益分析如图 7-6 所示。

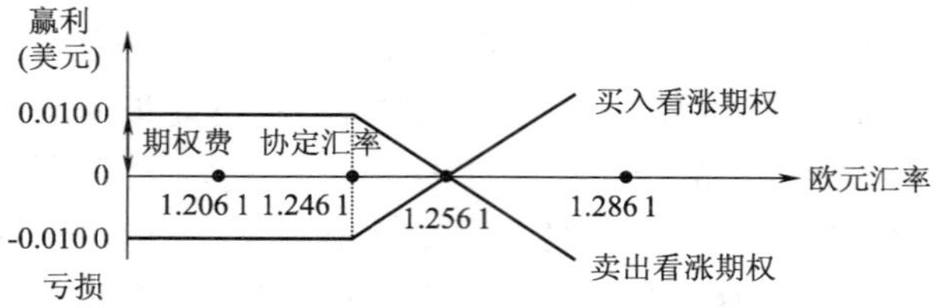

图 7-6　买卖看涨期权损益

当欧元即期汇率升为 1 欧元＝1.286 1 美元，购买者有权按 1 欧元＝1. 246 1 美元的协定价格买入 125 000 欧元，届时他将获得 5 000 美元的汇差收益。扣除期权费 1 250 美元，净收益为 3 750 美元。当欧元即期汇率跌为1 欧元＝1. 206 1 美元，则该投资者可以不行使他的权利，而让期权自动期满失效，因为从即期市场上可以买到价格更便宜的欧元。对他来说，他的损失也只限于付出的期权费 1 250 美元，而这一数额也就是期权持有者所承担的最大损失或最大风险。

显然，买入买权在市场价格上涨时，持有者的收益是无限的；而在市场价格下跌时，持有者的损失则是有限的（只限于期权费）。当市场价格＝协定价格+期权价格时，期权持有者将处于不赢不亏的平衡点上。

【例 7-1】中的期权卖出方在签约时将收取 1 250 美元的期权费。当市场价格上升到 1 欧元＝1.286 1 美元，由于期权持有者行使了权利，出售者不得不按1 欧元＝1.284 1 美元的协定价格将欧元卖出，为此卖方需要承担 5 000 美元的汇差损失。扣除期权费收益后，其净损失为 3 750 美元。但当市场价格下跌到 1 欧元＝1.206 1 美元，由于持有者未行使其权利，出售者不必卖出欧元，因而不存在汇差损失。这样，1 250 美元的期权费即为出售者获得的净收益，当然，这也是他能获得的最大的收益。

从上面的实例分析可以看到，出售者卖出买权获得的收益是有限的，这一收益即为其收取的期权费，而他所面临的风险却是无限的，市场价格的上升将使他的损失无限度地增大。

(2)看跌期权买方与卖方的损益。对于看跌期权买卖双方的损益，仍举例说明。

【例 7-2】一位交易者买入一份“欧元看跌期权”，合约基数是 125 000 欧元，支付的期权费为每欧元 0.010 0 美元,协定价格为 1 欧元=1.286 1 美元。期权买方与卖方的损益如图 7-7 所示。

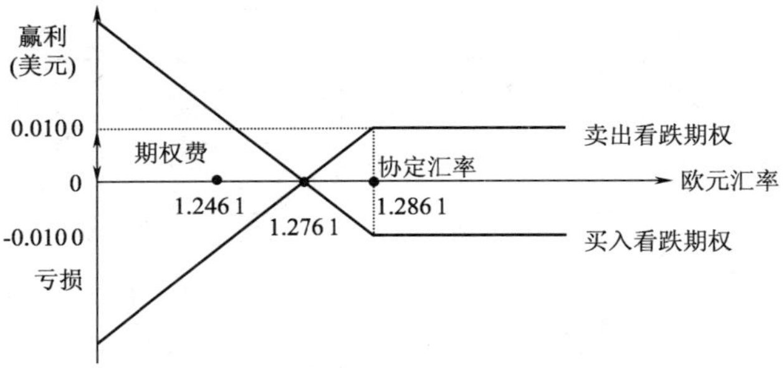

图 7-7　买卖看跌期权损益

当欧元即期汇率下跌至 1 欧元=1.246 1 美元,该交易者买入的期权可以保证他仍按 1 欧元=1.286 1 美元的价格出售欧元,他将因此而获得 5 000 美元的汇差收益,扣除期权费后的净收益是 3 750 美元。反过来,当欧元即期汇率上升,则该交易者将欧元在即期市场上出售将会更有利。在这种情况下,期权持有者将放弃他的权利,损失一笔已支付的期权费。因此,对卖权的购买者来说,市场价格下跌其收益可能是无限的,而他所付出的损失最多不超过期权费。

对"欧元卖权"的出售者而言,他所收取的保险费即成为其最大收益,而他所面临的风险却可能是无限的。因为在即期汇率跌至 1 欧元=1.246 1 美元的情况下,期权持有者行使期权,他不得不按此时高于市场价格的协定价格 1 欧元=1. 286 1 美元买进欧元。如果即期汇率跌得更低,那么,期权出售者的损失将更大。

7. 1. 5. 2　期权组合交易的损益分析

期权组合的方式多种多样,它们既可以相互组合,也可以与标的资产进行组合,从而达到期权组合持有者对于规避风险或投机获利的不同要求。

(1)有抛补的期权交易的损益分析。外汇多头头寸与看涨期权空头形成的组合称为有抛补的看涨期权(Covered Call Option),有些书中将其译为有保护的看涨期权。例如,出口商通过出售看涨期权来管理未来现金流入的风险。假设某出口商拥有一笔出口的外汇收入,那么他可以出售该笔外汇收入计价货币的看涨期权,协定汇率为出口商认为理想的汇率。该有抛补的看涨期权的构成和损益分析如图 7-8 所示。

在出口商收汇时,如果该笔外汇收入计价货币的市场汇率低于协定汇率,若期权买方不会行使看涨期权,出口商因此获得一笔额外的期权费收入,但与此同时出

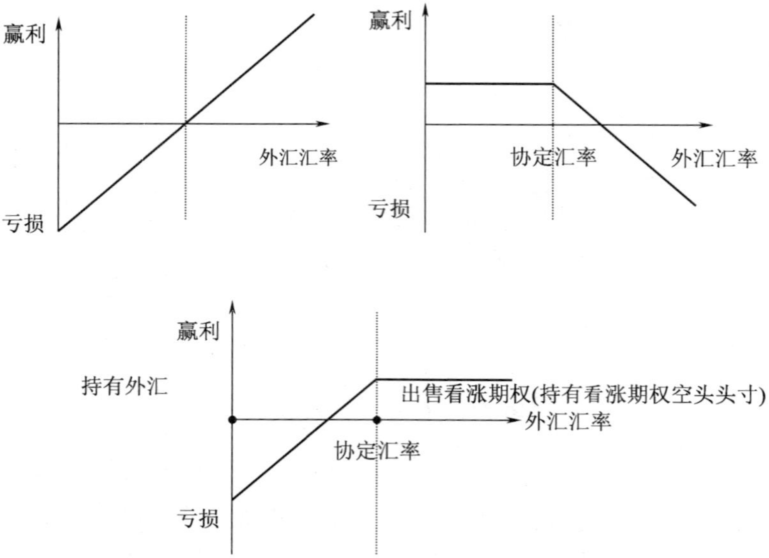

图 7-8　有抛补的看涨期权交易的损益

口商获得的外汇收入因为较低的市场汇率而价值减少。如果外汇汇率高于协定汇率,看涨期权将被买方执行,这样出口商将按照他所希望的协定汇率出售手中的外汇收入并赚取期权费。在第二种情况下,出口商避免了汇率波动给未来外汇收入带来的风险并将获得固定的收入——期权费。

同理,外汇多头头寸也可以与看跌期权多头相结合,持有这种组合可以免受外汇汇率下跌造成的外汇资产价值损失,该组合我们称之为有抛补的看跌期权(Covered Call Option)。

(2)期权价差交易的损益分析。上面我们讨论了现汇与期权的组合,下面将讨论不同期权的组合。如果交易者同时买入和卖出两个不同的看涨期权(或看跌期权),那么他便完成了一个价差交易(Spread Trade)。一种价差称为垂直价差(Vertical Spread),有时也称为货币价差(Money Spread)或协定价差(Strike Spread),是指投资者同时买进和卖出相同标的相同到期日资产,但协定价格和期权费不同的两个或两个以上外汇期权的交易。在期权行情表中,协定价格垂直排列,因此这种价差被称为垂直价差。另一种价差是水平价差(Horizontal Spread),或称时间价差(Time Spread)、日历价差(Calendar Spread),是指投资者同时买进和卖出相同数量的除到期日不同,其他规格完全相同的外汇期权的交易。由于到期日在期权行情表中呈水平排列,所以这种交易策略被称为水平价差交易。根据组合期权的协定价格的不同,价差又可分为两类:支付净期权费的价差称为期初净借方价差(Debit Spread),又称买入价差;收入净期权费的价差称为期初净贷方价差(Credit Spread),也称卖出价差。

①垂直价差。垂直价差既可以通过看涨期权,也可通过看跌期权来实现。按照对市场行情预期的不同,垂直价差可以分为牛市价差(Bull Spread)和熊市价差(Bear Spread)。牛市价差交易是标的资产价格上升将导致获利的交易,而熊市价差交易意味着预期价格会下降,期望从资产价格下降中获利。图 7-9 表明了牛市垂直价差的损益。

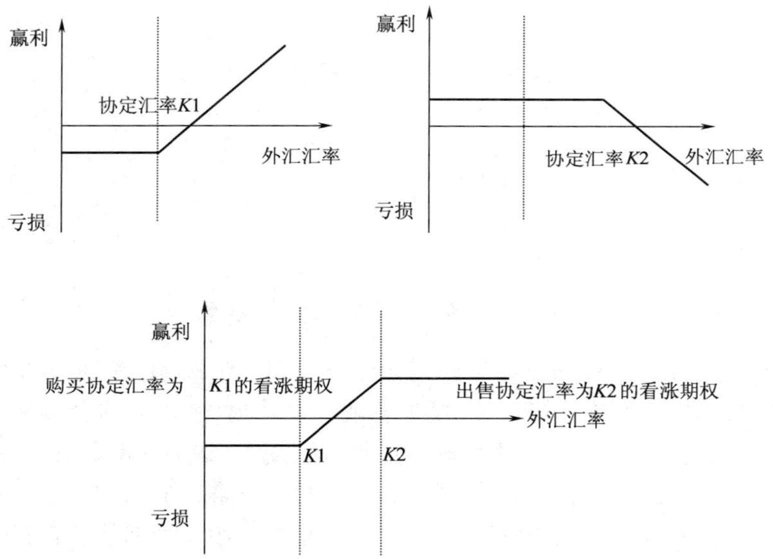

图 7-9　牛市价差交易的损益

【例 7-3】假设某一投资者买入协定汇率为 1 欧元=1.130 0 美元的 3 个月欧元看涨期权,期权费为每欧元 0.050 0 美元;同时,他卖出协定汇率为 1 欧元=1.180 0 美元的 3 个月欧元看涨期权,期权费为每欧元 0.020 0 美元。买卖期权合约的金额相同。

在到期日,如果市场汇率低于 1 欧元=1.130 0 美元,这两个看涨期权都不会被行使,那么这个投资者针对每一欧元实际支付的期权费为 0.050 0-0.020 0=0.030 0美元,即他可能发生的最大损失。若市场汇率高于 1 欧元=1.180 0 美元,这两个看涨期权都会被执行,那么该投资者针对每一欧元实际获得的收益是(1.180 0-1.130 0)-(0.050 0-0.020 0)=0.020 0 美元,也是他能获得的最大收益。在这个期权组合的交易中,该投资者的盈亏平衡点的市场汇率为:1 欧元=1.130 0+(0.050 0-0.020 0)=1.160 0 美元。

同理,读者可以对熊市价差交易的损益进行分析。这里不再举例。

②水平价差期权。垂直价差期权的所有期权到期日都相同,而水平价差期权是指,出售一个看涨期权同时购买一个具有相同执行价格且期限较长的看涨期权,在期限短的期权到期时,出售期限长的期权合约的交易策略。期限越长的期权合约的价格越高,因此水平价差期权有初始投资。

如果期限短的期权到期时,外汇的价格接近期限较短的期权的协定汇率,投资者可获得利润。如果外汇汇率远高于或远低于执行价格时,就会发生损失。水平价差期权的损益状态如图 7-10 所示:

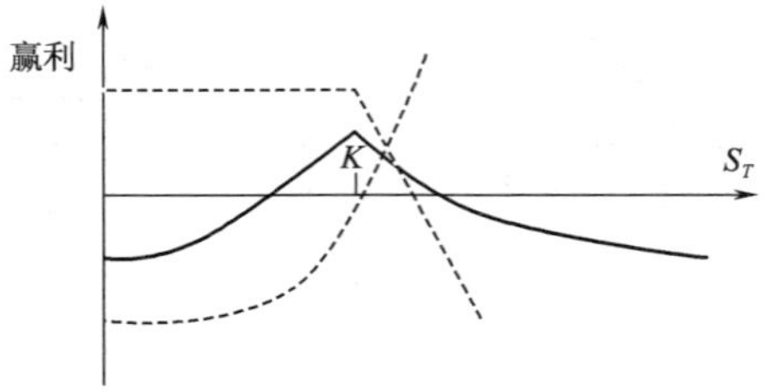

图 7-10　水平价差期权的损益状态

在期限短的期权到期时,如果外汇价格非常低,那么期限短的期权的价值为零,且期限长的期权的价值接近零,投资者就会发生损失,损失的金额略小于最初构造该投资策略时的成本。在期限较短的期权到期时,如果外汇非常高,那么出售的期限短的期权的成本为 S_T-K,期限长的期权的价值略高于 S_T-K,其中 S_T 为期权的执行价格,这时投资者也会发生损失,损失的金额略小于最初构造该投资策略时的成本。在期限较短的期权到期时,如果外汇汇率接近 K,那么期限短的期权的成本很小或几乎没有成本,由于平价期权的时间价值较大,因而期限长的期权的价值较大,所以投资者可以获得一定的利润。

一般情况下,对于看涨期权构造的水平价差期权,牛市水平价差期权的执行价格较高,熊市水平价差期权的执行价格较低,中性的水平价差期权选取的执行价格非常接近外汇的即期汇率。

投资者也可以通过购买一个期限较长的看跌期权,同时卖出一个期限较短的看跌期权,用看跌期权来构造水平价差期权。其损益状态与使用看涨期权构造的水平价差期权的损益状态类似。

投资者也可以通过购买期限短的期权,同时出售期限长的期权来构造倒置日历差价期权(Reverse Calendar Spread),其损益状态与日历差价期权正好相反。当期限短的期权到期时,如果外汇汇率远高于或远低于该期权的协定汇率,那么投资者可获得少量的利润。当期限短的期权到期时,如果外汇汇率与该期权执行价格接近,投资者将会有一定的损失。

(3)跨式与宽跨式期权交易。与价差交易不同,跨式与宽跨式期权交易是由不同种类的两个期权组成的。

①跨式交易(Straddle),是指买入或卖出协定汇率和期限相同的一个看涨期权和一个看跌期权,也称同价对敲交易。跨式交易可以分为跨式期权多头和跨式期权空头。

跨式期权多头是指按照相同的协定汇率、货币数量和到期时间买入一个看涨期权和一个看跌期权(构成如图 7-11 所示)。从图中可以看出,持有该期权组合的投资者若想获利,市场汇率必须在未来有较大趋势的波动,市场汇率波动较小时投资者的损失有限。但是,由于买入跨式期权需要交纳两个期权费,持有这种期权组合的成本比较高。

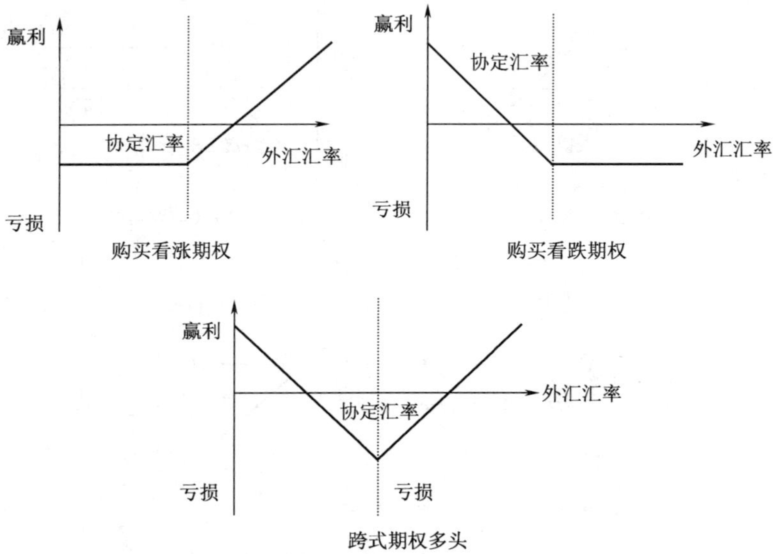

图 7-11　构造跨式期权多头

举例说明如下:

【例 7-4】假设某一投资者买入协定汇率为 1 欧元=1.130 0 美元的 3 个月欧元看涨期权,期权费为每欧元 0.050 0 美元;同时,他卖出协定汇率为 1 欧元=1. 130 0 美元的 3 个月欧元看跌期权,期权费为每欧元 0.040 0 美元。买卖期权合约的金额相同。

在到期日,如果市场汇率低于 1 欧元=1.130 0 美元,投资者可以行使看跌期权,所得利润可以弥补部分或全部期权费的支付;若市场汇率高于 1 欧元=1.130 0

美元，投资者可以行使看涨期权，所得利润可以弥补部分或全部期权费的支付；当到期时市场汇率为 1 欧元 = 1.130 0 美元时，两个期权均不会被行使，此时投资者面临最大的损失是 0.050 0+0.040 0 = 0.090 0 美元。在这个期权组合的交易中，该交易存在两个盈亏平衡点，它们分别为 1 欧元 = 1.130 0−(0.050 0−0.040 0) = 1. 120 0 美元，1 欧元 = 1.130 0+(0.050 0−0.040 0) = 1.140 0 美元。

与跨式期权多头相似，跨式期权空头是指按照相同协定汇率、货币数量与到期日卖出一个看涨期权和一个看跌期权(如图 7-12)。如果投资者预期未来市场汇率较为稳定，波动区间能被预测，可以采用持有跨式期权空头，这样可以获得两个期权费。但是，在这个交易中，期权费为投资者可能获得的最大收益，且一旦未来市场汇率不稳定，超出预期范围，那么投资者可能遭受极大的损失。

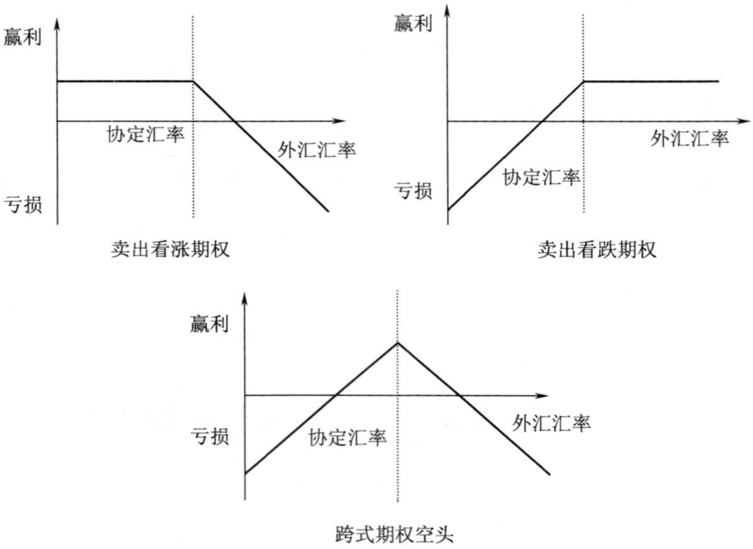

图 7-12　构造跨式期权空头

②宽跨式期权(Strangle)交易，又称异价对敲交易，它与跨式期权交易唯一的不同在与它将协定汇率不同的看涨期权和看跌期权进行组合。与跨式期权相比，它的价格相对较低。宽跨式期权也分为宽跨式期权多头和宽跨式期权空头。

宽跨式期权多头(Long Strangle)指同时买入交易数量和到期时间相同而协定汇率不同的看涨期权和看跌期权(如图 7-13)。其中，看跌期权的协定汇率低于看涨期权的协定汇率。

【例 7-5】假设某一投资者买入协定汇率为 1 欧元 = 1.180 0 美元的 3 个月欧元

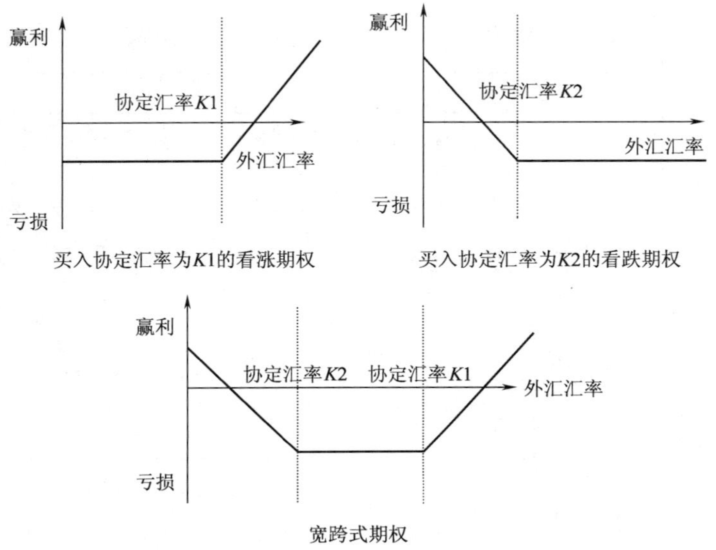

图 7-13　构造宽跨式期权多头

看涨期权，支出期权费为每欧元 0.050 0 美元；同时，他卖出协定汇率为 1 欧元 = 1.130 0美元的 3 个月欧元看跌期权，支出期权费为每欧元 0.040 0 美元。买卖期权合约的金额相同。

在到期日，如果市场汇率低于 1 欧元 = 1.130 0 美元，投资者可以行使看跌期权，所得利润可以弥补部分或全部期权费的支付；若市场汇率高于 1 欧元 = 1.180 0 美元，投资者可以行使看涨期权，所得利润可以弥补部分或全部期权费的支付；当到期时市场汇率 S 处于 $1.130\ 0 \leqslant S \leqslant 1.180\ 0$ 时，投资者不会行使任何一个期权，此时投资者面临最大的损失即为期权费支出 0.050 0+0.040 0 = 0.090 0 美元。在这个期权组合的交易中，该交易存在两个盈亏平衡点，它们分别为：1 欧元 = 1.130 0-(0.050 0-0.040 0) = 1.120 0 美元，1 欧元 = 1.180 0+(0.050 0-0.040 0) = 1.190 0 美元。

因此，只有期权合约标的外汇市场汇率有大幅度上升或下跌趋势，投资者才能通过持有宽跨式期权多头获利，但这种投资的风险有限，最大损失即为两个期权费。

宽跨式期权空头(Short Strangle)是指同时卖出交易数量和到期时间相同而协定汇率不同的看涨期权和看跌期权(如图 7-14)。其中，看跌期权的协定汇率低于看涨期权的协定汇率。只有外汇市场汇率没有大幅波动、且在盈亏点区间内的情况下，持有这种期权组合的投资者才可能获取有限的期权费收益，一旦外汇汇率波动剧烈，宽跨式期权空头交易将给投资者造成巨大损失。

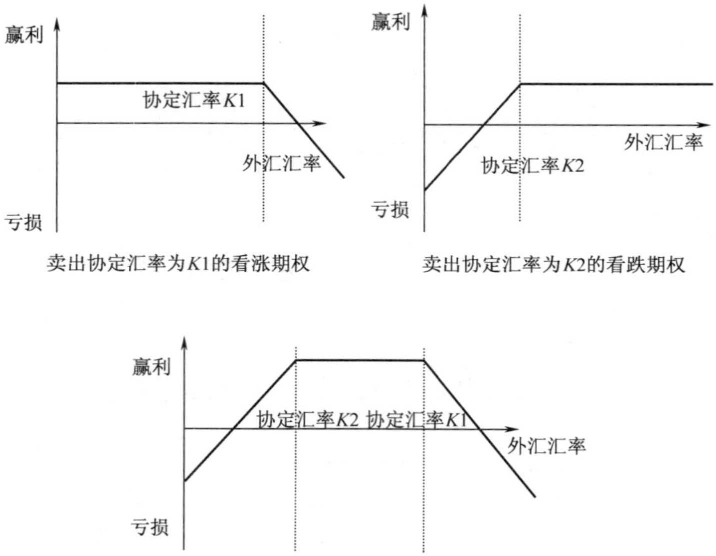

图 7-14 构造宽跨式期权空头

(4)Strips 与 Straps。Strips 是指同时购买具有相同执行价格和相同到期日的一个看涨期权和两个看跌期权的交易策略，是预期汇率价格会有很大的变化，且汇率下降的可能性要大于汇率上升的可能性的交易策略。

Straps 是指同时购买具有相同执行价格和相同到期日的两个看涨期权和一个看跌期权的交易策略，是预期汇率价格会有很大的变化，且汇率上升的可能性要大于汇率下降的可能性的交易策略。Strips 和 Straps 的损益状态如图 7-15，7-16 所示。

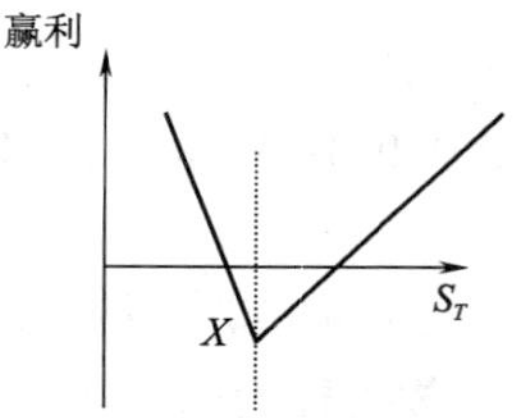

图 7-15 Strips 的损益状态

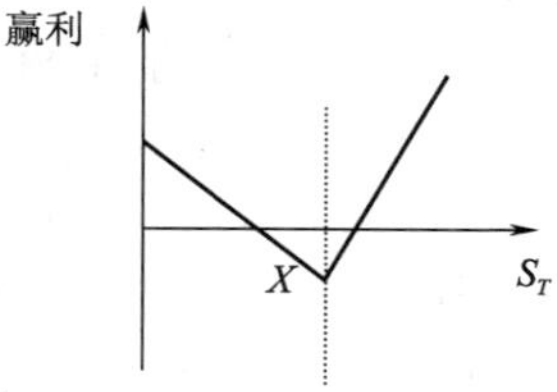

图 7-16 Straps 的损益状态

7.1.5.3 外汇期权在国际贸易招标中的应用

外汇期权不仅具有保值和投资的功能，而且在国际贸易招标中也特别有用。外汇期权具有可执行也可放弃履约的优点，在应付投标所带来的不确定情况时作用更大。因为投标的中标率只有百分之几,如果用远期外汇买卖的办法保值,在不中标时会造成很多麻烦,而用期权的办法就方便得多。

举例说明如下:

【例 7-6】德国某出口公司投标销售价值为 100 万美元的药材,9 月份投标,12 月份开标,8 月份美元即期汇率 1 美元= 0.787 4 欧元,为避免中标时美元汇率下跌,该公司可以抛售远期美元。但万一不中标,则将承担美元抛空的风险,因此该公司决定向银行买入 12 月份到期美元看跌期权,即买入美元的卖权。协定汇率 1 美元= 0.787 4 欧元,期权费每美元为 0.008 欧元。该出口公司到 12 月份时可能面临下列四种情况:

情况一:公司中标,同时美元贬值。设期权到期时,市场上美元即期汇率为 1 美元= 0.775 0 欧元。由于市场汇率变动与预计相符,该公司选择执行期权,按协定汇率卖出 100 万美元,可得 78.74 万欧元。若公司投标时,未做期权交易保值,则其中标后的销售收入只能按 12 月份的市场汇率 1 美元=0.775 0 欧元兑成 77.5 万欧元。可见做了期权交易,该公司从中获利 1.24 万欧元,扣除期权费 0.8 万欧元,净收益 0.44 万欧元。

情况二:公司中标,同时美元升值。公司中标后,设此时市场美元的即期汇率为 1 美元=0.795 9 欧元。由于此时市场美元汇率较之期权协定汇率更为有利,该公司可放弃执行期权,而将出口收入的 100 万美元直接在市场上抛售,此时可兑换 79.59 万欧元,扣除期权费 0.8 万欧元,公司净收回 78.79 万欧元。公司也比投标时多 0.05 万欧元的收益 。

情况三:公司未中标,同时美元贬值。设 12 月份市场汇率为 1 美元= 0.775 0 欧元,美元下跌该公司仍可执行期权。该公司可以从现汇市场上按 1 美元 = 0. 775 0欧元的价格购买即期 100 万美元,支付 77.5 万欧元。同时,以 100 万美元向银行交割,即履行看跌期权合约,得到 78.74 万欧元,通过交易可赚取 1.24 万欧元的额外收入,扣除期权费 0.8 万欧元,净收益 0.44 万欧元。

情况四:公司未中标,同时美元升值。由于公司未中标,无法取得美元收入,而此时美元汇率又对履行合约不利(假设此时市场汇率为 1 美元=0.795 9 欧元),该公司放弃执行期权,则支付的期权费 0.8 万欧元就是该公司的全部损失。

从以上的四种情况分析可以看出,在国际贸易投标中,利用外汇期权方式保值,在其中的三种情况下,对公司都有利。

近年来,有些银行针对招标的需要,把期权交易进行改革,采取了一些新的做法。

(1)投标期间买汇的期权。投标期间买汇的期权是专为投标而设定的,其特点如下:

①银行为客户在投标期间的外汇兑换提供担保。

②如果中标,客户可按正常远期外汇买卖进行交易,按预定汇率结算,不能像期权那样,因市场行情有利而放弃执行期权。这种期权主要是在对客户不利时对其进行保护;而对客户有利时,不允许获得额外利差。

③期权费先付一部分,其余的中标后补足。如果不中标,担保作废。

(2)防止投标风险的期权。这种期权做法的特点是:期权费先要交足,如未中标,银行退回期权费的一半,但客户要放弃因汇率有利而可能获利的机会。如果客户中标,在汇率不利时可以得到保护。

举例说明如下:

【例 7-7】在国际贸易招标中,日本某公司参加投标,货款用美元结算,为使中标后的日元收入不因美元汇率波动而承担风险,可向银行买一个美元的卖权,协定汇率为 USD 1=JPY 112,期权费 JPY 2/USD 1。如果客户未中标,银行负责退回期权费的一半,同时也解除了美元兑换日元的义务。若中标,市场汇率为 USD 1=JPY 105,客户仍按原协定汇率卖出美元,避免了因美元汇率下跌造成的风险。若到期市场汇率 USD 1=JPY 115,也只能按协定汇率兑换。

(3)"封顶"与"封底"式期权交易。这种期权交易是指客户在汇率有利时,放弃部分应得利益,以换取少付部分期权费,但仍可以得到汇率的保障。其做法如下:

①客户向银行买进一项期权的同时,卖给银行另一项同期限、同金额、但不同价格的期权。

②以买入期权和卖出期权应付应得的期权费相互抵消,或交付很少期权费,这取决于所定的汇率。

③客户考虑愿意承担的风险或预备放弃多少赢利,然后调整期权价格。买入期权按协定汇率受保护,汇率低时,客户不承担损失。

举例说明如下:

【例 7-8】某公司为了从德国进口商品,以欧元结算,该公司决定和银行做这项期权交易,客户以美元买欧元,远期汇率为 USD 1 =EUR 0.782 0。为了支付从德国进口的货款,客户愿意以 USD 1=EUR 0.782 0 为底,购进一个欧元看涨期权,协定汇率为 USD 1=EUR 0.788 0,双方期权费对冲。在这种情况下,USD 1 = EUR 0.782 0 与 USD 1=EUR 0.788 0 为期权的底和顶。到期时,在欧元上涨时,如上涨为 USD 1=EUR 0.780 0,客户仍可按 USD 1=EUR 0.782 0 买入欧元,使客户避免欧元上涨的汇率风险。但如果到期时欧元下跌为 USD 1= EUR 0.790 0,银行有权履行后一个看涨期权,按 USD 1 =EUR 0.790 0 买入美元,而在市场上按 USD 1= EUR 0.788 0 卖出,赚取 0.002 欧元。客户虽然可以放弃执行前一个期权合约,而在市场上按 USD 1=EUR 0.788 0 买入欧元,但因为承担了 0.002 欧元的损失,实际购买成本是 0.786 0 欧元。客户以可能的赢利减少换取风险的降低。

(4)投标中分担权益的期权。这种期权的做法是:银行把期权卖给招标人,招标人再转卖给投标人,期权费由投标人分摊。哪家中标就自动获得期权,没中标的自动解除权利。如果没公布投标结果,或公布结果时已超过期权日,投标人可按比例分享期权利益。

这种期权的优点是:对招标人来说,能获得有竞争的投标,而投标人花较少的期权费就取得汇率保险。对未中标的人来说,可由中标人偿付期权费,所以实际上没有什么损失。谁受益谁支付期权费,期权费对中标者而言,是风险成本,应该支出。

(5)可变式远期外汇买卖。为了简化期权交易手续,有些银行往往把期权费打入汇率而不另收期权费,其做法如下:

①买卖双方订立远期外汇买卖合约,但允许用期权打破它。期权费包括在远期汇率之中,不用另付。

②规定一个固定汇率,低于它时,客户不承担损失。再由银行规定一个破约汇率,客户可以打破原订交易,自己利用市场有利行情进行买卖,而只承担固定汇率与破约汇率之间的差额。

阅读材料 7-4

外汇"两得宝"业务简介

2002 年 12 月 12 日,国内首个基于外汇期权交易的个人外汇投资产品——"两得宝"由中国银行上海市分行推出。"两得宝"对外汇投资者而言,有外币定期利息收入和期权费收入双得益的含义,"两得宝"的推出,从一定程度上扩大了外汇宝投资者的赢利空间。

此次推出的外汇期权交易只有 1 个月期限一种,实行 T +2 交割,个人投资者在存入规定等额美元的 1 个月之后即可进行操作。银行方面根据国际市场价格每 5 分钟即时向个人投资者报出不同品种的期权费,即期权价格。

当客户投资"两得宝"时,首先要选定存款货币,同时还须选择另一种客户有可能获得的挂钩货币,存款货币和挂钩货币中有一种必须是美元,目前中国银行"两得宝"业务暂且仅限于美元、日元及欧元三种货币且日元和欧元之间不能互换。

随后中国银行会根据客户所选择的那组货币即时报出一个协定汇率。期权到期时,银行按协议约定将当时的参考汇率同协定汇率比较,决定以存款货币还是挂钩货币支付客户的存款本金、税后利息和期权费,以确定客户的收益回报。具体业务情况如表 7-7 所示。

表 7-7 外汇“两得宝”存款业务概况

存款货币	JPY 或 EUR	USD
挂钩货币	USD	JPY 或 EUR
最低续做金额	5 万美元或等值的日元及欧元(以中行外汇宝中间价折算)	
续做期限	1 个月	
续做时间	周一至周五 10:00 AM 至 4:00 PM (如遇相关国际市场休息时,中行将暂停交易)	
续做形式	亲临中行私人理财中心交易	

具体操作时,客户先将某外币存为一定期限的定期存款(例如 100 万日元),该货币为存款货币,同时,选择另一种看涨的货币作为挂钩货币(例如美元)。银行根据客户选择的这一组货币(存款货币和挂钩货币,例如日元和美元)即时报出一个符合客户预期的协定汇率(例如美元/日元为 120)。“两得宝”交易到期后,银行再根据客户选择的期权种类(看涨期权或者看跌期权),将到期日的市场汇率同协定汇率做比较,决定是以客户的存款货币(日元)还是以挂钩货币(美元)支付客户的存款本金(100 万日元或者 1 000 000÷120 =8 333.33 美元)。无论汇市如何变化,投资者除了能得到存款货币(100 万日元)的定期利息外,还将得到额外的期权投资收益,即期权费。但投资者在获得额外期权费收益的同时,将放弃提取存款货币的选择权,如果汇率走势同投资者预期的不符,将可能产生账面上外汇买卖的损失。

中国银行的“两得宝”业务仍会受到国内只能进行个人外汇实盘交易的限制。期权费率应当不会低于国际上的 1% ~ 2% 。购买期权的多少也可能会受到个人外汇存款余额数量的影响。

7.2 互换交易

与外汇掉期交易不同,狭义的互换交易指交易双方为了避免汇率风险和利率风险、降低筹资成本、提高资产效益,在共同商定的条件下相互交换相同期限、不同货币或(和)不同利率不同币种(或相同币种不同利率)的等值资金债务或资产的货币及利率的一种新型外汇业务。根据不同的利率和不同的货币为标准,互换交易有以下几种组合形式(如表 7-8 所示)。

表 7-8 互换交易的形式

	相同货币	不同货币
固定利率与固定利率	——	固定利率货币互换
固定利率与浮动汇率	利率互换	货币息票互换(货币利率交叉互换)
浮动汇率与浮动汇率	基准利率互换	卡特尔互换

互换交易的金额折合成美元,通常在1 000万美元到1亿美元之间,甚至更多,而且大多数的互换交易金额都是2 500万美元的倍数。互换交易可以在任何货币之间进行,但最常见的货币有美元、加拿大元、英镑、瑞士法郎、日元、欧元等。互换交易的期限通常为3~10年。

一般来说,互换交易的目的是通过债务的现金流量的交换,避免中长期外汇风险,或转换为外汇风险较小的货币;将浮动利息转为固定利息,或者把固定利息转为浮动利息以避免利息风险;以及争取比传统的筹资方式更低的筹资成本。

目前,互换交易均遵循“国际互换交易员协会”(International Swap Dealers Association,简称ISDA)制定的“利率和货币互换协议”(Interest Rate and Currency Exchange Agreement)。一般交易双方在第一笔互换交易之前或者之后需签订这样一个互换协议,其后的交易就只需一个电传或信函来确认交易日、生效日、到期日、利率、名义本金、结算账户等,即可迅速成交,履行合约。因此,该协议明确规定了交易双方的权利和义务,其主要内容对涉及货币与利率互换的各种术语、支付条件、违约和终止事件、提前终止行为、转让和各种费用、合同货币、通知和适用法律及司法管辖权等作出详尽的规定。

7.2.1 固定利率货币互换

7.2.1.1 固定利率货币互换概述

这是互换市场上历史最悠久的一种互换形式。它是指筹资者或投资者之间相互以一种固定利率计息的货币与另一种固定利率计息的相同期限、等值资金债务或资产的货币进行交换的一种新型外汇业务。其交易的目的是为了防止较长时期的汇率风险,或者为了节省筹资成本。

目前流行的互换交易是从平行贷款(Parallel Loan)演变而来的。20世纪70年代初,英格兰银行为保证英国有充足的外汇储备,加强了外汇管制政策,通过对在境内购买美元扣税来阻止资金外流。为逃避这种外汇管制,英国的公司不在英国境内购买美元,而是以借贷方式在英国境外取得美元。其具体做法是,通过银行或中介机构安排平行贷款,即英国公司贷英镑给一家美国公司在英国的子公司,相应地该美国公司也贷美元给英国公司在美国的子公司,这样该英国公司既取得了美元资金,可在美国投资,又不会被英国政府扣税。不过,平行贷款是两个独立的贷款协议,分别具有法律效力,如果某一方违约,另一方仍须履约,不得自动抵消。为了降低这种违约风险,便产生了另一种与平行贷款类似的背对背贷款(Back to Back Loan)。背对背贷款是美国公司在贷款给英国公司一定金额美元的同时,英国公司也将等值的英镑贷给美国公司。两笔资金期限相同,按期各自支付双方的利息,到期各自归还本金。背对背贷款尽管有两笔贷款,但只签订一个贷款协议并且规定如一方违约,另一方有权自动以本身的贷款进行抵消,作为补偿,从而降低了违约风险以及违约时给某一方造成的损失,并且简化了贷款手续。后来,英国取消了外汇管制,上述平行贷款或背对背贷款方式便作为一种金融创新流行开来,并逐渐标准化和规范化,进而演变成了当今的固定利率货币互换交易,成为一种防范汇率和利率风险、降低筹资成本的有效工具。

固定利率货币互换市场的参与者有两种类型:其一是资金的最终使用者,参与互换市场的目的是从事融资、投资、理财,以及规避汇率风险、利率风险;其二是固定利率货币互换中间人或经纪人,参与互换市场的目的是安排交易,从中获取中介费收入。

阅读材料 7-5

货币互换业务的诞生

世界上最著名的首次货币互换发生于 1981 年 8 月,经所罗门兄弟公司安排,世界银行将它 2.9 亿美元金额的固定利率债务与 IBM 公司已有的瑞士法郎和德国马克的债务进行了互换。互换双方的主要目的是,世界银行希望筹集到固定利率的德国马克和低利率的瑞士法郎,但世界银行无法通过直接发行债券来筹集德国马克和瑞士法郎。由于世界银行具有 AAA 级信用评级,能够从市场上得到最优惠的美元借款利率,因此世界银行希望通过筹集美元资金换取 IBM 公司德国马克和瑞士法郎的债务。IBM 公司需要筹集一笔美元资金,由于数额较大,集中于任何一个资本市场都会造成风险过于集中,于是采用了多种货币筹资的方法,他们运用本身的优势筹集了德国马克和瑞士法郎,然后通过互换,从世界银行那里换来利率优惠的美元。这次货币互换交易对货币互换市场的发展产生了重大影响,被认为是货币互换的里程碑。

利率互换略晚于货币互换。第一笔利率互换交易于 1981 年发生在伦敦,次年即被引入美国,被美国的一家贷款机构用于固定利率对浮动利率的互换,以改变该机构的债务结构。在以后的近 20 年里,互换交易的交易规模迅速扩大,互换交易已经成为外汇交易的重要组成部分。

7.2.1.2 固定利率货币互换的步骤

实行固定利率货币互换交易一般有三个基本步骤。第一步,本金的初期交换,指在互换交易初期,双方按协定的汇率交换两种不同货币的本金,以便将来计算应支付的利息再换回本金。初期交易一般以即期汇率为基础,也可以交易双方协定的远期汇率做基准。第二步,利率的互换,指交易双方按协定的利率,以未偿还本金为基础进行互换交易的利率支付。第三步,到期日本金的再次互换,即在合约到期日交易双方换回期初交换的本金。下面我们以一个具体的例子来说明固定利率货币互换的做法与步骤。

【例 7-9】中国银行(甲方)和日本某家银行(乙方)在美元市场和瑞士法郎市场上的相对借款成本如表 7-9 所示。

表 7-9

	美元市场	瑞士法郎市场
中国银行	10.0%	5.0%
日本银行	13.0%	6.0%
借款成本差额	3.0%	1.0%

我们进一步假定中国银行需求 1 亿美元的瑞士法郎,市场上的即期汇率为 1 美元 =2 瑞士法郎,即中国银行需要 2 亿瑞士法郎。日本银行正好需要 1 亿美元。这里存在两种选择,第一种选择为中国银行以 5.0%的利率直接到市场上借瑞士法郎,日本银行则以 13.0%的利率到市场上借美元。另一种选择是中国银行和日本银行之间进行固定利率货币互换交易。

固定利率货币互换的基本程序如图 7-17,图 7-18,图 7-19 所示。图 7-17 显示了固定利率货币互换的初始流量,即甲、乙双方分别在各自具有相对优势的市场上借款并交换。图 7-18 显示了双方利息支付的流量,假定该笔互换交易的期限为 5 年,其利息支付为每年支付一次。图 7-19 显示了固定利率货币互换的本金最终流量,即甲、乙双方相互偿还对方的本金,再分别还给市场。

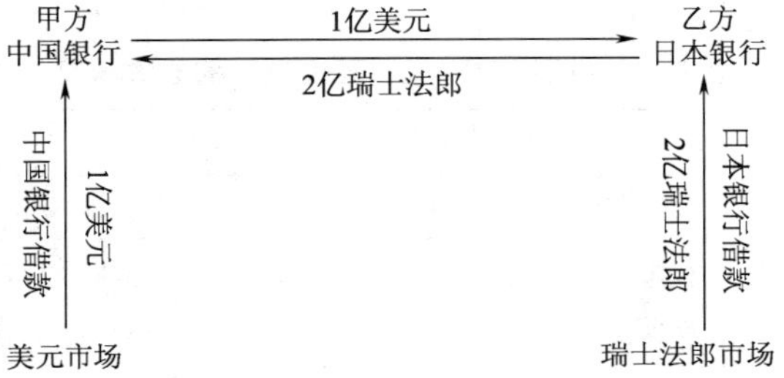

图 7-17 固定利率货币互换初始流量

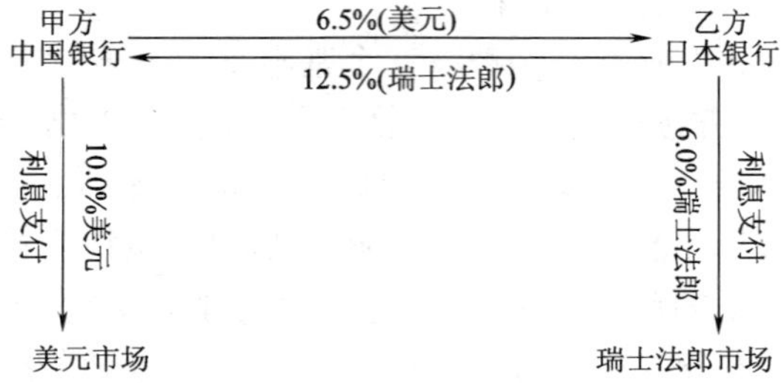

图 7-18　固定利率货币互换利息流量

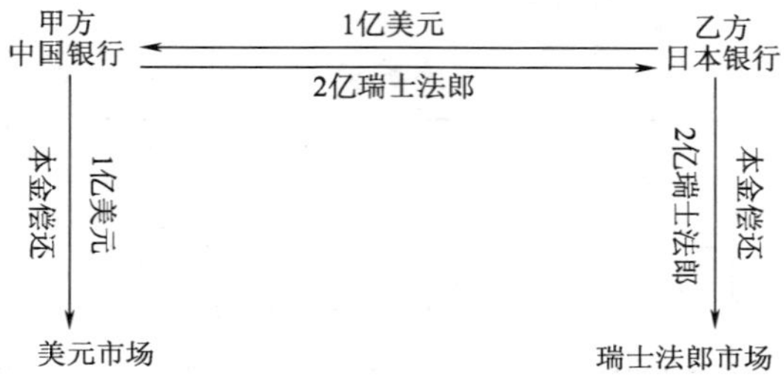

图 7-19　固定利率货币互换本金最终流量

由表 7-10 知,中国银行在美元市场上借款具有相对优势,而日本银行在瑞士法郎市场上具有相对借款优势,所以,应由中国银行以 10.0%的利率在美元市场上借入美元,然后以 12.5%的利率贷给日本银行;同时,日本银行就将以 6.0%利率的 1 亿美元在瑞士法郎市场上借到 2 亿瑞士法郎,并以 6.5%的利率贷给中国银行。经过互换交易,中国银行借得瑞士法郎的实际成本为 10.0%-12.5%+6.5%=4.0%,小于中国银行直接到市场上借款的成本 5.0%;日本银行借得美元的实际成本为:6.0%-6.5%+12.5% =12.0%,同样也小于日本银行直接借美元的成本13.0%。将交易双方经过互换交易节约的成本相加:(13.0%-12.0%)+(5.0%-4.0%)=2.0%,这 2.0%是由中国银行和日本银行在美元市场和瑞士法郎市场上借款成本的“差额之差”[(13.0%-10.0%)-(6.0%-5.0%)=2.0%]所客观决定的。

表 7-10　固定利率货币互换交易的成本核算

	中国银行	日本银行
美元市场	支付:10.0%	支付:12.5%
	收到:12.5%	直接借款成本:13.0%
	收益:2.5%	收益:0.5%

续表

	中 国 银 行	日 本 银 行
瑞士法郎市场	支付:6.5%	支付:6.0%
	直接借款成本:5.0%	收到:6.5%
	亏损:1.5%	收益:0.5%
	净收益:1.0%	净收益:1.0%

7.2.2 利率互换交易

利率互换交易是指交易双方在外汇币种相同、等额本金的基础上,互换不同形式的利率的一种外汇交易业务。利率互换可以是一方以固定利率换取对方的浮动利率,或双方互换两种不同的浮动利率。前者一般就称为利率互换,后者则专门称为基准利率互换。

7.2.2.1 利率互换

一般的利率互换交易是交易双方在相同外汇币种、等额本金的基础上,一方以其固定利率换取对方的浮动利率,或者说一方以其浮动利率换取对方的固定利率的交易业务。其交易的目的是在交易双方不同的筹资条件或不同的投资条件下,各自以其相对优势所进行的利率条件互相交换,使交换以后双方均可收到一定的经济效益。由于利率互换双方交换的外汇币种是相同的,所以一般采取净额支付的方法来结算。又由于这种互换需有合适的对方,所以一般都是通过银行或证券公司等中介机构寻找搭配才能进行。

举例说明如下:

【例 7-10】假定资信较高的甲公司与资信一般的乙公司需要在国际金融市场上各筹集 100 万美元的五年期资金,其筹款成本比较如表 7-11 所示,双方都是每半年支付一次利息。

表 7-11 甲、乙公司利率互换交易成本比较分析

	甲公司	乙公司	甲公司对乙公司利率优势
固定利率筹资成本	11.4%	12.8%	1.4%
浮动利率筹资成本	LIBOR+0.125%	LIBOR+0.875%	0.75%

根据表 7-11,不管是以固定利率筹资还是以浮动利率筹资,甲公司的筹资成本都比乙公司低。但是以相对优势来看,甲公司以固定利率筹资比乙公司以固定利率筹资可节省成本 1.4%,而以浮动利率筹资甲公司比乙公司只节省成本 0.75%;反过来看,以浮动利率筹资乙公司比甲公司的成本仅高 0.75%,而以固定

利率筹资乙公司比甲公司成本高 1.4%。所以说，以固定利率筹资，甲公司具有相对优势，而以浮动利率筹资，则乙公司具有相对优势。于是甲公司以固定利率筹资，乙公司以浮动利率筹资，然后把各自的利率条件进行交换，即甲公司在国际金融市场上以 11.4%筹集固定利率资金，乙公司在国际金融市场上以 LIBOR+0.875%筹集同币种、相同金额的浮动利率资金。然后，甲公司将筹集到的固定利率资金转借给乙公司，并向其收取固定利率；乙公司将筹集的浮动利率资金转借给甲公司，并向其收取浮动利率。因两者交换的本金金额相等，所以实际上交换的只是利率条件，而无须互换本金。

从表 7-11 不难看出，甲公司的筹资条件优于乙公司，而利率互换交易之所以能发生是因为它可以为互换双方都减少筹资成本，即甲公司从乙公司获得的固定利率必须高于自己从国际金融市场筹资所需的固定利率 11.4%，而向乙公司支付的浮动利率也必须低于自己在国际金融市场上筹资所需的浮动利率 LIBOR+0.125%，否则宁可不进行该交易。那么双方进行利率互换所交换的固定利率和浮动利率应该在一个什么样的范围呢?

设甲公司向乙公司收取的固定利率为 x，向乙公司支付的浮动利率为 LIBOR+y。根据上述分析，x 应不小于 11.4%，y 应不大于 0.875%。那么借款到期时两公司之间及其与金融市场之间利息流动情况如图 7-20 所示。

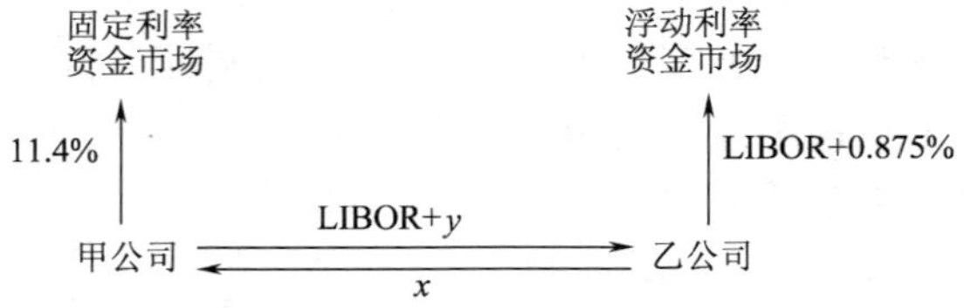

图 7-20 利率互换交易中的利息流动

其中：

甲公司	以固定利率筹资	付给固定利率资金市场利率 11.4%
	与乙公司进行利率交换	付给乙公司浮动利率 LIBOR+y
		收到乙公司固定利率 x

甲公司的实际筹资成本为：11.4%+LIBOR+$y-x$。

乙公司	以浮动利率筹资	付给浮动利率资金市场利率 LIBOR+0.875%
	与甲公司进行利率交换	付给甲公司固定利率 x
		收到甲公司浮动利率 LIBOR+y

乙公司的实际筹资成本为：LIBOR+0.875%+x-LIBOR-y=0.875%+x+y。

根据前面的分析，可得：

$$11.4\%+\text{LIBOR}+y-x\leqslant \text{LIBOR}+0.125\%$$

$$0.875\%+x-y\leqslant 12.8\%$$

$$x-y\geqslant 11.275$$

$$x-y\leqslant 11.925$$

$$11.925-11.275=0.65$$

解出 x、y 的范围：

$$x\geqslant 11.275$$

$$y\leqslant 0.65$$

由此，我们得出结论，在甲乙公司进行利率互换交易时，固定利率协定应不小于 11.275%，浮动汇率不高于 LIBOR+0.65%。此时交易双方都能从利率互换交易中获利。

现实中，利率互换交易通常都是固定利率与 6 个月 LIBOR 互换。

在利率互换交易的实际操作中，由筹资或投资双方直接交换各自筹资成本是非常困难的，因为时间长短、金额很难完全一致，因此往往通过作为第三者的银行或信托公司充当中介来进行交易。例如欧洲债券的发行者以固定利率向欧洲货币市场发行欧洲债券筹集资金，同时为了降低债券的发行成本，又与银行等中介进行利率互换交易，付给中介机构浮动利率。

阅读材料 7-6

利率互换交易的价格

利率互换交易最重要的是互换价格。所谓利率互换价格是指市场一定期限的浮动利率（实际中一般指 6 个月 LIBOR）与一个固定利率的交换时以固定利率表示的价格。利率互换价格可直接从路透社终端机的“SWAP”页得到。表 7-12 给出的是某年某日某银行报出的美元固定利率对美元浮动利率 6 个月 LIBOR 的利率互换价格。

表 7-12　美元固定利率与六个月期 LIBOR 利率互换价格（1 个利率基点=0.01%）

期限（年）	美国国库券收益率 TN（%）	银行支付固定利率（%）	银行收取固定利率（%）
2	7.52	TN+30 利率基点	TN+38 基点
3	7.71	TN+35	TN+44
4	7.83	TN+38	TN+48
5	7.90	TN+44	TN+54
10	7.99	TN+60	TN+75

表中的利率互换价格都是以固定利率表示的,该固定利率报价由两部分组成:对应一定期限的美国国库券的收益率加上一个加息率。报价方(银行等中介机构)报出买卖双价:买价数额较小,是银行中介收取6个月期LIBOR愿意支付的固定利率;卖价数额较大,是银行中介为付出6个月期LIBOR所必须收取的固定利率。

7.2.2.2 基准利率互换

这是近年来在互换市场上迅速发展起来的一种互换交易,它是指在相同货币的基础上以一种基准计算的浮动利率去交换以另一种基准计算的浮动利率的利率互换。简单地说,它是在相同货币的两种不同基准的浮动利率之间进行的利率互换交易。它也包括同种基准的不同调整时期的浮动利率的互换,如1个月LIBOR与3个月LIBOR的互换。

基准利率互换交易最早是在美元优惠利率与LIBOR之间进行的,后来发展到1月期或3月期欧洲美元LIBOR与6月期欧洲美元LIBOR之间的互换、欧洲美元LIBOR与美元商业票据利率之间的互换等。在以浮动利率筹措的中长期资金中,最常见的是以伦敦银行同业拆放利率(LIBOR)为计息基准的贷款。除此之外,还存在着其他不同的计息基准,如美国资金市场上的定期联邦基金利率、银行优惠贷款利率、银行定期存单利率、财政部国库券利率、银行承兑票据利率、商业票据利率等。通过这种性质的互换交易,当事人双方都可以筹措到理想的资金并进行有效运用。

与之前介绍的几种互换交易一样,基准利率互换交易也要通过银行或信托公司来撮合。现举例说明如下。

【例7-11】甲银行有其客户的欧洲美元存款储蓄,甲银行支付的3个月期欧洲美元存款利率是LIBOR-0.25%;现在甲银行向乙公司提供美元贷款,乙公司选择以美元优惠利率+0.75%的浮动利率支付利息。由于LIBOR每天都要根据欧洲美元市场的信贷状况发生变化,而美元优惠利率则每隔一段时间才变动一次。这样,甲银行面临着利率风险。为了避免利率风险,甲银行进入互换市场与丙银行达成基准利率互换交易的协议:丙银行向甲银行支付3个月LIBOR,同时甲银行每3个月向丙银行支付的利率是美元优惠利率-0.125%。则甲银行与丙银行的利息流动情况如图7-21所示。

由图7-21可见,甲银行通过基准利率互换交易,可以获得净利润是(美元优惠利率+0.75%)-(美元优惠利率-0.125%)+LIBOR-(LIBOR-0.25%)=1.125%,并且把其资金来源与其资金运用的利率对应起来,避免了利率风险。

7.2.2.3 货币互换与利率互换的区别

货币互换与利率互换的主要差异有以下三点:

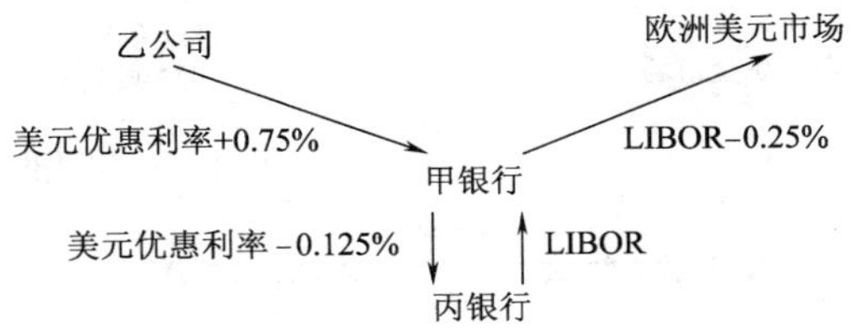

图 7-21　基准利率互换交易中的利息流动

(1)货币互换涉及不同币种间的交换,利率互换一般只涉及一种货币。

(2)货币互换一般要交换本金,利率互换不交换本金。

(3)利率互换结算一般采用差额结算,货币互换却很少采用差额结算。

7.2.3　货币息票互换交易

货币息票互换交易,又称货币利率交叉互换,是指以某种固定利率的货币换取交易对手另一种浮动利率货币的外汇互换交易,既是两种货币之间的互换,又是固定利率与浮动利率之间的互换。举例说明如下:

【例 7-12】一家美国公司(A 公司)希望能借入 3 年期固定利率的资金 1 000 万英镑,一家英国企业(B 公司)希望能够借入 3 年期浮动利率的等值美元,它们在国际金融市场上能获得英镑资金和美元资金的筹资成本如表 7-13 所示。

表 7-13　AB 两家公司筹集英镑与美元的成本比较

	A 公司	B 公司
固定利率英镑筹资成本	9.8%	10.7%
浮动利率美元筹资成本	LIBOR	LIBOR

从表 7-13 可以看出,A 公司可以在英镑资金市场上以 9.8%的固定利率筹借英镑,B 公司则在美元资金市场上以 LIBOR 筹借美元,然后 A 公司把 1 000 万英镑本金以利率 a%借给 B 公司使用,B 公司则把等值美元本金以 LIBOR 为成本借给 A 公司使用,即进行货币互换。则 A、B 公司在此次互换交易中的利息流动如图 7-22 所示。

由于 A 公司的实际筹资成本为:

$$9.8\%+\text{LIBOR}-a\%$$

比 A 公司直接从浮动利率美元市场筹借美元,节约筹资成本:

$$\text{LIBOR}-(9.8\%+\text{LIBOR}-a\%)=(a-9.8)\%$$

同样地,B 公司的实际筹资成本为:

$$\text{LIBOR}+a\%-\text{LIBOR}=a\%$$

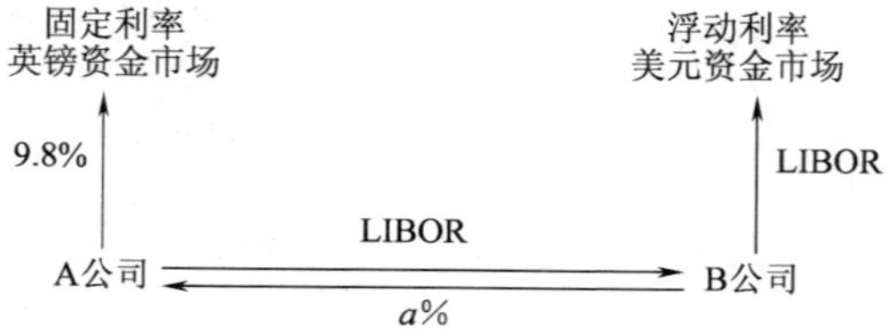

图 7-22 货币息票互换交易中的利息流动

比 B 公司直接从固定利率英镑市场筹借英镑节约筹资成本：

$$10.7\%-a\%=(10.7-a)\%$$

A 和 B 两公司进行上述货币互换交易后总共节约筹资成本为：

$$(a-9.8)\%+(10.7-a)\%=0.9\%$$

可以得到 a 的范围：$9.8\%\leqslant a\leqslant 10.7\%$。货币息票互换交易也是通过银行等中介机构来完成的，通过上述货币互换，A、B 两公司都获得了较低的筹资成本，中介机构也获得中介费用，增加了收入。

7.2.4 卡特尔互换

卡特尔互换是指交易一方把自己筹集的某种浮动利率的货币转换成与对方筹集的金额相当、期限相同的另一种浮动利率的货币。它是不同货币的互换与基准利率互换的一种混合交易，是当事人利用资金市场和外汇市场上的各种货币在利率、汇率上的大幅度变动，在不同货币的原有债务的交换中获得利益的一种交易方法。

例如，日本某公司需要一笔欧元浮动利率资金，而德国某公司则需要一笔金额相当、期限相同的日元浮动利率资金，这样双方就可以利用各自的优势，先以自己的名义筹集对方所需的资金，然后双方进行互换交易，换成自己所需要的资金。

本章小结

为了满足外汇风险管理实践的需要，除外汇期货合约外，外汇市场已经在即期交易和远期交易的基础上衍生出外汇期权交易以及互换交易等多种衍生品交易，这些外汇交易类型增加了外汇交易产品的种类，也丰富了外汇风险管理的手段。本章根据交易种类的不同，分别对外汇期权交易和互换交易进行介绍。希望读者通过对本章的学习能够掌握外汇期权交易与外汇互换交易的原理、熟悉基本的操作步骤并了解它们的应用策略。

8. 经常项目外汇管理

新闻导引

日本上半财年经常项目顺差同比下降 3.3%[①]

日本财务省 11 日发布的国际收支初步统计报告显示,受贸易环境恶化、海外经济减速等原因影响,2019 年上半财年(4 月至 9 月)日本经常项目顺差同比减少 3.3%至 10.3382 万亿日元(1 美元约合 109 日元)。报告同时显示,上半财年,日本经常项目收支中的货物贸易收支由上年同期的顺差转为逆差。

根据报告,上半财年,日本出口同比减少 6.1%至 37.579 6 万亿日元;进口同比减少 3.3%至 37.603 8 万亿日元。由于出口降幅大于进口降幅,进出口相抵后货物贸易逆差约为 241 亿日元。同期,服务贸易逆差为 2 711 亿日元。当期,日本包括利息、红利在内的海外投资收益基本保持去年同期水平,为 11.307 9 万亿日元。

学习要求

学习本章应熟悉我国现行贸易外汇管理的原则、内容,掌握服务贸易外汇管理的相关规定,并通晓我国政府对经常项目外汇管理的宗旨、目标和管理方式的演变历程及发展趋势。

① 资料来源:新华网,2019 年 11 月 11 日。

经常项目是指一国与境外进行经济交易中经常发生的交易项目,包括贸易收支、服务收支、单方面转移等。贸易收支是一国出口商品所得的外汇收入和进口商品的外汇支出的总称。服务收支是指一国对外提供各类综合服务及劳务或接受服务和劳务所发生的外汇收支。单方面转移是一国对外单方面无对等的无偿的支付,包括私人单方面转移与政府单方面转移。我国于 1996 年 12 月宣布接受《国际货币基金协定》第八条款,实现人民币经常项目可兑换。

8.1 贸易外汇管理

贸易项目的外汇收支是一国国际收支所占比重最大、最重要的项目,它对一国国际收支的状况具有决定性的影响,因此外汇管理的重要内容就是贸易外汇管理。通过这项管理,以集中出口外汇收入、限制进口外汇支出,解决贸易逆差,达到国际收支平衡。

8.1.1 我国现行贸易外汇管理的原则

我国现行的贸易外汇管理制度以银行结售汇制为核心,主要遵循以下三个原则:一是对贸易外汇收入,境内机构可自行选择存入经常项目外汇账户或者结汇。二是对贸易项下外汇支付不施加限制。境内机构贸易项下用汇可以按照市场汇率凭相应的有效凭证和商业单据,用人民币向外汇指定银行购汇或从其外汇账户上对外支付。三是实行以事后监管为主的真实性审核。通过对银行付汇数据和进口报关到货数据的核对,审核进口付汇的贸易真实性;以出口收汇核销单为主线对出口外汇收入的真实性进行事后核查。

8.1.1.1 银行结汇制度

结汇是指外汇收入所有者将其外汇收入出售给外汇指定银行,外汇指定银行按市场汇率付给其本币的行为。结汇分为强制结汇、意愿结汇和限额结汇等形式。强制结汇是指所有外汇收入必须卖给外汇指定银行,不允许外汇收入所有者保留外汇;意愿结汇是指外汇收入可以卖给外汇指定银行,也可以开立外汇账户保留,结汇与否由外汇收入所有者自己决定;限额结汇是指外汇收入在国家核定的限额内可不结汇,超过限额的必须卖给外汇指定银行。

实行结汇制度的目的是将一国企业的外汇收入及时足额地汇入外汇储备,为进口支付外汇提供保障。通常在外汇储备规模较小时主要采取强制结汇方式,随着外汇瓶颈的解除,意愿结汇更符合间接管理的需要。根据我国目前的外汇收支状况,我国同时采用强制结汇和限额结汇两种方式,即对一般中资企业经常项目外汇收入实行强制结汇,而年进出口总额和注册资本达到一定规模、财务状况良好的中资企业以及外商投资企业可以开立外汇账户,实行限额结汇。境内机构的经常项目外汇收入,应当买给外汇指定银行,或者经批准在外汇指定银行开立外汇账户;外商投资企业办理账户并进行账户区分后,其经常项目的外汇收入可在外汇账户核定的最高限额内保留,超过部分必须结汇。

按照我国《结汇、售汇及付汇管理规定》,对暂不结汇和无须结汇的经常项目外汇收入,可以开立外汇账户,实行账户管理,以达到对暂不结汇外汇收入的监管。对持有暂不结外汇的开户单位,须凭相关材料到外汇管理局领取《外汇账户使用证》后到外汇指定银行办理开户。这些材料包括:①申请开户的报告;②企事业单位持工商行政管理部门颁发的营业执照,社会团体持民政部门颁发的社团登记证,其他单位持国家授权机关批准成立的有效批件;③外汇管理局要求提供的其他有关材料。

在银行结汇制度下,特别是在强制结汇制度下,外汇指定银行比较被动地从企业和个人手中购买外汇,无法对外汇币种、数量进行选择,由此形成的外汇头寸特别容易遭受外汇风险,需要开辟银行同业间外汇交易市场,相互进行头寸的调剂,并将国内市场无法调剂的部分头寸拿到国际金融市场进行处理。

8.1.1.2 银行售付汇制度

售汇是指外汇指定银行将外汇卖给用汇单位和个人,按一定汇率收取本币的行为。从用汇单位和个人的角度来讲,售汇又称为购汇。我国的企业与个人经常项目下产生的外汇需求,只要能够提供与支付手段相应的有效商业单据和凭证,就可以从外汇指定银行购买外汇。

(1)境内机构的经常项目用汇应当持有效凭证和商业单据向外汇指定银行购汇支付。个人所有的外汇,可以自行持有,也可以存入银行或卖给外汇指定银行。

(2)个人因私出境用汇在规定限额内购汇,超过规定的可向外汇管理机关申请。个人携带外汇进出境,应向海关办理申报手续,超过规定限额的,应向海关出具有效凭证。居住在境内的中国公民持有的外币支付凭证、外币有价证券等形式的外汇资产,未经外汇管理机关批准,不得携带或邮寄出境。

(3)外国驻华外交机构、领事机构收取的以人民币支付的签证费、认证费等,需要汇出境外的,可以持有关证明材料向外汇指定银行兑付。其他驻华机构的合法人民币收入,需要汇出境外的,应当持有关证明材料向外汇管理机关申请兑付。

(4)应聘在境内机构工作的外籍专家的人民币工资以及其他合法收入,是外汇的,依法纳税后,可以直接汇出或者携带出境;是人民币的,依法纳税后,可以持外汇管理局规定的有效凭证向外汇指定银行购汇汇出或携带出境。

(5)驻华机构或来华人员由境外汇入或携带入境的外汇,可以自行保存,可以存入银行或者卖给外汇指定银行,也可以持有效凭证汇出或者携带出境。

进口付汇的结算方式较多,各种结算方式的成本和风险也有差别。我国常用的结算方式包括:跟单信用证/保函方式、跟单托收方式、货到付款方式等。企业购买外汇时需要提供的凭证和商业单据主要有:进口合同、进口付汇核销单、开证申请书、进口付汇通知书、发票、正本进口货物报关单、正本运输单据等。对于实行进口配额管理或特定产品进口管理的货物,企业还应当提供有关部门签发的许可证或者进口证明。进口实行自动登记的货物还应当提供相应的登记表格。

我国目前对少数特殊性经常项目外汇收支仍实行必要的真实性审核,由外汇管理局审批,外汇指定银行凭批件办理。这些项目包括:①境内机构超过规定比例的贸易用汇和财政预算外的非贸易非经营性用汇;②境内机构使用《外汇账户使用证》和《外商投资企业登记证》开立的外汇账户中,超过规定的收支范围和超过规定的比例与限额的支付;③因公出国用汇等。

付汇是指经营外汇业务的金融机构根据用汇单位和个人提供的合同或协议规定的结算方式、日期、金额,从其外汇账户或将其买入的外汇支付境外的行为。如从其外汇账户中对外支付,除提交规定的有效凭证及商业单据外,还必须符合外汇账户的收支范围。

外汇指定银行在售汇、付汇时往往会遇到自身外汇头寸不足,或者现有的外汇头寸在币种和金额上不能满足企业和个人用汇需求的情况,银行需要到同业间外汇市场调换头寸,或者借入外汇。如果企业和个人的外汇需求总量过大,超过了外汇指定银行的供应能力,外汇价格就会上涨。

8.1.2 我国现行贸易外汇管理的内容

我国现行贸易外汇管理制度的主要内容是以银行结售付汇制为核心,包括三个主要部分:一是出口收汇核销监管制度;二是进口付汇核销监管制度;三是贸易外汇账户管理。

8.1.2.1 出口收汇核销监管制度

出口收汇核销监管制度建立于1991年,它是指对每一笔出口货款,从出口单位申请出口到货物报关,直至货款收回的整个过程实行跟踪管理,监督收汇,及时掌握货物出口和货款收回情况的事后监督制度。国家外汇管理局及其分支局按照属地管理的原则,对在中华人民共和国境内注册登记的所有出口单位进行出口收汇核销管理。除经批准外,一切贸易出口项下的收汇均需办理出口收汇核销手续。

出口收汇核销监管不影响出口单位的正常出口、收汇行为,侧重于对每笔出口贸易外汇收入进行跟踪监测的事后管理,体现了贸易外汇管理以事后监管为主的真实性审核原则。通过出口收汇核销管理,可以加快收汇速度,提高出口收汇率,防止外汇流失。另外,对出口及收汇金额、币种、方式等统计数据的掌握,也可为有关部门的经济决策提供参考。

(1)出口收汇核销管理涉及的重要单证。贯穿出口收汇核销监管全过程的重要单证有以下几种:

一是出口收汇核销单。指由外汇管理局制发、出口单位凭以向海关出口报关、向外汇指定银行办理出口收汇、向外汇管理局办理收汇核销的有统一编号的凭证。

二是银行出具的出口收汇核销专用结汇水单和出口收汇核销专用收账通知单。对出口单位的外汇收入,银行在确认其为直接从境外或者从保税区收入的出口货款后,为其办理结汇或进入该单位的外汇结算账户的入账手续,并出具加盖出口收汇核销专用联章的出口收汇核销专用联。

三是海关出具的出口货物报关单。即海关受理报关后,向出口单位出具的注有出口数量、成交总价并盖有验讫章的计算机打印凭证。

(2)出口收汇核销管理的流程。出口收汇核销的基本业务流程如下:

一是领单。有进出口业务经营权的出口单位在货物出口之前到外汇管理局申领出口收汇核销单,外汇管理局向企业发放核销单并登记在案。

二是出口报关。出口单位持核销单等有关单证到海关申报出口,海关凭核销单验放出口并出具出口报关单,与核销单一并交还出口单位。

三是交单。出口单位持核销单、报关单及商业发票到外汇管理局办理出口登记备案手续,交还核销单存根联,外汇管理局核定出口预计收汇日期,并据此日期和出口报关金额跟踪出口收汇。

四是收汇。出口单位在收到外汇后,银行在确认其为直接从境外或者从保税区收入的出口货款后,为其办理结汇或进入其外汇结算账户的入账手续,并出具加盖出口收汇核销专用联章的出口收汇核销专用联。

五是收汇核销。出口单位应当在收到外汇之日起的30日内凭核销单、银行出具的出口收汇核销专用联到外汇管理局办理出口收汇核销手续。

出口收汇核销监管以核销单为主线,将出口单位的每笔出口、收汇有机地联系起来,建立起出口和收汇的对应关系,管理思路较为严密。因此,出口收汇核销监管对监督企业出口后及时、足额收汇起到了一定的积极作用。但是,上述工作的完成建立在外汇管理局、海关及银行等部门协调配合的基础之上,因此管理成本较大。依靠高科技手段,通过部门之间计算机联网,实现数据信息实时共享将有助于提高管理水平和效率。

8.1.2.2 进口付汇核销监管制度

进口付汇核销监管制度是指国家外汇管理局及其分支局在海关的配合和外汇指定银行的协助下,对已对外付出货款的进口单位,通过核对注销的方式审核其所购买的货物是否及时、足额到货的一种事后管理制度。它主要以事后核对的方法,对进口用汇的现状、存在的问题及其趋势进行统计分析,监督国内进口单位在付出外汇后得到等值的进口货物,做到真正意义的"款、物对流",避免资本项目下外汇支出混入经常项目,减少外汇流失,保证银行售付汇制的顺利实施。

1994 年外汇管理体制改革,取消了外汇收支的指令性计划,经常账户下正常对外支付用汇不再实行计划审批制度,企业用汇的条件变得宽松了。进口付汇核销监管制度就是在这个时期由直接管理转为间接管理,由事前审批为主转为事后监督为主。随着改革的深入,1997 年这一制度初步完善。1998 年 9 月 1 日,"进出口报关单联网核查系统"的推广实施使进口付汇核销监管制度进一步得到完善。

进口付汇核销管理涉及一些重要的单证。这些重要的单证主要有以下几种:

一是贸易进口付汇核销单(代申报单)。是指由国家外汇管理局制定格式、进口单位填写、外汇指定银行审核并凭以办理对外付汇的凭证。该凭证既用于贸易项下进口付汇核销,又用于国际收支申报统计。

二是进口付汇备案表,简称备案表。是指由外汇管理局印制,对于属于《进口付汇核销贸易真实性审核规定》中规定的备案类别的进口付汇,由进口单位向所在地外汇管理局申办,外汇指定银行凭以办理进口付汇手续,最后由该外汇管理局办理进口付汇核销手续的有顺序编码的凭证。

三是进口货物报关单。即海关受理进口报关后,向进口单位出具的注有进口数量、成交总价并盖有验讫章的计算机打印凭证。

四是贸易进口付汇到货核销表,简称核销表。是指由外汇管理局规定格式,进口单位如实逐月填写上报,按年汇总进口付汇到货核销情况的核销审报表。

五是企业 IC 卡。是企业的身份证明,由海关发放,用于在"进出口报关单联网核查系统"中办理进口付汇及核销报审时验证企业的身份。按照海关要求,企业 IC 卡原则上只限持卡人本人使用,不得转借他人。持卡人调换工作岗位时,应立即收回其 IC 卡。企业 IC 卡一旦遗失,应立即向海关注销并重新申领。

8.1.2.3 贸易外汇账户管理

(1)账户的使用。账户使用中须遵循的规定是:

第一,开户单位办理账户收付时,必须向银行出具《外汇账户使用证》。开户银行凭《外汇账户使用证》规定的账户收支范围为开户单位办理账户的收付业务。任何开户单位及开户银行未经外汇管理局批准,不得超范围使用账户。

第二,开户单位须按《开立外汇账户批准书》及《外汇账户使用证》中有关账户最高限额、使用期限、结汇方式等规定使用账户,不得超范围、超期限使用账户。对于净收入须结汇的账户,开户单位应及时办理结汇。因项目进展问题需延期使用的账户,应提前向外汇管理局申请,未经批准不得擅自延期。

(2)账户的监管。对于账户监管的具体规定是:

第一,经批准开立的外汇账户每年必须进行年检。开户单位须遵照《境内机构中资企业经常项目外汇账户年检规定》及有关补充规定执行。年检时间为每年的1~4月。账户的具体检查工作由开户单位委托的会计师事务所进行。外汇管理局每年核定一次指定会计师事务所名单,并向开户单位公布。开户单位自行选择会计师事务所对其账户进行年检。

第二,对年检及日常监管中发现的违规使用账户的行为,根据《中华人民共和国外汇管理条例》《境内外汇账户管理规定》《境外外汇账户管理规定》等有关规定,可移交国家外汇管理局检查部门予以查处。主要的违规行为包括:未经批准开立外汇账户;出租、出借、转让外汇账户;擅自改变账户使用范围;擅自超出外汇局核定的账户最高金额、使用期限使用账户;违反其他有关外汇管理规定。

(3)转户及闭户。转户及闭户的具体规定有:

转户。开户单位经批准开户后,半年内不允许转户。开户半年后,如因单位迁址,或原开户银行服务不规范,给账户使用造成不便,可申请转户。但如果单纯因为银行强拉存款等商业竞争原因,外汇管理局不予办理转户手续。开户单位办理转户手续时,须持单位转户申请和原《开立外汇账户批准书》及《外汇账户使用证》到外汇管理局申请转户。外汇管理局审核同意后,向其颁发《外汇账户转户批准书》。开户单位持此批准书到银行办理转户手续。

闭户。因正常业务终止需要关闭账户。开户单位如无进一步使用外汇账户的需要,应持闭户情况说明、《开立外汇账户批准书》及《外汇账户使用证》先到外汇管理局办理备案,外汇管理局收回《外汇账户使用证》后,核发《撤销外汇账户通知书》,开户单位凭此到银行办理闭户手续。开户单位应于闭户后10个工作日内将银行清户材料送交外汇管理局。因违规使用账户被外汇管理局勒令撤销账户。外汇管理局在年检或现场检查中发现开户单位有情节较严重的违规使用账户的行为时,可勒令开户银行撤销违规账户。银行凭外汇管理局出具的《撤销外汇账户通知书》或相关文件办理销户手续。开户单位应在接到银行闭户证明10天内持银行闭户材料、《开立外汇账户批准书》及《外汇账户使用证》到外汇管理局注销账户。

除上述要求外,开户单位还应认真学习《境内外汇账户管理规定》及《境内机构经常项目外汇账户年检暂行规定》等外汇管理法规,严格按规定开立、使用外汇账户。

8.1.2.4 进口付汇核销管理的业务流程

进口付汇核销监管的业务流程依结算方式的不同可分为下述两种。

(1)信用证、托收项下的进口付汇核销流程:①进口单位到银行领取并填制核销单,申请付汇;②银行在受理企业进口付汇业务后,向外汇管理局报送进口付汇数据;③进口单位到海关办理报关提货手续,海关为其出具进口付汇报关单;④进口单位持进口付汇核销单、进口货物报关单、贸易进口付汇到货核销表等凭证到外汇管理局办理进口付汇审报手续;⑤外汇管理局通过报关单联网核查系统核查进口货物报关单真实性,并为企业办理核销手续。

(2)货到付款项下的进口付汇核销流程:①进口单位到海关办理报关提货手续,海关为其出具进口付汇报关单;②进口单位凭进口货物报关单到银行领取并填制核销单,申请付汇;③外汇指定银行通过报关单联网核查系统核查进口货物报关单真实性后,受理企业进口付汇,并向外汇管理局报送进口付汇数据;④进口单位持银行已核销的进口付汇核销单、贸易进口付汇到货核销表等凭证到外汇管理局办理进口付汇报审手续。

由以上流程可以看出,进口货物报关单的真实性及银行报送的付汇数据的真实、完整性是进口付汇核销的关键。在外汇管理局与海关实现联网以前,伪造单证是扰乱进口核销的主要问题。自 1999 年 1 月 1 日,进出口报关单联网核查系统启用以后,伪造报关单骗购外汇的现象得到遏制。但是,保障报关单电子底账的安全性以及报关单电子数据录入的及时性又成为新的难题。另外,目前银行报送的付汇电子数据存在相当大的遗漏,不利于外汇管理局进行事后核对。

8.2 服务贸易外汇管理

8.2.1 国际服务贸易的特点与种类

国际服务贸易是指服务跨越国界,在国际间流动的服务贸易。国际服务贸易有广义和狭义之分。狭义的国际服务贸易是指有形的活动,即发生在国家之间的劳动力输出和输入活动。广义的国际服务贸易不仅包括有形劳动力的输出和输入,也包括无形的即提供者与使用者在没有实体接触情况下的交易活动,例如卫星传送等。广义的国际服务贸易是乌拉圭回合达成的《服务贸易总协定》调整的范围。

8.2.1.1 国际服务贸易的特点

服务贸易与货物贸易相比,其交易基础、交易主体及价值转移方式完全不同。

(1)服务是无形的,具有不可触摸性。这是服务贸易与有形货物贸易的主要区别。服务的空间形态基本上是不固定的,不直接可视的,无形的。一方面,服务提供者通常无法向顾客介绍空间形态确定的服务样品;另一方面,服务消费者在购买服务之前,往往不能感知服务,在购买之后也只能察觉到服务的结果而不是服务本身。服务是一个过程,是供方为需方提供的一种活动,是由活劳动提供的特殊使用价值,其基本表现形式不是有形商品与货币的交换,而是活劳动的物化产品与货币的交换。

(2)服务的生产与消费通常是同时发生。由于活劳动的供给与消费是同时进行的,服务不可贮存。绝大多数的服务与服务贸易的主体是不可分离的,它要求服务提供者或(和)服务购买者不能与服务在时间或(和)空间上分割开来,因此,服务提供过程和消费过程大多不可分割。当然,在物化服务的情况下,服务的生产和消费可以不同时发生。

(3)价值实体与使用价值分别转移。一般来说,国际服务贸易中的价值实体与使用价值,在服务提供过程中很少同时发生转移。服务贸易中的生产要素不像货物贸易那样,仅仅是生产要素移动的替代,而是生产要素跨国界的流动。服务本身不能成为服务贸易的替代物而存在,其基本的表现形式是服务契约的国际交易。

(4)服务贸易市场具有高度垄断性。由于国际服务贸易在发达国家和发展中国家的发展严重不平衡,加上服务贸易的开放涉及跨国银行、通信工程、航空运输、教育、自然人跨越国界流动等,它们直接关系到服务进口国家的主权、安全、伦理道德、教育等极其敏感的领域和问题。因此,国际服务贸易市场具有很强的垄断性,受到国家有关部门的严格控制。

(5)贸易保护方式更具有刚性和隐蔽性。由于服务贸易标的的特点,各国政府对本国服务贸易业的保护无法采取货物贸易上惯用的关税壁垒和非关税壁垒的办法。而只能采取在市场准入方面予以限制或进入市场后不给予国民待遇等方式,这种保护常以国内立法的形式加以施行。国际服务贸易保护的发展态势也不同于国际货物贸易,各国对服务贸易的保护往往不是以地区性贸易保护和"奖出"式的进攻型保护为主,而是以行业性贸易保护和"限入"式的防御型保护为主。这种以国内立法形式实施的"限入"式非关税壁垒,使国际服务贸易受到的限制和障碍往往更具有刚性和隐蔽性。

(6)国际服务贸易统计复杂。由于服务产业本身复杂多样,国内服务贸易与国际服务贸易统计尚未完全区分开,国际服务统计体系尚未确立,导致服务贸易统计难以准确。因此,现有的国际服务统计数字可能大大低于实际数字。

8.2.1.2 国际服务贸易的种类

国际服务贸易内容极为广泛,《关贸总协定》各缔约方在乌拉圭回合谈判中共列出服务贸易项目150多项,但是最终达成的《服务贸易总协定》将服务贸易分为以下四类:

(1)过境交付。过境交付是指从一国境内向任何其他国家提供服务,没有人员、物资和资金的流动,而是通过电信、计算机联网实现的,例如金融服务。

(2)境外消费。境外消费是指在一国境内向任何国家的服务消费者提供服务,例如,本国人到外国旅游。

(3)商业存在。商业存在是指允许外国企业和经济实体到本国开业,提供服务,包括投资设立合资、合作和独资企业等。商业存在是服务贸易活动中最主要的形式。

(4)自然人流动。自然人流动是指允许外国自然人来本国提供服务,或本国自然人去国外为外国提供服务。

8.2.2 我国服务贸易发展现状及存在的问题

8.2.2.1 中国服务贸易发展现状

2018年,中国服务进出口规模创历史新高,连续五年位居世界第二,结构持续优化,质量明显提升。随着服务业高水平开放,国家出台的支持服务贸易创新发展的政策效果逐渐显现,中国服务贸易高质量发展取得新进展。

(1)中国服务贸易整体水平。从总量上看,中国服务贸易整体继续保持稳定向好发展态势,服务出口增速创八年新高,逆差比重有所下降,但我国依旧是服务贸易逆差大国。据商务部数据显示,2018年我国服务贸易进出口总额为7 918.8亿美元,高居世界第二。服务贸易全年累计出口2 668.4亿美元,累计进口5 250.4亿美元,服务贸易逆差总额达到了2 582亿美元,居世界首位,占全球服务贸易逆差的41%。

(2)中国服务贸易出口结构。服务贸易"一多三少",即劳动密集型服务贸易多,知识密集型、技术产权专利型、资本类服务贸易少。在2 000多亿美元对外出口的服务贸易里劳动密集型占比居高,而知识密集型、技术密集型、资金密集型的服务贸易在5 000多亿美元服务贸易进口额中占大多数,出口这三类服务贸易的国家所获收益更高。从结构上看,中国服务贸易中知识密集型的服务贸易发展迅速,新兴服务增速高于整体。

表8-1反映了2011~2017年我国三部门服务贸易出口占服务贸易出口总额的比重情况。从表中可以看出:我国服务贸易出口结构在不断完善,旅游运输服务的比重不断下降;代表资本、技术、知识密集型行业的其他商业服务出口占比总体呈上升态势,这表明我国服务贸易出口在逐渐改变以往过于依赖劳动密集型和资源禀赋密集型部门的局面,逐步提高我国在全球贸易量最大的金融、保险、计算机信息服务等资本、技术、知识密集型服务行业的竞争能力。

表8-1 2011~2017年三部门出口占服务贸易出口总额的比重

年份	服务贸易出口额(亿美元)	各部门服务出口占服务贸易出口总额的比重(%)		
		运输	旅行	其他商业服务出口
2011	2010	17.71	24.13	58.16
2012	2016	19.30	24.80	55.90
2013	2070	18.16	24.98	56.86
2014	2191	17.43	20.08	62.48
2015	2186	17.66	20.59	61.76
2016	2095	16.13	21.19	62.67
2017	2281	16.26	16.97	66.77
2018	2668	15.85	14.79	69.36

数据来源:中华人民共和国商务部,中国服务贸易分类年度统计。

8.2.2.2 中国服务贸易发展中存在的问题

(1)服务贸易长期处于逆差。中国的服务贸易从1992年开始出现逆差,此后近二十年间一直是逆差状态。近些年间我国服务贸易逆差有扩大的趋势,这说明我国服务贸易的竞争力还不强,与服务贸易强国的差距还很大。

(2)服务贸易专业人才缺乏。现代服务业的产业性质是人力资本密集型,而我国服务贸易专业人才奇缺,尤其是知识密集型服务业和新兴服务业。目前我国服务贸易的比较优势主要体现在运输、旅游等劳动和资源密集型领域,而金融、保险、咨询、计算机信息服务、广告宣传和电影音像等技术密集和知识密集型的服务贸易行业发展相对滞后。要提高我国在这些高端服务领域的国际地位,就要培养更多高层次专业人才。

(3)服务贸易法律法规不尽完善。制度的完善对于经济发展的作用不言而喻。目前,中国尚未制定涉及服务贸易的一般性法律,部分领域的法律法规仍是空白,部门间法规协调性差,这些严重影响了服务贸易立法的统一性和透明度,制约了服务贸易的规范化发展。近年来,我国陆续颁布了《海商法》《商业银行法》《保险法》《民用航空法》等法律法规,但服务贸易领域的立法尚未形成完整的体系。

8.2.3 服务贸易外汇管理现状及其存在的问题

8.2.3.1 服务贸易外汇管理现状

2013年服务贸易外汇管理改革后,以行为监管为主的事前审批基本取消,进一步便利了境内主体的外汇收支,但同时也增加了分拆收付汇、异常资金借道流出入的可能性。如何在便利化与防风险之间找到一个最佳平衡点,做到既服务好又管理好,是服务贸易外汇管理工作中面临的重大挑战。外汇市场自律机制成立后,我国发布了《银行外汇业务展业原则之服务贸易外汇业务展业规范》,对现行服务贸易规章制度做了有效补充,既便利了正常业务的办理,又加强了可疑业务的风险把控。

8.2.3.2 服务贸易外汇管理中存在的问题

(1)政策支持力度不够,税收政策仍有提升空间。虽然我国已成为世界上最大的加工制造业国,但是许多跨国公司为了减少赋税,选择将其掌控的产业链、供应链、价值链管控的服务贸易企业注册在中国香港、新加坡、中国台湾、首尔或爱尔兰地区。若能够增强国内的政策支持力度,使得这些公司注册地转为国内,中国服务贸易对外出口就可以有所增长。

(2)金融、教育、卫生、文化等产业开放程度不够。中国加入WTO之后,全国均放开了外资金融行业准入,但外资金融资产占中国金融总资产的比重一直较低。相比中国工商领域的外资企业占整个工商产业资产的30%,金融、教育、卫生、文化等方面的开放,还有很大空间。

(3)服务贸易领域法律规范性不足,缺乏系统完整法律体系。部分法律法规缺乏实操性,各职能部门的分工不够明确,使得中国服务贸易发展缺乏规范,透明度不高。服务贸易领域的一些规范与国际惯性不符,导致国际贸易摩擦频发,我国企业的合法权益得不到有效保护,也不利于幼稚产业的发展。

(4)服务贸易真实性审核难度大,交易主体单证审核管理原则或需拓展。在境内外交易双方互为关联时,其交易的真实性只有在开展深层次的延伸核查才能得以证明。延伸核查可能引发的问题在于境内银行、外汇局是否有权利要求境外企业提交相关核查单据,境外企业是否有义务配合境内管理部门的核查工作,以及境外企业是否有权利拒绝配合此类核查工作等。即使是基于贸易真实性背景下,定价合理性的审核也是对银行、外汇局提出的监管新挑战。虽然现行服务贸易外汇收支管理规定对传统的服务贸易交易审核单证进行了具体规范,但是以跨境交付类为代表的各种新产业、新业态下的服务贸易交易已经逐步脱离传统交易模式,根据当前外汇管理政策要求已不能完成交易真实性实质性审核。在没有统一审核标准的情况下,容易造成不同地区银行、外汇局的审核尺度差异,为异常交易主体提供灰色资金流动渠道。

8.2.4 服务贸易外汇管理改革思路

8.2.4.1 建设部门协作,构建监管平台

鉴于我国产业升级以及新贸易业态日趋复杂,仅依靠外汇管理队伍建设必将难以满足产业新业态发展带来的监管需求,建议进一步完善部门间信息共享平台,增强部门协作合力。通过构建市场主体信息监管平台,融合海关、税务、商务、外管、银行等多部门监管资源,以期达到对新业态的全角度监管与全方位规范,避免出现监管空白或重复监管的局面,"放而有序"的同时还应做到"管而有力",有效促进新服务业态良序发展。

8.2.4.2 建立健全服务贸易外汇管理法规体系

建立健全服务贸易外汇管理法规体系,一是集中力量对现行有关服务贸易外汇管理的法规进行清理和修订,增强法规的合理性、系统性和可操作性;二是尽快研究制定有关法规,尤其是非居民法人和自然人服务贸易项下的汇兑管理办法,以弥补法规"空白"。

在清理和制定服务贸易外汇管理法规时,应基于我国目前经常项目可兑换和对资本项目仍实行管理的管理现状,在不违背国际货币基金组织协定第八条款的前提下,最大限度地缓解服务贸易市场开放后对我国国际收支和外汇储备所形成的压力,保证服务贸易项下的正常汇兑活动有序进行和国家的对外偿付能力。

8.2.4.3 处理好行业管理政策与外汇管理政策的协调关系

首先,行业主管部门要树立"大外汇管理"的概念,从维护我国国际收支平衡

和国家经济安全的高度,制定相关的政策措施,规范行业竞争和市场秩序,逐步推进服务贸易市场对外开放,并加强与外汇管理部门的沟通和协调,共同做好外汇管理工作。

其次,外汇管理部门应着重处理好以下关系:一是改变外汇管理理念,由直接管理转向间接管理,尽量简化审批手续,重点做好服务贸易外汇收支的监测和预警工作。二是"松、紧"政策搭配问题,也就是"开正道、堵邪道"的问题。对于符合政策规定的正常、合理的外汇收支,在尽量简化手续和凭证要求的同时,应考虑由目前的事前真实性审核转变为事后总量核查;对于不符合政策规定的甚至是违规的外汇收支,除了加强真实性审核外,还应对其依法进行惩处。三是积极借助行业主管部门协同进行监管。尽管服务贸易行业主管部门的行政管理手段不能直接起作用,但仍可以通过完善和健全行业管理法规和政策,规范服务贸易市场行为和交易凭证,对服务贸易交易的真实性进行管理,外汇管理部门应积极借助于行业主管部门的政策和法规,以减轻真实性审核的难度,规范服务贸易汇兑管理。

8.2.4.4 建立一套有效的服务贸易外汇收入监管机制

国家应积极研究建立既符合我国国情、有利于解决服务贸易收汇难的问题,又要符合国际惯例、促进服务贸易发展的外汇收入监管机制,重点应做好对外汇收入"第一道关口"的监管,督促其将外汇收入调回境内。同时,改革服务贸易外汇账户,将现有的专用账户改变为结算账户,实行限额管理,根据其外汇收入状况核定其可保留的限额,允许服务贸易项下正常、合理的外汇支出通过外汇结算账户直接支付,这样,不仅可以鼓励服务贸易外汇收入调回境内,而且还方便其对外支付。

8.2.4.5 充分利用税收杠杆和中介机构在服务贸易外汇管理中的作用

《服务贸易总协定》关于税收例外条款规定,为了保持平衡,有效地征收直接税,可以对其他成员国的服务或者服务提供者,采取同本国国民不同的差别待遇。因此,外汇管理部门可以充分利用这一条款,加强与税务部门的合作,通过税收手段调节和规范服务贸易的交易行为,增大逃套汇的成本。同时,行业主管部门作用弱化后,可以发挥中介机构的作用,借助会计、审计和其他中介机构,利用其专业知识,为外汇管理部门提供必要的信息和服务。例如,对服务贸易进口合同以及服务贸易的计价、价格转移等方面,都可由上述中介机构来进行价格审计,确定其价格是否合理。这样,外汇指定银行在审核服务贸易价格真实性时,就有了一定的依据。

8.2.4.6 建立规范化的事后核查机制

建立事后检查机制,一方面,根据服务贸易外汇收支预警监测机制反馈的异常情况,有目标地进行核查;另一方面,要联合税务、审计以及行业主管部门对服务贸易整体财务状况进行不定期的检查或抽查,通过联合检查,发现外汇收支中的问题。这里需要明确的是,检查仅仅是一种手段,并不是最终目的,重要的是通过上述检查,发现管理中存在的问题,及时反馈给行业主管部门和外汇管理部门,完善法规,堵塞管理中的漏洞。

8.3 经常项目外汇管理的必要性

1994年,我国进行外汇管理体制改革后,政府不再对进口用汇进行限制,企业完全根据自身的经济利益组织进口和出口。人民币经常项目有条件可兑换,有力地推动了我国涉外经济的发展。在新的经常项目管理模式下,外汇收支出现了新的动向,需要采取相应的措施进行有效的管理。必须对经常项目外汇进行有效管理的原因有以下几个方面。

8.3.1 经常项目外汇管理是保障资本项目管制有效性的内在要求

根据国际经验,先实行经常项目可兑换再放宽资本项目管制,是各国的普遍选择。在我国"经常项目可兑换、资本项目部分管制"这种资金进出境大门"半开半闭"的特殊历史背景下,经常项目外汇管理肩负着甄别经常项目、资本项目外汇资金的重要任务。在此期间内,为绕开资本项目管制,各类投资、外债等资本项目资金可能借道经常项目渠道流入流出,此时取消经常项目外汇管理,意味着放开了资本项目管制,将直接削弱资本项目管制的有效性。

8.3.2 经常项目外汇管理是促进和维护国际收支平衡的必然要求

促进和维护国际收支平衡是外汇管理的重要任务。作为外汇管理的一部分,经常项目外汇管理在促进国际收支平衡方面发挥着重要作用。2009年至2018年,我国经常项目外汇收支规模增长近2倍。国际收支持续大额顺差是我国经济运行的突出问题和深层次矛盾之一,需要上游部门通过调整国内经济结构等措施最终解决,但加强经常项目的管理,防范无交易背景的资金借道经常项目渠道流入,将对缓解国际收支大额顺差局面、促进国际收支平衡起到积极作用。

8.3.3 经常项目外汇管理是维护涉外经济安全的迫切需要

自1996年实现经常项目可兑换以来,国内外经济、金融环境发生巨大变化:一方面,新技术条件下不断涌现的金融创新产品使国际资本流动不论是数量还是速度都发生深刻变化,金融危机不断爆发,"次贷危机"引发的全球金融危机至今仍在蔓延;另一方面,我国外汇收支形势波动加剧,外汇管理多次面临严峻考验。在当前国内经济环境向好以及国内外利差、汇差等因素影响下,国际游资可能对我国进行冲击,并利用开放的经常项目渠道流入流出。因此,现阶段加强经常项目外汇管理,防范异常外汇资金流入流出,是维护我国涉外经济安全的迫切需要。

本章小结

经常项目是一国在一定时期内经常发生的对外经济交易活动,对一国国民经济发展具有较大的影响,直接构成国民生产总值的一个组成部分。因此,经常项目外汇管理成为国家外汇管理的一个非常重要的组成部分。本章系统地分析了经常项目外汇管理的发展与变革、经常项目下的贸易外汇管理以及服务贸易外汇管理。目的是使读者了解与掌握经常项目外汇管理的发展现状以及其重要性。

9. 资本项目外汇管理

新闻导引

外汇局:放宽资本项目外汇资金结汇使用限制①

国家外汇管理局发布关于进一步促进跨境贸易投资便利化的通知,放宽资本项目外汇资金结汇使用限制。取消境内资产变现账户资金结汇使用限制。外商直接投资项下境内股权出让方接收外国投资者股权转让对价款时,可凭相关业务登记凭证直接在银行办理账户开立、资金汇入和结汇使用手续。放宽外国投资者保证金使用和结汇限制。外国投资者从境外汇入或从境内划入的保证金,在交易达成后,可直接用于其境内合法出资、境内外支付对价等。

学习要求

学习本章应熟悉和掌握国际资本流动的最新发展和主要特点,全面了解我国现阶段对资本项目外汇管理的相关规定和其变化趋势,并能对各国资本项目外汇管理的效果和作用进行深入思考。

① 资料来源:证券时报网,2019 年 10 月 25 日。

资本项目是资本和金融账户的简称,分为两大部分:资本账户和金融账户。资本账户包括涉及资本转移的收取或支付,以及非生产、非金融资产的收买或放弃的所有交易。金融账户包括涉及一经济体对外资产和负债所有权变更的所有交易,这类变更情况包括同世界其他地方双向的债券的产生和清偿。资本项目管理的具体内容包括:外商直接投资管理,境外直接投资管理,证券投资管理,对外债券、债务管理,资本转移管理等。由于资本项目外汇交易对我国的国际收支、金融市场、经济发展具有重大影响,我国对资本项目下的外汇流出入实行较严格的管理。

9.1 国际资本流动新特征

20 世纪 90 年代以来国际货币汇率体系表现出更大的灵活性和自由浮动性,实行自由浮动和有管理的浮动汇率制国家不断增加。同时,新技术革命加速了金融信息的搜集、处理以及在全世界的传播,国际金融市场的不断发展与完善,金融创新的大量使用及各类金融衍生工具的开发和普及,极大地降低了资金在国际间的调拨成本,大大提高了国际资本的流动速度。再者,金融工具多样化、金融衍生产品迅速发展、金融自由化改革和技术的进步,使国际资本流动的期限转化更为方便。因此,国际资本流动的规模日益增大、速度日益快捷、流动期限日益模糊。

9.1.1 国际资本流动的特征

9.1.1.1 发展中国家之间的资本流动不断增加

随着发展中国家经济的快速发展、各国经济联系和合作的增强以及各国资本市场的逐步开放,发达国家投资发展中国家、发展中国家相互投资的力度都大幅增加。地理位置的毗邻和文化的接近,使得发展中国家的相互投资障碍更小。例如中国由于劳动力工资和土地成本的上升,将产业转移至国内西部地区,或者将一些产业转移至印尼等成本更低的发展中国家。

9.1.1.2 资本流动方向发生改变

国际游资多由私人资本和国家主权资本构成,游资的流向多反映了各地的经济发展和投资回报,亚洲、中东及太平洋地区的发展中国家由于发展迅速成为跨国公司对外直接投资的首要选择。因为资本市场的逐步发育和管制不完善,大量国际游资为这些国家的民族企业提供资金补充血液的同时也埋下了大大小小的隐患。1997 年亚洲金融危机的爆发就是由于外资的流动、经济结构的畸形和资本市场的泡沫造成。

9.1.1.3 机构投资者比例逐渐增加

许多发达国家,家庭、公司、学校、基金会以及其他机构越来越习惯于通过共同基金或者基金管理公司来管理自己的金融资产,寻求资产的保值增值。基金管理公司在有效管理资产的过程中发挥着积极作用,促使资产在全球配置寻找高额回报。但有的基金公司趋利性过强,为了赚取高额的基金管理费而将资产投入高风险高回报领域,埋下了风险的隐患,这与学校、养老保险等机构的资产保值初衷背道而驰,美国次贷危机的爆发也有这方面原因。

9.1.1.4 国际资本流动结构发生改变

发展中国家由于多为出口拉动型增长,其外汇储备多用于购买美国国债,也就是官方资本由发展中国家流向发达国家。1997 年亚洲金融危机后,国际资本流入发展中国家的金额大幅减少,但近些年由于发展中国家经济飞速发展及资本市场的逐渐开放,资本流入较 1997 年之前有超越之势,即私人资本由发达国家流向发展中国家。除此之外,发展中国家的劳工输出每年也将数以万计的外汇汇回国内。

9.1.1.5 发达国家主导国际资本市场流动

欧美发达国家由于其经济实力较其他经济体强大,在资本市场上扮演着主导的角色,但重要性有所下降,中国、俄罗斯以及中东一些新兴资本充裕国家的影响越来越大。美国是全球最大的对外直接投资输出国,也是资本流入的最大输入国,但由于美国经济实力的下降和美元的滥发导致美元吸引力大幅下降,越来越多的国家考虑将美国债券卖掉。欧洲由于经济一体化、贸易投资壁垒较少及资本市场的成熟和发达,其资本流入和流出都很大。日本是贸易顺差国和零息国,在贸易市场是流入国而资本市场很多时候又是流出国。

9.1.1.6 资本市场加速了泡沫在全球的传递

国际资本流动的全球化使不同经济体在国际金融市场的融资条件趋于一致,不同国家的利率差距缩小。20 世纪 90 年代后,美国、德国和日本的央行基准利率一度收敛于 6%的水平。随着欧元的出台,欧洲主要国家利率水平率先趋同。从利率水平的调整看,西方主要国家央行的决策具有显著的相关性,主要国家利率的每一次调整几乎都会引起其他国家的快速响应,波动具有联动性。在主要国家利率水平趋近的同时,世界各国仍保持一定的利率差距,主要原因在于各国处于不同的经济发展阶段,不同的经济增长率支持不同的投资收益率,同时,各国金融风险程度的差异导致风险溢价处于不同水平,这是构成利率差距的主要部分。

9.1.1.7 对制造业的投资转向对服务业和资本技术密集型产业的投资

20 世纪 50~80 年代,外国直接投资多是初级产品加工业和原材料工业,以利用发展中国家的丰富自然资源和廉价劳动力。20 世纪 90 年代以后,外国直接投资开始转向加工工业、高附加值工业、新兴工业、服务业,其中第三产业中的金融、保险、旅游和咨询等服务业和资本技术密集型产业是国际直接投资的重点领域。

从1995年起,世界经济出现了第五次国际购并浪潮。在此次国际购并浪潮中,平行型购并行为增加。传统的垂直型投资是以利用有关国家和地区的自然资源和廉价劳动力为出发点,而水平型直接投资中,子公司或附属公司从事着与总公司基本一样的经营活动,这种资本流动是以扩大产品的销售市场进而获取高收益为宗旨的。

9.1.2 金融危机使国际资本流动趋势发生重大改变

9.1.2.1 热钱经过短暂抽离又大量进入资本市场

2007年发生美国次贷危机,欧美国家金融机构流动性紧张,风险偏好有所降低。游资纷纷从资本市场撤回而转向风险较低的国债市场,游资数量也从2007年最多时的12万亿降到2008年的10万亿,2009年又有大量回升。印度、美国、欧洲各国的股市2009年都有大幅上扬,股指翻番者比比皆是。资本市场的泡沫再次抬头,反映出各国政府流动性的释放和游资的风险偏好有所回升。

9.1.2.2 全球资本竞逐金属能源领域

虽然现在的金属及石油价格都较2007年大幅下降,但考虑到中国、印度、俄罗斯等新兴大国的巨大市场和消费潜力,以及能源国的地缘政治,全球资本对金属能源等领域还是趋之若鹜。金属能源较房地产和股市有更好的需求支撑,价格也更加稳当,澳大利亚和中东地区的丰富资源吸引着来自全球的资本。

9.1.2.3 全球直接投资及并购急剧下降

2007年发达国家对外直接投资占全球的85%,由于此次金融危机的重灾区在欧美等发达国家,2008年的全球FDI较2007年有13%的下降,2009年这种趋势并未改变。2007年全球跨国并购达到最高峰的1.64万亿,之后全球跨国并购无论是规模还是数量更是锐减。

造成这种现象的原因有:

(1)跨国公司对全球经济前景并不看好。直接投资和跨国并购的特征是金额较大、回收期较长,在全球经济有明显起色之前跨国公司将趋于稳健。

(2)投资和并购需要大量资金。经历过此次金融危机,欧美国家央行虽然都实行宽松的货币政策释放货币,但由于金融危机的创伤和教训,各家银行都不敢不计风险贸然贷款。

(3)市场的低迷和谈判条款的增加使并购愈加困难。由于发达国家的需求萎靡不振,亚洲等出口型国家形成大量库存和生产力闲置。

9.1.2.4 汇率波动的频繁和幅度历年罕见

2007年金融危机爆发后,美国虽然是危机源头,但由于国际游资的回归,美元和日元大幅升值。2008年,经济逐步止跌及风险偏好增强带来了欧元、澳元等货币的升值,而发达国家失业率屡创新高和雷曼、美林、两房等金融机构的破产和巨额亏损又使得隐忧不断,美元和日元又受到偏爱。可以说2008年就是这种风险偏好和风险回避的交织,主要国家的汇率前所未有的波动和频繁。

随着经济的进一步复苏,美元作为国际储备货币的地位将不断遭到挑战,面临着被各国抛弃的风险,美国亦不会任由美元在市场上贬值,将会时不时地出来干预一下,鉴于此,未来世界主要货币汇率的波动将更难以预测。

9.1.2.5 国际资本市场各国合作还不够,新规则尚未形成

在2008,2009两年的救市中,发达国家纷纷往资本市场注入巨资,其通力合作为资本市场和全球经济的稳定做出巨大贡献。但金融危机的爆发说明过去那种由资本的趋利性和流动性带动的资本市场繁荣和实体经济发展已不可持续,游资的流动早已涉及股票、房地产、石油、粮食、贵金属等领域。汇率的巨幅波动、商品和能源、金属价格的暴跌暴涨已严重影响到实体经济和国际贸易。鉴于此,各国尤其是发达国家应尽早建立更为完善的资本流动规则,避免汇率及主要商品的价格波动,为全球经济的稳定和发展打好基础。

9.2 中国资本项目外汇管理

9.2.1 我国资本项目外汇管理原则

资本项目外汇管理有行政手段和市场化手段。行政手段主要通过政府立法,限制部分资本项目交易和汇兑。市场手段主要通过干预市场,对利率、汇率等价格因素进行调节,引导资本流动。我国目前是以行政手段为主,辅以市场化手段。随着政府职能转变和监管能力的提升,对确需保留的资本项目管制将越来越多采用市场化手段进行监管。

资本项目外汇管理的原则是:

第一,均衡管理原则。资本项目的均衡管理指在推进资本项目可兑换的过程中,要将跨境资金流动的“引进来”和“走出去”相结合,从管理政策上鼓励跨境资金双向有序流动,加速开放对外直接投资、对外证券投资等原来限制较多的领域,限制投机性资金流入。

第二,稳步开放原则。资本项目管理以有序稳步放松资本项目交易限制、引入和培育资本市场工具为主线,在风险可控的前提下,依照循序渐进、统筹规划、先易后难、留有余地的原则,分阶段、有选择地逐步推进资本项目可兑换,促进国民经济全面、协调、可持续发展。

第三,便利化原则。在改革开放理念上,要顺应市场需求,从经济主体的实际

需要出发,进一步消除影响主体经营的贸易投资便利化的体制障碍,增强市场主体的竞争活力和自主能力,帮助企业提高国际竞争力,发挥市场机制在更大的范围内合理配置资源的基础性作用,完善内外联动、互利共赢、安全高效的开放型经济体系,促进我国在更广领域和更高层次谋划和完善全球生产要素格局配置,实现跨越式发展。

第四,国民待遇原则。长期以来,为吸引外资,我国在许多领域对外资存在超国民待遇,另一方面,在部分行业对外资的市场准入又壁垒森严。超国民待遇的存在,导致企业为了追逐经济利益而产生行为扭曲,如返程投资问题、假外资问题等等。低于国民待遇,又不符合对世界贸易组织的承诺。资本项目管理需要不断调整管理思路,在各个领域贯彻落实国民待遇原则。

9.2.2 外债管理

我国在 1987 年 8 月 27 日公布的《外债统计监测暂行规定》中明确了我国的外债定义。该规定第 3 条指出:本规定所称外债是指中国境内的机关、团体、企事业单位、金融机构或者其他机构对中国境外的国际金融组织、外国政府、金融机构、企业或者其他机构用外国货币承担的具有契约性偿还义务的全部债务。主要包括:①国际基金组织贷款;②外国政府贷款;③外国银行和金融机构贷款;④买方信贷;⑤外国企业贷款;⑥发行外币债券;⑦国际金融租赁;⑧延期付款;⑨补偿贸易直接以现汇偿还的债务;⑩其他形式的对外债务。借款单位向在中国境内注册的外资银行和中外合资银行借入的外汇资金视同外债。在中国境内注册的外资银行和中外合作银行向外借入的外汇资金不视为外债。

外债管理是指从对外借款的计划审批、登记和借用外债的规模、结构、效益以及偿还等方面进行控制和管理,即对外债的借、用、还三个环节进行管理。我国对外债实行分层管理模式,即根据不同的管理对象实行分类管理,主要是通过开放对外窗口的形式进行对外借款和管理对外借款。窗口大致分为三个层次:第一层次是负责筹集和管理官方优惠贷款的窗口。1998 年国家外债体制改革后,管理对外借款的职能统一归口到财政部,由财政部代表我国政府统一对外筹借和归口管理政府贷款,负责对外谈判,代表政府同债权国政府签订贷款协议,由中国进出口银行、中国银行、国家开发银行等负责转贷业务。第二层次是国际商业贷款和对外发行债券的窗口。包括四大国有商业银行,交通银行、中信实业银行(现改名为中信银行)等股份制银行和部分国际信托投资公司,其他地区、部门、单位对外借用国际商业贷款需逐笔专项向中国人民银行申请。第三层次是外商投资企业,在有足够偿还能力的条件下可以自行对外借款外,各类对外借款均应纳入国家利用外资计划,国家发改委根据国民经济发展需要、国际收支状况及外债承受能力负责拟定全国利用外资总规模,包括年度的、5 年的和长期的利用外资计划,也包括分部门、分地区利用外资的计划。国家外汇管理局是执行外汇管理方面的国家职能机关,负责上述各类借入外债的登记、统计监测和还款核准,同时还负责短期国际商业贷款指标的管理以及中长期国际商业贷款金融条件的逐笔审批。

就其形式来说,外债管理分为对国外贷款管理、项目融资管理、对外担保管理和外债风险管理。

9.2.2.1　国外贷款管理

国外贷款包括国际商业贷款、政府贷款、国际金融机构贷款、出口信贷等。我国对不同类型的国外贷款,按现行规定由不同的归口部门实行不同的管理方式。

(1)国际商业贷款管理。目前,我国对国际商业贷款进行事前管理。除工、农、中、建四大银行外,其他经批准经营境外借款业务的中资机构,获得国家发改委的外债指标,报国家外汇管理局批准后,方可正式对外签订借款协议。2000 年1 月以后,对工、农、中、建四大银行开始实行中长期外债余额管理,各家银行在不突破余额和保证按期偿还债务的前提下周转使用,多还多借。

(2)政府贷款管理。财政部代表我国政府统一对外筹借和归口管理政府贷款。对于各地区、各部门报送的上述贷款项目,经财政部审查、筛选,再报国家发改委列入利用外资计划后,由财政部负责对外谈判,代表政府同债权国政府签订贷款协议。由中国进出口银行、中国银行、国家开发银行等负责转贷业务。政府贷款的偿还分为统借统还和统借自还两种。前者列入国家财政预算,由财政部负责偿还;后者由签订国内转贷协议的债务人负责偿还。

(3)国际金融组织贷款管理。目前,我国向国际金融组织贷款,分别由财政部、中国人民银行和农业农村部负责。财政部负责向世界银行、亚洲开发银行贷款,中国人民银行负责向国际货币基金组织和非洲开发银行贷款,农业农村部负责向国际农业发展基金协会贷款。其中,世界银行的贷款额最大,涉及面最广。世界银行贷款的程序是:①由省、市政府主管部门向国家发改委报送项目建议书,国家发改委根据国家规划及项目建议,综合平衡确定项目后报国务院审批;②经国务院批准,财政部就可向世界银行提出申请,世界银行派出考察团对项目进行详细评估、论证;③经确定的贷款项目,由财政部和世界银行谈判签约,再报国务院正式批准生效;④对内由财政部作为债权人,负责将借入的贷款转贷给项目单位的主管部门,并签订转贷协议。

9.2.2.2　项目融资管理

项目融资是指以境内建设项目的名义在境外筹措外汇资金,并仅以项目自身预期收入和资产对外承担债务偿还责任的融资方式。项目融资的债权人对项目以外的资产和收入没有追索权;境内机构既不得以该项目以外的资产、权益和收入进行抵押、质押或偿债,也不得提供任何形式的融资担保。项目融资主要适用于发电设施、高等级公路、桥梁、隧道、城市供水厂及污水处理厂等基础设施建设项目以及其他投资规模大、预计有长期稳定收入的建设项目。

我国对项目融资(包括外商投资项目)的管理,首先是由项目所在地的计划管理部门提出项目建议书和可行性研究报告,经行业主管部门初审后,报国家发改委审批,重大项目还需报国务院审批。经批准的项目要在境内成立项目公司,负责融资等相关活动。批准项下的对外融资规模纳入国家借用国际商业贷款指导性计划,其融资条件需经国家外汇管理局审批。

9.2.2.3 对外担保管理

对外担保是指我境内机构向境外机构或境内外资金融机构承诺,一旦债务人不能按合约偿还债务时,将代为履行偿还义务。对于这种外债,由国家外汇管理局负责审批和管理。担保人仅限于经批准允许办理对外担保业务的金融机构和具有代位清偿能力的非金融企业法人。被担保人是指境内内资企业、外商投资企业和境内机构在境外注册的全资附属企业及有中方参股的企业。受益人是指境外机构以及境内的外资金融机构。其中,中资企业只能为其直属子公司或者参股企业中中方投资比例部分提供担保。担保人不得为外商投资企业注册资本提供担保,除外商投资企业外,担保人不得为外商投资企业中外方投资部分的对外债务提供担保,不得为经营亏损企业提供担保。同时,除经国务院批准为使用外国政府或国际金融组织贷款进行转贷外,国家机关和事业单位一律不得提供对外担保。

国家外汇管理局对提供对外担保的管理方式包括逐笔审批、资产负债比例管理和事后登记等。除中资银行对外提供的履约等非融资项下的保函实行资产负债比例管理以及外商独资企业可以自行提供对外担保外,担保人提供其他形式的对外担保,均需按规定到外汇管理局逐笔报批。所有形式的对外担保,均需事后报外汇局登记备案。未办理登记手续的对外担保,其担保合同不具有法律效力。外汇管理局对担保人履行对外担保义务实行核准制,经核准的担保履约,担保人才能购买外汇并办理汇出(划拨)外汇手续。

9.2.2.4 外债风险管理

(1)宏观外债风险管理。一国对外举债要取得良好的经济效益,首先,必须保持适度的外债规模和合理的举债速度。适度的外债规模取决于国民经济总体发展水平和宏观战略发展部署、经济对外债的承受能力、国内资金的配套能力、国际资本的可供应量等因素。合理的举债速度取决于国内经济发展速度、国内经济发展的结构调整和外债的偿付能力。其次,在举借外债中,还应该注意合理地安排债务期限、币种、利率等债务结构。

一般认为,衡量外债规模适当与否最常用的指标有两个:一是偿债率,指全年还本付息额占全年贸易和劳务出口的比例,以不超过25%为安全线;另一个是债务率,指年末外债余额占当年贸易和劳务出口的比例,以100%为警戒线。这两个指标反映的实质是作为一国外汇收入重要来源的商品和劳务出口,其赚取的外汇将有多少被用于还债,或作为还债的保证。偿债率高,意味着出口的更大比例被用于还债,而可支配的那部分的出口外汇收入将减少。债务率高,特别是如果超过100%,则意味着一旦出现危机,其出口收入将难以或不能抵付债务,这也是很危险的。这些警戒线是国际货币基金组织和世界银行等组织的专家根据对一些偿债困难的国家考察得出的经验数据来确定的。大多数国家超过这个限度确实会出现偿债困难,但也有的国家超过限度而未发生危机,所以与其说这是经济规律还不如说是统计规律更为恰当。

截至2018年末,我国外债余额为19 652.1亿美元(不包括中国香港地区、澳门地区和台湾地区对外负债,下同),比上年末增加2 072.5亿美元,增加11.8%。其中,中长期外债(剩余期限)余额为6 936.0亿美元,增加808.8亿美元,上升13.2%;短期外债(剩余期限)余额为12 716.1亿美元,增加1 263.7亿美元,增长11.0%,短期外债占外债余额的64.7%;外债偿债率为5.5%,债务率为74.1%,负债率为14.4%;短期外债与外汇储备之比为41.4%。上述数据均在国际标准安全线之内。而且,外债来源于日本、港澳地区、美国、英国等数十个国家和地区,债权人类型也呈多元化,这说明目前我国外债总量适度,期限、币种结构合理,偿还能力有充分保证。

(2)微观外债风险管理。从微观角度看,外债风险的种类主要有汇率风险和利率风险。所谓汇率风险是指从签约到还款期间,因借贷货币汇率的波动,可能给债务人带来的经济损失。所谓利率风险是指从签约到还款期间,因贷款利率的变动,可能给债务人带来的经济损失。利率主要以固定利率和浮动利率来划分,一般固定利率因可以预先锁定利息支付额,故风险较小,但可能筹资成本较高。而浮动利率较为灵活,但不确定因素较多,因此风险也很大。

作为对外借款人,应从以下几方面控制和防范外债风险:

①重视所借外债币种的选择。从总体上讲,外债币种的选择应尽量与进出口结算币种相一致,避免因汇率的变化造成不同币种兑换带来的汇率损失。同时应尽可能选择美元、日元、港元等流通性较强的币种签订外债契约,以在一旦出现汇率风险时,可以及时采取货币互换等手段转嫁风险。

②合理安排利率结构。利率是债务总成本的主要构成因素。对于债务利率的考虑,筹资者不但要考虑债务货币现行利率水平的高低,还应考虑债务利率的变化和走势;既要考虑当前债务的水平,也要考虑整体债务利率结构的平衡。一般来讲,当国际金融市场现行利率水平相对较低且有上升趋势时,应尽可能争取以固定利率签约;反之,应当考虑以浮动利率签约。但一般合理的利率结构应是浮动利率和固定利率各占一定比例。

③做好汇率预测,选择软硬货币搭配。尽可能做到借硬货币还软货币。在筹

借时选择币值趋势上升的“硬货币”，在偿还时选择币值趋跌的“软货币”。这样，可能使借入的外债资金在数量上有一定保证，并尽可能多地发挥效益；而在偿还时因债务币种汇率的下降有可能减低偿债成本。

④注意在借款合同中加列货币保值条款。货币保值，是指选择某种与合同货币不一致的、价值稳定的货币，将合同金额转换成所选货币来表示，在清偿时，按所选货币表示的金额以合同货币来完成收付。在签订合同时加列这样的条款，可以防止汇率多变的风险，因此往往被用于长期合同。目前，各国货币保值条款主要采取“一揽子”货币保值条款。此外还可考虑加入“可提前还款”条款，以备一旦浮动利率下的债务货币汇率趋升或在固定利率下的债务货币汇率趋跌，可采取提前还款、借新还旧的方式规避风险。

⑤运用金融市场操作衍生工具化解外债风险。合同签订后，涉外经济实体可以利用外汇市场和货币市场来化解外债风险。常见的用于化解外债风险的金融衍生工具主要有：利率互换、货币互换、远期交易、期货交易、期权交易等金融衍生产品。

9.2.3 证券投资管理

证券投资管理主要是指境外投资人投资我国证券市场以及境内投资人投资境外证券市场所涉及的汇兑管理措施。这些管理措施主要包括：证券经营机构经营外汇业务市场准入、退出管理，证券公司外汇账户管理，证券公司外汇资本金结售汇管理等；合格境外机构投资者（QFII）投资额度审批、账户开立、汇兑管理及年检等；境内企业境外上市外汇登记、资金调回核准、外汇账户开立以及汇兑管理等；保险公司等境内机构投资人外汇资金境外运用额度审批、资金汇出核准及其他汇兑事项等。

9.2.3.1 境外发行外币债券管理

境外发行外币债券是指由政府、金融机构及境内其他企事业单位和外商投资企业在国际金融市场上通过发行以外币表示的构成债权债务关系的有价证券来筹集资金的一种融资形式。境内机构发行境外外币可转换债券、大额可转让存单、商业票据，视同对外发行债券进行管理。国际债券市场的发行体主要是：国家政府、地方政府、金融机构和工商企业。债券种类主要有欧洲债券、日本武士债券、美国扬基债券以及浮息债券等。债券发行的过程一般是由发行体选定一个主承销商向市场推销债券，筹集资金，主承销商一般由大型跨国银行承担。

（1）境外发行外币债券的管理机构。中国人民银行为境外发行外币债券的审批机关。国家外汇管理局为境外发行外币债券的管理机关，负责审查、协调和监督债券发行及所筹资金的使用和偿还管理。

（2）债券发行者的资格。债券发行者的主体应是在中国境内注册的法人，应有中长期商业借款指标，发行外币债券，要列入国家年度利用外资计划，并有偿还债券资金的外汇收入来源。地方政府不得对外举债。

(3)境外外币债券发行报告制度。境内机构需要发行债券时，须首先由发行者向国家外汇管理局提出书面申请，经批准后才能对外提出评级申请。中国人民银行根据评级情况决定是否批准发债。债券发行后，将有关情况报国家外汇管理局备案，进行外债登记，并按要求定期将资金使用、投资项目及资金偿还等情况报送外汇管理部门。

(4)对债券资金使用和偿还的管理。发债机构因本身业务经营需要发行债券的，所筹集的债券资金必须按批准的用途使用，自行负责债券本息的偿还；受国家委托发债的，所筹集资金由国家安排使用，债券本息偿还纳入国家外汇支出计划，由国家负责偿还。

9.2.3.2　B股发行与海外上市管理

(1)B股发行及交易程序。B股是指以人民币标明币值，专供境外法人或自然人用外汇进行买卖的记名式股票。公司的注册地和上市地都在境内，投资者在境外或港澳台地区。1991年底，在上海发行了全国第一只B股——上海真空电子器材股份有限公司的B股。在此之后，深圳证券交易所也开始发行B股。B股的发行既加快了我国资本市场的国际化，也为我国企业开辟了新的筹资渠道。此外，发行公司只要有25%的股份为海外认购，公司即可享受中外合资企业的各项优惠政策。

①B股发行。发行公司首先应物色一家国内证券公司作为其B股发行的主承销商，然后由主承销商选定一家境外证券商担任国际协调人，联系组织国内外证券商参加承销团。目前，发行方式一般都是由承销商进行包销，即无论是否发行完毕，承销商都必须在规定日期将发行资金划给企业，未销售出去的股票由承销商自行买下，也可以由主承销总包后再分销给境外分销商。B股发行价格主要考虑资产增值、未来赢利预测和市场影响三方面因素。新发行股份的溢价应反映原有资产的增值，使新股东用公平的价格购买股份。未来赢利预测主要根据市盈率，即每股发行价与预测每股税后利润之比，其中税后利润一般为国际会计师鉴定的预测数。B股的发行费用包括承销佣金和费用，一般为承销额的5%，从发行价中扣减，即承销价+承销佣金和费用=发行价。

②B股的交易流程。B股的交易流程详见图9-1。

(2)海外上市。海外上市，是指国内企业直接在海外公开招股上市。根据上市地的不同又分别称为H股(在香港联交所上市)、N股(在纽约联交所上市)、S股(在新加坡证券交易所上市)等。中国企业海外上市的主要市场是香港，到香港联交所公开上市必须符合以下条件：

①活跃业务记录。香港联合交易所有限公司创业板证券的上市规则(“创业

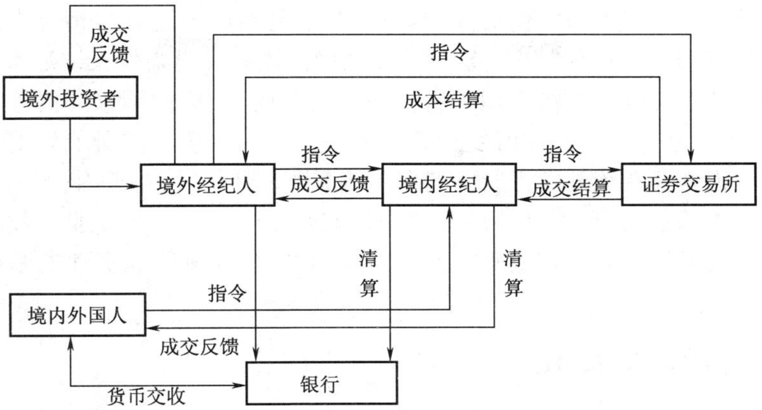

图 9-1　B 股交易流程

板规则”)中要求拟上市公司须证明在上市申请前的 24 个月内,积极专注于经营一种主营业务。

②业务目标声明。申请上市公司必须按创业板规则规定,在招股书中清楚列明公司的业务目标,并解释公司如何计划在上市后余下的财政年度及其后的两个财政年度内达成其业务目标。

③管理层股东及高持股量股东的持股要求。上市时的管理层股东及高持股量股东必须于上市时,最少合共持有上市公司已发行股本的 35%。

④最低公众持股量。若公司上市时的市值不超过 40 亿港元,则最低公众持股量为 25%,涉及金额最少需达 3 000 万港元;若公司在上市时的市值超过 40 亿港元,则(取较高者)最低公众持股量为 20%或由公众人士持有股份的市值至少达 10 亿港元。

⑤公众股东人数。于上市时公众股东至少有 300 名。

⑥保荐期。上市公司至少在上市后余下的财政年度及其后的两个完整财政年度,聘任一名保荐人担任顾问的角色。

⑦委任人士。上市公司必须根据创业板规则的规定,委任董事、公司秘书、合资格会计师、监察主任或授权代表及核准委员会委员,并确保获聘人士符合有关规定。

⑧包销安排。没有规定包销的安排,但若发行人公司拟筹集的是获全数包销的新资金,发行人应在招股章程指明集资的最低金额。若发行人未能集得最低金额,上市计划则失败。

⑨招股机制。申请人只要作出全面披露,便可自行决定其招股机制。

(3)有关管理规定。中国证券监督与管理委员会(以下简称“中国证监会”)是股票投资的主管机关,国家外汇管理局负责股票投资的汇兑管理。根据现行法规,对外币股票的外汇管理内容包括:证券公司在指定银行开设 B 股清算专用账户的审批、发股企业开立股票专户审批、发股收入调回监督及股票收入结汇审批等。发行股票的企业在境外开立账户用于暂存股票发行收入,应由国家外汇管理局审核批准,在境内开立外汇账户保留发行股票的外汇收入由企业注册地外汇管理局审核批准。境内企业在境外发行股票应当在外汇资金到位后 10 天内,将所筹外汇资金全部调入中国境内,存入经外汇管理局批准开立的外汇账户。股票收入结汇应经外汇管理局逐笔审批。股息收入的兑付由银行在审核其真实性的基础上直接办理。

9.2.4 直接投资管理

9.2.4.1 外商直接投资管理

外商投资企业是指在中华人民共和国境内设立的中外合资经营企业、中外合作经营企业、外商独资企业,以及境内中资企业发行外币股票、转让企业股份或产权,使得境外法人或自然人拥有企业股份达到 25%以上,并依法经国务院相关主管部门及其授权的部门批准后设立的企业。在我国,由境外法人设立的,不具有中国法人资格的分公司等非法人经济组织也视同外商投资企业管理。

我国在对外开放初期就建立了对外商投资企业管理制度,并随着对外开放的不断深入而逐步发展和完善。我国对外商投资企业坚持实行了优惠、灵活的管理政策,实行管理与服务相结合的政策,保护投资者的合法权益,维护和保持正常的经济秩序和金融秩序。外商投资企业外汇管理是一项行业管理而不仅是一项或几项业务管理。外商投资企业外汇管理政策不仅体现在国家一个部门制定的一个法规、文件中,而且体现在包括国家外汇管理机关在内的多个部门制定的一系列的法规或文件中。随着形势的发展,一些早期制定的法规已有所修改或变化。因此,对外商投资企业外汇管理的政策是一个发展着的历史过程。

现行的外商投资企业外汇管理法律框架,主要包括三个部分:一是全国人民代表大会及其常务委员会颁布的法律,包括《中华人民共和国外商投资法》等。二是国务院发布及国务院批准、各部委发布的行政规章,包括《中华人民共和国外汇管理条例》《中外合资经营企业法实施条例》《中外合作企业法实施细则》《外资企业法实施细则》《境内机构对外担保管理办法》《出口收汇核销管理办法》《外债统计监测暂行规定》《国际收支统计申报办法》等。三是中国人民银行、国家外汇管理局及其他部委发布的行政规章,包括:《合格境外机构投资者境内证券投资管理办法》《外商投资企业外汇管理暂行办法》《结汇、售汇及付汇管理规定》《境内外汇账户管理规定》《境外外汇账户管理规定》《境内外汇划转管理暂行规定》《贸易项下进口付汇核销监管暂行办法》《外债统计监测实施细则》《外汇(转)贷款登记管理办法》《境内机构借用国际商业贷款管理办法》《境内机构发行外币债券管理办法》《境内机构对外担保管理办法实施细则》《国际收支统计申报办法实施细则》等。

外商直接投资(FDI)管理主要是指境外投资者向我国直接投资项下的汇兑管理措施。现行管理方式主要是以登记管理为中心,管理外资的流入、流出,以及在流入、流出之间的中间汇兑环节,并通过外商投资企业联合年检,加强对外商投资项下的外汇监管力度。外商直接投资管理具体包括:外商投资企业外汇登记;外商投资企业外方出资验资询证;账户管理;境内再投资管理;境内外币原币划转管理;先行回收投资、转股、清算及减资购付汇管理等各类汇兑管理的有关内容。

2019 年 3 月 15 日,我国正式颁布《中华人民共和国外商投资法》,该法自 2020 年 1 月 1 日起实施,其中明确规定国家对外商投资实行准入前国民待遇加负面清单管理制度,取代现行规制外商投资的法律即《中外合资企业法》《中外合作企业法》《外资企业法》(合称“三资企业法”)。这将逐渐降低投资门槛并提高自由化程度,并增加跨境资金的流动风险和外汇的监管难度。

我国对外商直接投资实行鼓励政策,按现行的外汇管理体制,对外商投资企业发生的属于资本项目的外汇收支,管理比较宽松。具体的管理形式如下:

(1)对外商投资企业各方出资的管理。外商企业的合营各方,既可用货币出资,也可用场地、厂房或工业产权、专有技术、场地使用权等作价出资,但要按合同规定的出资比例和期限交纳各自的出资。作为出资的货币应为国际上可自由兑换的货币;以人民币出资,中方应有自有资金,外方应是在中国境内投资的企业分得的利润;以实物投资,必须进行资产评估,防止国有资产流失。

(2)对外商投资企业资本项目外汇收支管理。外汇局将外国投资者货币出资确认登记调整为境内直接投资货币出资入账登记,外国投资者以货币形式(含跨境现汇和人民币)出资的,由开户银行在收到相关资本金款项后直接办理境内直接投资货币出资入账登记,办理入账登记后的资本金方可使用。外汇指定银行直接审核办理外商投资项下资本金结汇,银行在许可权范围内履行审核、统计监测和报备责任,外汇局则通过被授权银行对外商投资项下资本金结汇实施间接监管。

(3)对外商投资企业外汇借还款管理。外商投资企业借用国际商业贷款无须事先批准。企业签订借用外债合同后,须及时到外汇局定期或者逐笔办理外债登记。债务人可以用自有外汇资金偿还外债,也可用人民币购汇偿还外债。外商投资企业借用的外债资金可以结汇使用,企业外债资金均可按照意愿结汇方式办理结汇手续。我国允许境内企业向境外与其具有股权关联关系的企业放款,外债还本付息可直接到银行办理。

9.2.4.2 境外投资管理

境外投资是指中国境内的投资者,将外汇资金或者设备、原材料、工业产权等输出到境外,在境外建立各类企业或者购股、参股、从事生产经营活动。其管理主要是对境内居民(投资人)在境外从事直接投资项下的汇兑管理。现行管理制度是以外汇资金来源审查为起点与核心,包括境外投资外汇登记、境外投资外汇资金购汇与汇出、境外企业利润或因减资、清算、转股及其他合法途径取得的资金或收益汇回境内以及境外投资联合年检。

境外投资的外汇管理机构为国家外汇管理局,主要负责:境外投资的投资外汇风险审查和资金来源审查;对投资资金的汇出和回收,投资利润和其他外汇收益汇回的监督管理,以及境外投资的外汇检查与处理等。具体包括以下几点:

(1)对境外投资的外汇风险和外汇来源进行审查。风险审查的要点是投资所在国的国际信誉和投资风险等级、外汇管理状况、货币风险、汇率和利率的变动趋势等。对境外投资外汇来源审查时,主要审查投资外汇是投资者自有外汇还是外汇贷款。

(2)对境外投资进行外汇检查与处理。为确保境外投资顺利进行和按时收回利润,国家外汇管理局有权对境外投资项目的外汇收支状况进行监督检查并做出处理,以体现资本流动从严管理的指导方针。

(3)对境外投资所得利润和外汇收益进行管理。对境内投资者以外汇资金等方式所分得的利润或其外汇收益,实行限期调回并结汇的办法。未经国家外汇管理局批准,不得擅自挪作他用或存放境外。但境外投资企业需以利润或其他收益用于补充原缴资金不足部分或用于增资,以取得所在国的优惠待遇的除外。境外投资企业依法宣布停止或解散后,中方应得外汇资产在清算结束后应及时调回境内。

(4)对获准境外投资的项目进行登记和外汇资金汇出管理。经批准在境外投资的机构,需到当地外汇管理局办理登记手续,外汇管理局按照境外投资企业名义进行登记编号,建立专门档案,实行监督管理。同时实行缴存汇回利润保证金制度。汇回利润保证金,是指为保证在境外投资者按期将外汇利润和其他合法利益汇回国内,由境内投资者按汇出投资金额的一定比例向外汇管理局缴纳的外汇资金。这是保证在境外投资企业按时汇回外汇利润和其他利益的一项经济约束措施。该项保证金必须在投资外汇资金汇出以前存入外汇指定银行的专门账户,在汇回利润累积达到汇出外汇资金数额时,由开户银行退还剩余的保证金。

9.3 中国资本项目外汇管理回顾与思考

9.3.1 中国资本项目管理回顾

为应对国际资本流动证券化以及我国加入 WTO 后面临的冲击,我国对资本项目管理进行了相应的调整。回顾总结现行资本项目管理体制的成效、得失,有助于我们正确认识资本项目管理的规律,在新形势下采取科学的管理手段,完成外汇管理的历史使命。

9.3.1.1 我国资本项目管理的成就

我国的外汇管理体制已经实行了60多年,尤其是改革开放后多年的实践证明,我国现行的对资本项目的管理体制是有效的,是适合我国经济发展需要的,它经受住了1997年亚洲金融危机、2008年全球金融危机等世界范围内金融风险的考验,有力地支持了国内经济和金融的稳定。

(1)通过对外资投向的引导,使外资有效地转变为生产能力。根据我国经济发展布局和结构调整的需要,以多方审批的管理方式,将外资投向急需发展的经济部门和行业,有力地促进了该行业和部门的发展。例如,我国对外资的引入制定了指导政策,每年都由国家发改委审批外资投入项目,并配合外资输入规模的管理,将外资投向工业、农业、交通、能源等重点建设项目,有效地促进了生产力的发展。

(2)能够适度地利用国际资本,补充我国经济建设中资金的不足,达到经济发展的预期目标。20世纪80年代初,我国制定了经济发展的长远规划,即到2000年GNP翻两番,为实现这一目标需要每年经济增长率达到7.2%、年投资额不低于国民收入的30%。然而当时我国的积累率仅有国民收入的25%,投资与储蓄的缺口大约为国民收入的5%,因此,必须利用2 000亿美元左右的国际资本给予补充。我国通过对资本输入的有效管理,引进了足够的建设资金,满足了国内投资的需要,提前达到了经济发展的目标。

(3)通过对利用外资指标控制和批准对外借债窗口管理,有效地控制了外资的规模,建立了合理的期限结构与货币结构。从规模上看,尽管我国已经成为国际上第二大利用外资的国家,但由于投向基本合理,加上我国年平均经济增长保持在10%左右,能够有效地消化巨额外资并为外资提供广阔的赢利空间,因此我国从来没有发生过偿债困难的情况,树立了良好的国际信誉。从结构上看,长期资金占引进外资总额的80%以上,外资的计值货币多元化,较好地防范了外汇风险。尤其是根据目前国际资本流动呈现出短期化趋势的特点,我国加强了对短期资本输入输出的管理。

(4)对资本输入输出的控制及时有效,有力地抵制了金融风险的出现。1998年,受亚洲金融危机蔓延深化的影响,外汇资金流向逆转,市场出现较强的人民币贬值压力,外汇储备增长放缓。从1998年下半年开始,国家外汇管理局加强资本项目管理,加大打击走私、骗汇力度,并及时出台一系列措施,开展外汇专项检查,加强对贸易售付汇真实性审核,迅速扭转了一度出现的“外贸顺差不顺收”的状态。1999年,我国启用海关、银行、外汇管理局三方联网的进出口报关单,有效地解决了贸易售付汇真实性审核问题,国际收支恢复“双顺差”,外汇储备增幅扩大。

到 2019 年 9 月,中国外汇储备超过 3.0 万亿美元,占全球总量的 27%,连续四年排名全球第一。

9.3.1.2 资本项目管理中面临的新问题

虽然现行管理体制为我国经济及金融稳定做出贡献,但根据以上分析,随着投资环境的改善、资本流动的增加和外商投资企业实现国民待遇等新情况的出现,我国目前的资本项目外汇管理也显示出了一些不适应经济发展需要的地方,值得探讨。

(1)资本项目事后监管工作面临限制,主要表现在以下几方面:

第一,法规竞合、主体竞合现象多,外汇业务事后监管易受掣肘。随着外汇管理信息化水平的提升和外汇改革政策密集出台,资本项下银行外汇业务事后监管中,常常会发现同一违规行为出现程序性违规与实质性违规竞合:如银行不在资本项目信息系统登记相关业务信息,是属于违规办理资本项目业务还是违反外汇登记的行为;内部管辖之间的竞合,如银行资本项目业务未申报,核查主体是国际收支部门还是资本项目管理部门或是外汇检查部门;银行、企业违规主体责任的竞合,主要是资本项下业务违规是否必须采取双罚制原则等情况。由于缺乏政策指导,基层外汇部门的外汇业务事后监管工作在遇到上述问题时易受掣肘。

第二,外汇管理改革对资本项目外汇业务事后监管提出极大挑战。近年来外汇局在深化以简政放权为主要形式的改革进程中,对改革后出现的异常资金大进大出等资本项目管理没有留足政策储备和应对手段,造成外汇业务事后监管逐渐失去抓手。随着资本项目可兑换目标逐步推进,资本项目外汇业务事后监管的内容和方式可能又将发生重大改变。特别是近年来,我国跨境收支形势发生了反转变化,由之前的人民币单向升值和境内外正向利差引致的跨境资金集中性流入,演变为 2016 年以来出现的资金规模性流出。在此背景下,特别是当前资本项目外汇管理"控流出"形势下,相关外汇管理政策(包括银行执行外汇管理规定考核办法)亟须予以跟进,围绕内控指标考核和风险性考核等指标,重新增设部分促进国际收支平衡的相应指标。

第三,非现场核查、检查职能相重叠,资本项下事后监管有局限。目前外汇检查部门将外汇非现场检查作为开展外汇检查的重要手段和方式。资本项目业务部门的非现场核查与外汇检查部门非现场检查的政策法规依据、数据来源、分析方式、调查主体等方面基本类似,所以非现场核查与非现场检查的结果往往趋于一致。由于外汇局资本项目非现场核查、检查职责缺乏顶层设计又各自为政,资本项目部门可按分类管理的方式对违规主体进行约谈或降级等处罚,如按目前已有的资本项目"黑名单"制度进行分类监管,而不是优先选择向外汇检查部门移交,而外汇检查以经济处罚为主,易造成外汇违规主体的违法后果不平衡、不一致现象。因此亟须合理界定和发挥资本业务核查和外汇检查的各自职能,降低监管成本,提升监管成效。

第四,对外汇指定银行违规处理任重道远。近年来外汇检查部门 查处了大量非法结汇和擅自改变结汇资金用途的案件,但外汇指定银行同时被认定违反规定办理资本项目业务或违反规定办理结汇业务而受到处罚还不是很普遍。从逻辑关系上说,没有外汇指定银行违反规定办理资本项目业务或违反规定办理结汇业务,则不会发生企业非法结汇和擅自改变结汇资金用途的行为,因此对外汇指定银行违规办理业务的处罚不够,在一定程度上纵容了企业非法结汇和擅自改变结汇资金用途等行为的发生。

(2)市场机制配置外汇资源的作用受到制约。经过多年的简政放权改革,我国资本项目便利化程度稳步提高。根据IMF资本项目交易的分类标准,目前在七大类40项资本项目交易中,严格管制的交易项目仅余3项,37项资本项目交易已基本不受限制或仅受部分限制,占全部交易项目的92.5%。但是,剩余的限制项目依然限制着市场绝大多数资本项目资金的流动,影响着资本市场的资源配置功能。以中资企业借用短期外币外债为例,目前中资企业须在外汇局核定的指标限额内从境外借用短期资金,而且借用的短期外债资金不能结汇使用。这项措施至少引致以下两大负面效应:一是中资企业短期外债管理还带有计划经济的烙印,中资企业须在外汇局核定的计划指标范围内借用外债,无指标则无法借贷,企业无法根据国际资本市场情势自由借贷;二是人为地将合理的商品和劳务需求挡在国外,中资企业借到短期外债资金无法结汇使用,意味着短期外债资金无法进入国内商品和劳务市场使用,只能用于国际商品和劳务市场。

(3)缺乏系统的宏观审慎管理。所谓宏观审慎管理,是指为了达到经济金融稳定发展的目的而运用各种审慎工具控制系统风险的行为。从交易项目上看,资本项目可分为直接投资、跨境信贷和证券投资三项:目前,我国的证券投资领域尚存资本管制;跨境信贷项下,除短期外债正在部分地区试点宏观审慎管理外,其他子项宏观审慎管理基本处于空白;基本实现可兑换的直接投资项目则缺乏宏观审慎管理。我国资本项目管理经过"五个转变"改革,行政管制色彩大幅减弱,市场化程度大幅提升,但是面对风云变幻的国际金融市场以及逐利性极强的国际游资,我国的宏观审慎政策工具却不多,防范国际经济金融危机的能力偏弱。

(4)银行真实性审核可能出现两极化的行为。银行作为以盈利为目的的金融企业,决定了其为客户服务的本能。外汇管理规定又要求银行履行真实性审查的义务,这使得银行在经营压力下很难兼顾两个目标,可能出现两极化的行为。

其一,在市场竞争中,企业作为客户资源是各家银行争夺的焦点,为企业办理业务提供便利化条件成为银行吸引客户的重要手段。为此,部分银行往往人为放宽监管标准,以便在市场竞争中处于优势地位,这在一定程度上弱化了银行真实性审核的效果。

其二，部分银行出于履行外汇监管职责的考虑，要求企业提供真实性审查资料，对于暂时无法提供真实性证明材料而确有真实业务需求的企业则拒不受理，在一定程度上妨碍了市场主体的正常交易行为。

(5)主体监管有待完善。主体监管作为对涉汇金融机构、企业和个人三类市场主体的系统性监管模式，须按照一定的评价标准对各类主体进行综合分类，根据不同类别实施差异化的外汇管理政策。只有全面系统地对各类主体实施监管，才能有效遏制主体间的"政策套利"行为。但从现行资本项目主体监管实践来看，除《资本项目事后监管操作指引》明确了对银行实施分类监管政策外，对非银行金融机构、企业和个人均未设置具体的主体监管措施，主体监管体系有待进一步完善。

9.3.2 现阶段资本项目管理调整

加入 WTO 以来我国面临着以下几方面的新形势：在金融领域，外资银行将可以经营人民币零售业务，保险领域对外资的限制也逐步放宽；在证券市场，我国将允许外资持股的合资基金管理公司从事相关业务，并当国内券商业务范围扩大时合资券商享有相同待遇；在服务领域，我国将遵从《服务贸易总协定》的六个基本原则，进一步加大在服务贸易领域开放的步伐。这些转变促进了中国的市场经济的形成与完善，行政的监管方式已逐渐不再适应经济发展的要求，外汇管理部门需要进行管理模式、管理手段的重大创新。

9.3.2.1 采取灵活调控手段

现行的以行政手段为主的资本项目管理已越来越不适应对外经济交往的需要，因此，向以经济手段为主的管理方式的转变是一项紧迫的任务。在我国的资本项目管理中可使用的经济手段主要有以下几个方面：

(1)采取灵活的利率和汇率来控制资本的流动。根据监测体系提供的具体的外资外债信息，调低或调高利率和汇率从而调整外资总量和结构是许多国家常用的手段。虽然目前我国还未实现利率市场化，但中国人民银行的基准利率已基本成为影响我国金融市场的主导利率，通过基准利率的灵活的调整，可以基本实现对资本流动的控制。当然，这中间还需要金融机构和金融市场参与者的配合。目前我国也正在加快利率市场化的进程，从而使利率成为一个可以灵活影响资本流动的工具，平抑市场的波动。灵活的汇率制度可以抵御投机资本利用不配套的利率、汇率安排对市场造成的冲击。目前，我国实行有管理的浮动汇率制度，汇率通过市场确定，通过干预市场可以调整汇率，从而达到控制资本流动的目的。但由于我国的汇率相对稳定，实际上是一种近乎固定的汇率制度，这就需要我国加快更有弹性的汇率制度的建设，不断放开汇率的波动幅度，更充分发挥汇率对外汇的市场主体的调节作用。

(2)制定合理的税收税率和灵活的调整制度。可以根据监测体系提供的信息,依据资本的流动规模和结构,制定不同时期的平均税率。同时,根据不同的资本流动方式、期限和有无实际贸易背景等情况,制定不同的税率标准,从而达到调整和控制资本流动的规模和结构的目的。

(3)运用头寸管理手段监控资本流动。由于头寸管理是对金融机构的稳健性和清偿能力的监测,不被认为是限制资本流动的手段,从而被许多国家采用。国家外汇管理局可以通过要求商业银行控制净资产头寸或净负债头寸来限制资本的流出入。

(4)通过对居民和非居民存款、银行的本币及外币存款实行不同的准备金率,影响银行的筹借外币和本币资金的相对成本,进而影响资本流动。

9.3.2.2 建立高效的外资、外债监测体系

(1)建立全面的以国际收支为核心,以结售汇统计、外债统计、对外担保统计、国内外汇贷款统计、外资银行对内贷款统计、外商直接投资统计、境外投资统计、境外中资机构对外借款统计等为补充的外资外债资金流动和结售汇的监测与管理体系。摸清与涉外经济有关的数据、情况和问题,正确把握外资进出境以及外汇在境内的化转流动、用途、本外币转换等第一手材料,为国家宏观决策提供依据,也为管理部门的监测、核查和调控提供重要的信息和手段。为此,要从根本上规范和优化外汇管理局从银行采集数据的方式和途径,加快电子化建设,建立完善的管理信息系统,实现外汇管理局的管理信息在采集、传输、监控、分析处理各个环节上都实现电子化、全面化、准确化,提高管理和决策水平,从而使外汇管理部门可以不再进行资本项目事前的审批,而通过高效的外资外债监测体系,实现事中的监测、调整,同时也有利于减少监管成本,提高监管效率。

(2)健全和完善对外商投资、外债重点单位的定点监测,做到及时、准确了解其在经营、外汇收支、结售汇、外债借用及偿债风险等方面的情况,及早预见境外资金流出入方向,提高监测体系的及时性和准确性。

(3)建立境内债务人外债登记和境外债权人登记反馈的双线核对制度,增加境外债权人对外债的登记偿还监督作用,减少外债债务漏登记情况,补充和完善整个外资外债监测体系。

(4)更新现有的非银行金融机构的管理法规。外汇局可在区别非银行金融机构外汇业务经营状况和风险状况的基础上,规范非银行金融机构外汇业务市场准入、退出管理,统一规则,避免不同尺度的准入门槛,制定对非银行金融机构外汇业务界定和比例管理的原则框架,健全对非银行金融机构的考核制度。

(5)对现有法规未提及的部分业务制定管理规范。逐步建立用于规范境内个人直接参与境外商品期货和金融衍生产品交易等业务的相关法规,增加境内居民通过合格境内投资者投资境外金融市场的操作细则,进一步明确境外个人投资境内市场的管理方式。

9.3.2.3 按照资本项目外汇资金管理方式设立账户

设立资本项目一般外汇账户。保留国内外汇贷款账户,并将外汇委托贷款账户并入该账户。设立资本项目人民币一般账户,将人民币资本金专用存款账户、人民币并购专用存款账户、人民币股权转让专用存款账户、人民币再投资专用存款账户和A股上市公司外资股东减持股份及分红人民币临时存款账户这5种账户并入该账户,因为这5种账户资金管理原则一致。设立保证金专用账户,将境外汇入保证金专用账户和境内划入保证金专用账户并入该账户。暂时保留QFII境内外汇账户、QFII人民币账户等11种资本市场项下账户。保留结汇待支付账户、资本项目定期存款户、其他资本项目专用外汇账户等5种有实际需求的账户,废止结售汇专用账户等5种实际业务中很少使用的账户。按照以上整合方式调整后,资本项目外汇账户种类可由目前的46种大幅减少到20种,将极大地便利银企操作。

总的来说,目前我国资本项目外汇管理工作的总体思路是:实施资本流出入均衡管理,促进国际收支基本平衡;改进监管方式和手段,进一步深化资本市场开放,逐步推进资本项目可兑换;加强对短期资本流动监控,防范投机性资金流入;加强统计监测与预警,维护国家经济金融安全。

本章小结

资本项目外汇管理也是外汇管理的一个重要方面,其具体内容包括外商直接投资管理、境外直接投资管理、证券投资管理、对外债务管理和资本转移管理等。本章开始阐述了资本流动理论,分析了资本流动的概念、原因和特征,接着详细地介绍了中国资本项目外汇管理的不同内容,同时回顾了中国资本项目外汇管理的发展以及调整,目的是使读者了解与掌握资本项目的内容,发展趋势以及其重要性。

10. 外汇储备管理

新闻导引

我国优化外汇管理措施，促进跨境贸易投资便利化①

23日召开的国务院常务会议指出，为统筹做好外贸外资工作，保持人民币汇率在合理均衡水平上的基本稳定和合理的外汇储备，以进一步扩大对外开放，稳外贸、稳外资，会议确定了优化外汇管理、促进跨境贸易投资便利化12条措施。

主要包括：一是扩大贸易外汇收支便利化试点，简化小微跨境电商办理有关资金收付手续，优化货物贸易外汇业务报告方式，企业自主选择是否开立待核查账户，便利企业分支机构货物贸易外汇收支名录登记，允许承包工程企业境外资金集中管理。二是允许非投资性外商投资企业以资本金开展境内股权投资，扩大资本项目收入支付便利化试点，将企业外债注销登记下放银行办理，试点取消外债逐笔登记，取消资本项目外汇账户开户数量限制，便利部分资本项目外汇资金结汇使用，开展银行不良债权和贸易融资等跨境转让试点。同时，注重防范跨境资本流动风险，保持金融稳定。

"这些政策举措既是我国优化营商环境，推动'放管服'改革在外汇管理领域的具体体现，也是我国进一步推动金融开放的具体措施。"国际金融专家赵庆明指出，例如在外贸领域，跨境电商平台快速发展，特别是小微跨境电商在结售汇方面的需求越发强烈，因此有必要在技术上为他们创造更好发展条件，充分体现此类贸易形式的特点，推动他们的进一步发展。

赵庆明表示，我国资本项目开放始终遵循循序渐进的方式。此次举措既是进一步加快推动我国资本项目下的金融开放，也为外商投资我国实体经济提供更加便利化的外汇管理政策，对稳定外商投资具有实质性的效果。

学习要求

学习本章应正确认识国际储备和外汇储备的异同，深入了解确定一国适度外汇储备规模的主要依据，全面把握对外汇储备进行结构管理的措施和手段，从而实现外汇储备管理的安全性、流动性和营利性目标。

---

① 资料来源：新华网，2019年10月23日。

外汇储备是衡量一国综合国力的主要指标之一。外汇储备来源于经常项目和资本、金融账户收支顺差,肩负着调节国际收支、稳定汇率、维持本币的国际信誉、确保国民经济健康发展的重任。按照货币学派的理论,外汇储备的波动反映了国内货币供求关系的力量对比,外汇储备管理因此是货币政策的一个有机组成部分。

10.1 国际储备的概念、构成与作用

10.1.1 国际储备的概念

国际储备是一国货币当局持有的、在国际间被普遍接受的、用于弥补国际收支逆差、维持其货币汇率和作为对外偿债保证的各种形式对外金融资产的总称。

在把握国际储备概念时,不能把国际清偿能力与国际储备混同。作为一种国际上普遍接受的资产,国际储备无疑是一国国际清偿能力的一个组成部分。然而国际清偿能力的外延比国际储备大得多。所谓国际清偿能力,是指一国无须采取任何影响本国经济正常运行的特别调节措施,就可以平衡国际收支逆差和维持其汇率稳定的总体能力。通常国际清偿能力包括该国货币当局直接掌握的国际储备、货币当局拥有的外币资产、金融机构的外币负债、个人所持有的外汇和借款能力。由于各国货币在国际货币体系中的地位和作用不同,以及金融资产规模的差异,国际储备在国际清偿能力中的比重表现出相当大的差异。

10.1.2 国际储备的特征

充当国际储备的资产通常具有以下几个特征。

10.1.2.1 公认性

国际储备资产应该是各国事实上普遍能够承认和接受的资产,仅在个别国家或者某一地区被承认和接受的资产,不能作为国际储备资产。因此充当国际储备的货币都是可完全自由兑换的货币。

10.1.2.2 流动性

国际储备资产应该具有充分的流动性,即储备资产不仅能够在各种形式的金融资产之间进行自由的兑换,而且货币当局能够在任何需要的时候无条件地获得并利用这些资产。

10.1.2.3 稳定性

国际储备资产的货币价值必须相对稳定,不能因汇率、利率的变化而发生大幅度的价值下跌或损失。

10.1.2.4 适应性

国际储备资产的性质与数量必须适应国际经济活动和国际贸易的发展要求。

10.1.3 国际储备的构成

国际储备的构成,是指充当国际储备的资产种类。国际储备的构成不是恒定不变的,随着国际经济和金融的发展,在不同的历史时期,充当国际储备的资产种类、数量、各资产之间的比重表现出较大的差异。目前各国的国际储备通常由四种资产构成:黄金、外汇、在(IMF)的储备头寸以及分配的特别提款权。

10.1.3.1 黄金储备

黄金储备是指一国货币当局持有的货币性黄金。黄金是一种贵金属,是现实的商品,作为储备资产的黄金与黄金市场上交易的黄金商品不同,黄金储备是一国货币当局持有的货币黄金的总额。自资本主义萌芽开始,黄金一直是国际贸易的主要支付手段之一,黄金因其稀缺和价值昂贵而成为许多国家货币的基础,货币与黄金挂钩,货币能获得黄金般的价值稳定性。

在典型的国际金本位制度下,黄金是最重要的国际储备形式。在二战后的布雷顿森林体系下,黄金仍是很重要的国际储备形式。1976 年 IMF 国际货币制度临时委员会通过《牙买加协议》,废除黄金官价,取消成员国之间或者成员国与 IMF 之间以黄金清偿债权债务的义务,从此开始了黄金非货币化、黄金退出国际货币领域的进程。虽然如此,黄金并未失去其国际储备的身份,这是因为以下几个原因:

第一,黄金是具有价值的实体,是财富的一种形式。

第二,黄金储备完全属于主权国家所拥有的国家财富,而不受任何超国家权力的支配和干扰。

第三,各国货币当局可通过世界黄金市场出售黄金获取平衡国际收支逆差所需要的外汇。

但是,不可否认,黄金却失去了其主要储备地位。黄金失去主要储备地位的主要原因如下:

(1)持有黄金不仅不能生息,而且还要支付仓储费。

(2)在现代,黄金通常不能作为国际清偿手段。

(3)黄金计价方法不一,这增加了比较各国黄金储备价值的困难。

(4)黄金供应不足。

(5)黄金价格波动频繁。

(6)各国黄金储备持有量极为不均衡,目前,发达国家持有世界黄金储备总量的 80%多,而广大发展中国家的储量还不足 20%。

10.1.3.2 外汇储备

外汇储备是一国货币当局持有的对外流动性资产,其形式为国外银行存款(包括能索取这些存款的外币票据和凭证)与外国政府债券。IMF 对外汇储备的解释为:它是货币行政当局以银行存款、财政部库存、长短期政府证券等形式所持有的,在国际收支逆差时可以使用的债权。

外汇储备是国际储备中最主要的储备资产。

外汇储备由各种能充当储备货币的外币资产构成。一种货币能充当储备货币,必须具备以下三个基本特征:

(1)必须是可兑换货币,即不受任何限制而随时可与其他货币进行兑换的货币。

(2)必须为各国普遍接受,能随时转换成其他国家的购买力,或偿付国际债务。

(3)价值相对稳定。

10.1.3.3 在 IMF 的储备头寸

在 IMF 的储备头寸,亦称普通提款权,它是指会员国在 IMF 的普通资金账户中可自由提取和使用的资产。一国在 IMF 的储备头寸包括以下几种:

(1)向 IMF 认缴份额中 25%的黄金或可兑换货币部分。按照 IMF 的规定,会员国可自由提用这部分资金,无须特殊批准,因此它是一国的国际储备资产。

(2)IMF 为满足会员国借款需要而使用掉的本国货币。按照 IMF 的规定,会员国认缴份额的 75%可用本国货币缴纳。IMF 向其他会员国提供该国货币的贷款,会产生该会员国对 IMF 的债权。一国对 IMF 的债权,该国可无条件地提取并用于支付国际收支逆差。

(3)IMF 向该国借款的净额,也构成为该会员国对 IMF 的债权。

对大多数国家来说,在 IMF 储备头寸的三个构成部分中,以第一部分为最多。

10.1.3.4 特别提款权

为了解决日益突出的特里芬难题,经过长期的谈判后,1969 年 9 月,国际货币基金组织为了补充国际储备资产的不足,收缩国际流通和减少关键货币的发行量以限制美元的作用,创设了一种新的国际储备资产和记账单位即特别提款权(Special Drawing Right,SDR)。它是 IMF 分配给其成员国的、在原有的一般提款权以外的一种资金使用权利。SDRs 具有以下特点:

(1)它是一种以黄金保值的记账单位,不能直接用于国际贸易支付和结算,也不能直接兑换成黄金。

(2)它属于国有资产,只能由成员国货币当局持有,并且只能在成员国货币当局和 IMF、国际清算银行之间使用,非官方金融机构不得持有和使用。

(3)它与普通提款权不同,是无附带条件的流动资金。SDRs 是根据各成员国在 IMF 中的份额比例进行分配的。

10.1.4 国际储备的需求与供给

10.1.4.1 国际储备供应的动态变化

国际储备的供应量取决于构成国际储备的四个要素的增减变化,由于黄金、在IMF的储备头寸、分配的SDRs的数量较小,国际储备的供应实际上主要取决于外汇储备的变化。决定一国外汇储备供应量大小的因素有以下两类:一是商品与服务的出口创汇、换汇能力和对外投资收益,这类因素直接影响经常项目收支差额。二是获得国际信贷能力,一国从国际上取得政府贷款、国际金融机构贷款以及中央银行之间的互惠信贷等均可增加外汇储备供应。这些借贷资金往来通过资本项目收支变化而作用于外汇储备,反映在借款国的国际收支平衡表上,是外汇储备的增加;反映在贷款国的国际收支平衡表上,则是外汇储备的减少。假定错误与遗漏项为零,那么,一国的外汇储备变动额等于经常项目差额加上资本项目差额。由于国际收支经常项目差额和资本项目差额都有顺差和逆差两种状况,一国的外汇储备供应状况相应地表现为大幅增加、小幅增加、小幅减少、大幅减少(见表10-1)。

表10-1 外汇储备供应状况

经常项目差额(Bc)	资本项目差额(Bf)	Bc+Bf	外汇储备供应
顺差	顺差	Bc+Bf>0	大幅增加
逆差	逆差	Bc+Bf<0	大幅减少
逆差	顺差,若 Bf>Bc 若 Bf<Bc	Bc+Bf>0 Bc+Bf<0	小幅增加 小幅减少
顺差	逆差,若 Bf>Bc 若 Bf<Bc	Bc+Bf<0 Bc+Bf>0	小幅减少 小幅增加

10.1.4.2 决定一国对国际储备需求量的因素

(1)持有国际储备的成本。国际储备实际是对国外实际资源的购买力,它们若得到利用,就可以增加国内投资和加快经济的发展。因此,一国持有国际储备,实际是将这些实际资源储备起来,牺牲和放弃利用它们来加快本国经济发展的机会。这是一种经济效益的损失,是持有国际储备的机会成本,亦即使用国外实际资源进行投资的投资收益率的损失。它表明一国持有国际储备所付出的代价。但是,一国持有的国际储备中生息的储备资产(在国外的银行存款和外国政府债券)还会有一定的利息收益。这样,一国持有国际储备的成本,便等于投资收益率与利息收益率之差。这个差额大,表明持有国际储备的成本高;差额小,则表明持有国际储备的成本低。受经济利益的制约,一国需求国际储备的数量,会同其持有国际储备的成本成相反方向变化:持有国际储备的成本越高,对国际储备的需求量越小;反之,需求量大。

(2)对外贸易状况。这包括一国的对外贸易在其国民经济中的地位与作用、贸易条件和出口商品在国际市场上的竞争力等。外贸在国民经济中处于重要地位,对外贸依赖程度较高的国家,需要较多的国际储备;反之,则需要较少的国际储备。在贸易条件上处于不利地位、出口商品又缺乏竞争力的国家,需要较多的国际储备;相反,则需要较少的国际储备。对外贸易状况之所以是决定一国需要国际储备多寡的重要因素,在于贸易收支往往是决定其国际收支状况的重要因素,而国际储备的最基本作用也是弥补国际收支逆差。

美国经济学家特里芬(R.Triffin)教授在其1960年出版的《黄金与美元危机》一书中总结了几十个国家的历史经验,并得出结论说:一国的国际储备额应同其进口额保持一定的比例关系,这个比例关系应以40%为最高限,以20%为最低限。一般认为,一国持有的国际储备应能满足其3个月的进口需要。照此计算,储备额对进口的比率为25%。这就是所谓的"储备/进口比率法"。"储备/进口比率法"的优点是易于操作。这是它广为各国与国际组织所采用的原因所在。但是,"储备/进口比率法"也有明显的缺点:第一,它在理论上存在缺陷,即国际储备的作用并非是支付进口,而是弥补国际收支逆差。第二,各国情况不同,比如,各国对持有国际储备的好处与付出的代价看法不同,各国在世界经济中所处的地位不同,等等。这些差异决定了各国国际储备政策的差异,因而各国对国际储备的需求量也就不同。所以,只用进口贸易这个单一指标作为决定各国国际储备需求数量的依据,自然就失之偏颇。

(3)干预外汇市场,支持本币汇率。汇率是调节一国国际收支的主要工具,对于实行货币自由兑换的国家来说,它所拥有的外汇储备可以表明其干预外汇市场和维持汇价的能力。各国货币当局可以利用外汇储备,通过在外汇市场上抛售其他国家的货币或收购本币影响外汇的供求,从而达到调节外汇市场、稳定汇率的目的。当一国货币汇率下跌幅度太大以至于对其货币的国际信誉或国内经济产生不利后果时,该国往往会动用外汇储备购进本币,支持本国货币的汇率,这种购买外汇的政策性干预行动,也构成对外汇储备的需求。干预外汇市场所投放的资金具有时间不确定、数额巨大的特点,实际汇率与货币当局希望的目标汇率之间偏差越大,或者进行干预所需的力度越大,对外汇储备的需求就越高。

值得注意的是,外汇干预只是试图通过改变外汇市场上本币和外币的供求关系来调节汇率变化,它无法从根本上改变决定汇率的基本因素,因此,外汇干预只能在短期内奏效,而且容易受到诸如市场预期、投机以及相关国家的对冲政策等其他因素的干扰而导致收效甚微。

(4)借用国外资金的能力。一国借用国外资金的能力较强,其国际储备水平可低些,因为该国的国际清偿能力不会因其储备水平较低而降低;相反,则需求较高水平的国际储备。但是,应该指出,一国如储备水平过低,就不具有较高水平的国际信誉,而其借用国外资金的能力也会降低。此外,靠借用国外资金来增大其储备额,这种战略存在着明显的代价。这是因为,借款边际成本超过储备上的收益,通常为 1 或 2 个百分点,而信贷的未用部分还牵涉到承担费。进一步说,借款还会增加未来的偿债付款。

(5)经济调整的强度与速度。一国以实施经济调整来解决长期性国际收支逆差,会引起国内经济的震荡。这种震荡的剧烈程度,同经济调整的强度与速度成正相关关系,即经济调整的强度与速度越高,经济震荡就越剧烈;相反,震荡越平缓。但是,一国如在进行经济调整时也适当运用国际储备,就可降低经济调整的强度与速度,从而能减轻经济震荡。这样,一国需求国际储备的数量,便同其进行经济调整的强度与速度之间存在一定替代关系:经济调整的强度与速度越低,需要的国际储备越多;反之,则需要的国际储备越少。

(6)应付各种因素对国际收支冲击的需要。一国在考虑其对国际储备的需求量时,必须注意到各种可能出现的因素对本国未来国际收支的冲击;否则,必将陷于困境。为了避免陷于困境,一国应该对这些冲击的类型、概率和程度有正确的预测。对于冲击的类型,如果是短期性冲击,即发生暂时性国际收支逆差,可运用外汇储备来弥补;如果是长期性冲击,发生长期性国际收支逆差,就只能依靠经济调整,即实施开支变更政策和开支转换政策,来实现国际收支的平衡。各种因素对一国国际收支冲击的概率和程度,影响着该国国际收支的稳定性,决定其对国际储备的需求量。各种因素对国际收支冲击的概率和程度越大,国际收支越不稳定,从而需要的储备就越多;相反,则需要较少的储备。

(7)维持并增强国际上对本国货币的信心。对于实行货币自由兑换的国家,尤其是对于那些其货币在国际储备体系中占一席之地的发达国家而言,掌握雄厚的国际储备能在心理上和客观上稳定本国货币在国际上的信誉。

当然,国际储备无疑也是一国对外借贷和进行国际融资的信誉保证,储备资产雄厚是吸引外资流入的一个重要条件,一国拥有的国际储备资产状况是国际金融机构和国际银团提供贷款时评估其国家风险的指标之一。当一国对外贸易状况恶化、外汇储备同时不充足时,其外部筹资能力注定要受到不良影响。外汇储备数量多少不仅是投资者的信心指标,实际上也代表着一国的还本付息能力,国际储备是债务国到期还本付息最可靠的保证。使用外债的政府部门或国有企业无力偿还到期债务时,需要动用外汇储备来履行偿还义务。一国能无条件支配的储备资产的充足程度,是该国争取外国政府贷款、国际金融机构信贷或在国际资本市场上进行融资的重要的前提条件之一。

这里也应指出,储备货币发行国也不能无限制地采用增大其本币对外负债办法来弥补其国际收支逆差。因为如果这样做,势必无限增大外国对该国的债权,或者说对该国商品和劳务的要求权,从而增大其所承担的清偿责任。一国能否履行这样的责任,从根本上来说,是受经济实力制约的。由于任何国家的经济实力都是有限的,任何储备货币发行国都不能无限制地用增加本币对外负债办法来弥补国际收支逆差。

(8)直接管制的程度。当一国发生国际收支逆差时,既不靠外汇资金来融通,也不靠实施经济调整来扭转,而是通过直接管制来扩大外汇收入和限制外汇支出,从而实现国际收支的平衡。这些管制越严格,需要的储备就越少;管制越松,需要的储备就越多。当然,一国实行的管制越严格,就越反映该国国际储备的短缺。

鉴于确定一国国际储备需求量的复杂性,IMF 曾采用几项客观指标来反映一国国际储备不足和对国际储备需求量增加的情况:一是持续实行高利率政策,这表明该国抑制资本外流和吸引外资内流,以增加储备和满足对储备的需要;二是对国际经济交易加强限制,这主要是由于储备不足,而加强对国际贸易与资本国际流动的限制;三是实施以增加储备为目标的经济政策,如奖励出口和限制进口、紧缩银根的政策等;四是汇率的持续性不稳定;五是储备增加的结构变化,如一国储备的增加,主要来自向国外的借款,则表明该国储备不足。

10.1.4.3 国际储备的供给

一国的国际储备水平,不仅取决于它对国际储备的需求量,而且还取决于它的国际储备的供给数量。

前述的黄金储备、外汇储备、在 IMF 的储备头寸和特别提款权这四种储备形式中,后两者是一国不能主动增减的。这是因为,它们都同在 IMF 的份额紧密相连,而一会员国缴纳给 IMF 的份额又以该国的经济实力为基础,在其经济实力无明显变化或在 IMF 未调整份额的情况下,该国持有的在 IMF 的储备头寸和特别提款权就不会增减。这样,一国国际储备的增减,便主要取决于其黄金储备与外汇储备的增减。

(1)黄金储备。一国黄金储备的增加,是通过黄金的国内外交易实现的。就黄金的国际交易来说,储备货币发行国若用本国货币在国际市场购买黄金,该国的国际储备可随之扩大;非储备货币发行国只能用其外汇储备在国际市场购买黄金,其结果只能改变该国国际储备的构成,而不能扩大其国际储备。但是,若从黄金的国内交易来说,不论是储备货币发行国,还是非储备货币发行国,中央银行以本国货币在国内收购黄金,亦即所谓的"黄金货币化",都可增大该国的黄金储备。当然,靠这种办法来增大黄金储备量,是有一定限度的,因为这受黄金产量等条件的制约。

(2)外汇储备。一国增加其外汇储备的渠道,一是该国中央银行针对本国货币升值所进行的抛售本国货币和收进外汇的市场干预;二是一国政府或中央银行向国外借款;三是国际收支顺差。其中,国际收支顺差是一国增大其外汇储备最稳定、最可靠的来源。由于经常账户收支顺差往往是形成一国国际收支顺差的主要因素,经常账户收支顺差便成为一国外汇储备的最主要来源。当然,资本金融账户收支顺差也是一国外汇储备的一个来源。但是,资本金融账户收支顺差并不是一国外汇储备最稳定、最可靠的来源。因为即使长期资本项目收支顺差,如果没有新资本流入,发生外国资本抽回投资,长期资本项目收支顺差就将消失;至于短期资本项目收支顺差就更不稳定了,因为短期资本具有转移不定的特性。

10.1.5 中国外汇储备史与现状分析

与世界上大多数国家一样,我国的国际储备也包括黄金储备、外汇储备、在 IMF 中的储备头寸和特别提款权四个部分。其中黄金储备、在 IMF 的储备头寸和特别提款权的数量在一定时期内是比较稳定的。因此,我国对国际储备的管理便主要体现在有关部门对外汇储备的管理上。

从 1982 年起,我国开始对外公布国家外汇储备的数额。当时我国公布的外汇储备包括两个部分:国家外汇库存和中国银行营运外汇结存。国家外汇库存是指国家对外贸易和非贸易外汇收支以及国家借用偿还外资的差额。中国银行营运外汇结存是指中国银行的自有资金加上中国银行在国内外吸收的外币存款及中国银行通过发行债券或其他方式从国际金融市场上筹集的外汇资金,减去中国银行在国内外的外汇贷款和投资所得的差额。由于我国的外汇储备在计算上包含了中国银行的运营外汇结存,这就与国际通用的外汇储备计算范围出现了明显的区别。一般情况下,国际上在计算一国的外汇储备时,通常不包括国家指定的商业银行在经营外汇业务时所形成的营运外汇结存。因为货币当局对这部分外汇资金无权进行无条件的使用,故而它不属于国家外汇储备的范围。但是,我国当时的外汇指定银行——中国银行的自有资产属国家所有,加上我国长期以来形成的计划经济管理体制,国家可以在必要时动用中国银行的外汇资金,以便保障国家的对外支付,因此将中国银行的营运外汇结存纳入我国的国际储备范围也是合情合理的。从 1993 年开始,考虑到与国际惯例接轨和中国的银行间商业银行体制转化的需要,我国公布的外汇储备的范围中不再包括中国银行营运外汇结存。

中国外汇储备从 1982 年发展至今,根据其变化趋势及特征,可以分为以下五个阶段。

10.1.5.1 第一阶段(1982~1984 年)

在此阶段,我国的外汇储备小幅增长,从 69 亿美元上升到 82.2 亿美元,外汇储备主要依赖经常项目顺差。1978 年我国确立了以国民经济建设为中心的发展战略,打破自我封闭,实行对外开放。各级政府都在扩大基建规模,造成资金缺口扩大,经济发展受到资源瓶颈的严重制约,为了支撑预期的经济增长速度,借入了大量的外债,以满足进口支付的需要。“洋跃进”造成的偿债高峰期集中于 1983 年和

1984 年两年，这两年资本项目出现逆差，有 10 多亿美元的资金净流出。为了鼓励出口，平衡国际收支，1981 年我国实行人民币贸易内部结算价，将人民币贬值 86.6%，遏制了需求弹性较大的消费品进口，有力促进了出口的增加，加上国有企业实行承包经营责任制，出口企业员工的生产经营积极性得以调动，但是由于出口品的需求弹性较小，出口增长幅度有限，若非实行严格的进口外汇管制，贸易收支的微弱顺差就不可能实现。旅游等非贸易收支顺差在经常项目顺差中占有重要地位，近 1/3 的经常项目顺差来自非贸易项目。

10.1.5.2 第二阶段(1985~1989 年)

在此阶段，我国的外汇储备余额减少，年平均外汇储备余额仅 30 亿美元左右。由于贸易收支逆差严重，非贸易收入和资本净流入不足以弥补贸易收支逆差，因而不得不动用部分外汇储备。1985 年是城市经济体制改革全面展开的第一年，由于经济发展战略由内向型转换为出口导向型与进口替代型相结合，以大进大出为指导思想的沿海经济发展战略推动了进口增长，国内通货膨胀加剧，旺盛的国内需求致使外销收益不如内销，部分出口品转向国内市场，出口增长率由 1984 年的15.4%下降到 5%，而进口增长率由 1984 年的 27%上升到 60%。此外，为了恢复我国在 GATT 的席位，避免复汇率制的弊端，1985 年取消了人民币贸易内部结算价，由官方牌价 1.5RMB/USD 调整为 3.2RMB/USD，资本项目相对于贸易项目所受刺激更大。国民经济高速增长的"七五"计划时期，除 1990 年以外，进口都大于出口，贸易收支连年出现逆差，非贸易收支顺差基本上保持在年平均 15 亿美元左右，虽然每年资本平均净流入量近 60 亿美元，仍然不够弥补经常项目逆差，这阶段年平均外汇储备减少了约 27 亿美元。

10.1.5.3 第三阶段(1990~1994 年)

在此阶段，我国的外汇储备成倍增长，除 1992 年偿债高峰导致资本净流出外，经常项目、资本项目都出现巨额顺差，外汇储备由 1990 年的 110.9 亿美元增加到 1995 年的 736 亿美元，增加了 6.6 倍，外汇储备总量成为全国上下关注的热点问题。1990 年国民经济进入治理整顿阶段。为了遏制通货膨胀，实行财政金融双紧政策，严格控制投资规模，进口市场疲软，部分内销产品转向出口，贸易收支开始逆转，出现顺差。1989 年 12 月，人民币汇率由 3.722 1RMB/USD 调整为4.722 1RMB/USD，1990 年 9 月进一步调整为 5.222 1RMB/USD，人民币对外贬值超过 40%，极大地刺激了出口和资本流入。经过一年多的时滞，1990~1992 年的年平均出口增长率高达 17.2%，尽管西方国家冻结了部分对华投资和贷款，外汇储备在 1990 年、1991 年仍连续两年成倍增长。1992 年国民经济由调整阶段转入新一轮高速增长阶段，投资规模急剧膨胀。当年进口比 1991 年增长了 28.3%，1993 年经济增长势头更猛，进口进一步增长 34%，比同期出口高出 25 个百分点，出现了 106 亿美元的贸易逆差。"七五"计划时期所借外债的偿债高峰集中在 1991、1992 两年，由于经常项目顺差足以支付债务的还本付息,外汇储备没有太大的起伏。1993 年,受中国经济高速增长的刺激,特别是新兴证券市场高回报率的强烈吸引,巨额外资涌入中国,资本净流入额超过 234 亿美元,弥补经常项目逆差后还有结余,外汇储备较 1992 年有所增加。

10.1.5.4　第四阶段(1994~1999 年)

1994 年,中国外汇管理体制发生了重大变革,官方汇率与外汇调剂市场汇率并轨,由并轨前的 5.800 0RMB/USD 调整为 8.708 0RMB/USD,取消经常项目下的外汇留成制度,代之以外汇收支结售汇制度。高达 50%的人民币对外贬值幅度,加上财政、货币双紧政策,国内基本建设规模和信贷规模受到严格控制,资本品市场萎缩,极大地促进了企业的出口积极性,当年出口增长率高达 35.6%,出口额超过 1 000亿美元,创历史最高纪录。为了维持正常的资金运行及获取套汇套利收益,许多企业将其存放海外的外汇资金调回国内结汇,并将外汇管理条例规定不属于结汇范围内的资本项目外汇资金充当经常项目外汇卖给外汇指定银行,致使 1994 年外汇结汇额超过 1 100 亿美元,除去售汇后,进入外汇储备的净结汇额高达 110 多亿美元。与此同时,国际游资继续看好中国,1994 年中国成为吸引外资最多的发展中国家,外资净流入 324.66 亿美元,其规模仅次于美国,居世界第二位。受经常项目顺差和资本项目顺差的双重推动,外汇储备增长率达到创纪录的 143%,由 212 亿美元猛增至 516 亿美元。1995 年,虽然人民币对美元继续坚挺,国内通货膨胀居高不下,但是出口强势依旧,出口增长率再创新高,超过了 45%。由于银根渐渐宽松,进口开始回升,年增长率由 1994 年的 10. 4%上升到 38.7%。同时由于西方国家经济复苏吸引了国际游资,资本流入趋缓,外汇储备增长率放慢,外汇储备总量比 1994 年增加了 220 亿美元,达 736 亿美元。

1997~1999 年,我国的外汇储备出现大幅度地减少。外汇储备增量由 1997 年 210.37 亿美元下降到 1998 年的 50.69 亿美元,一年之间的跌幅就达75.9%。虽然 1999 年外汇储备有所回涨,增加了 97.16 亿美元,但增长不多,与 1997 年相比,仍然只有 1997 年外汇储备增加额的 46.19%。外汇储备的波动与 1997 年开始的亚洲金融危机密不可分。亚洲金融危机发生后,我国周边大多数国家受到金融危机的影响,国家的经济、金融体系暴露出严重的问题,并由此导致了外国资本的大量出逃及其货币的大幅贬值。我国出于维护亚洲地区经济稳定,树立政治大国形象,避免陷入恶性的货币贬值循环等原因,承诺维持人民币不贬值。人民币相对周边国家的汇率高升使中国的出口遭受了严重的冲击,经常项目顺差从 1997 年的 369.63 亿美元减少到 1998 年的 314.72 亿美元,减少了 14.9%。且由于其他国家货币贬值效应的时滞因素,我国经常项目的恶化出现在 1999 年,这年经常项目顺差仅 156.67亿美元,比 1998 年进一步减少了 50.2%。另外,由于现代金融危机所带来的“传染效应”和“羊群效应”,在对亚洲整体经济、金融形势前景看淡以及对中国经济问题的解决和人民币的稳定缺乏信心的情况下,大批欧美的资金相继抽出了中国,资本出逃现象相当普遍。资本项目由 1997 年的 210.37 亿美元顺差转变为 1998 年的 62.75 亿美元逆差,一年中资本流入减少了129.83%。到 1999 年时,由于亚洲经济开始复苏,中国经济稳步发展,外资对中国经济的信心有所回升,资本收支恢复到 97.16 亿美元的顺差。

10.1.5.5　第五阶段(1999 年至今)

从 1999 开始,我国外汇储备一直保持持续增长的势头。2006 年 2 月底,我国外汇储备增长到 8 536 亿美元,已超过日本成为全球外汇储备最多的国家。而且,我国外汇储备还在不断攀升,到 2018 年末外汇储备为 30 727 亿美元,连续 13 年稳居世界第一。巨额的外汇储备,固然是综合国力的体现,不过其持续过快的增长,也给经济带来一些负面的影响,这已引起国内外的广泛关注。目前,我国已经确定了维持国际收支基本平衡的宏观政策取向。

保持足够规模的外汇储备对我国这样一个走向市场经济的发展中大国是必要的,这有利于应对国际资本流动的不确定性,并支持我国企业走出去到海外投资发展。高外汇储备是保持汇率稳定、抵抗国际投机金融集团冲击的有力屏障。但中国目前的外汇储备数量已经远远超过了为保护中国经济免受全球金融危机冲击所需的水平。1 万亿美元的外汇储备几乎是中国 2005 年进口总额的 1.25 至 1.5 倍,相当于 2005 年中国经济总产出的 45%左右;这样规模的外汇储备足以偿还中国所有的短期外债 6 次。所以,拥有足够多的外汇储备已不仅仅意味着我国经济实力壮大、综合国力和抗风险能力的增强。近几年外汇储备的迅猛增长,导致货币供应的调控压力骤增,外汇储备增加过快,占用基础货币增多,削弱了货币政策的调控能力,也加大了人民币升值压力,并导致贸易摩擦加剧。因此,如何扭转外汇储备快速增加的趋势和提高外汇储备使用效率,已成为中国政府面临的一大挑战。

外汇储备不断增加是我国国际收支双顺差的结果,而持续 15 年左右的双顺差又是中国长期实行出口导向政策导致中国经济存在内外失衡和市场扭曲现象的结果。随着外汇储备不断增加,在我国外汇已不再是稀缺资源。2006 年,著名的“广交会”已更名为“中国进出口商品交易会”。随着出口退税政策的改革、内外两税合一等一系列政策措施出台,表明中国经济发展战略正在从出口导向转向重视内外平衡的发展战略。同时,为缓解外汇储备不断上升的压力,中国政府已开始调整外汇储备政策。长期以来,我国外汇政策以管制为主,并不鼓励居民持有外汇,即使持有也只能买些理财产品或者外汇存款,海外投资渠道过于狭窄。

现在,为了降低巨额外汇储备带来的风险,国家外汇管理局推出了鼓励“藏汇于民”的外汇六项新政,通过放松居民个人购汇进行外汇投资、推出合格境内机构投资者(QDII)等政策,以拓宽资本流入流出的“双车道”,增加可以促进国内产业结构调整和技术进步的商品技术进口,缓解外汇储备增长的压力。

2005年7月22日,人民币从原本紧盯美元的汇率制度,改革为参考一揽子货币。正如央行行长周小川指出的,“人民币浮动区间扩大可缓解本币升值压力,如果市场有此需求,中央银行将会考虑进一步扩大浮动区间”。

从2013年起,外汇管理部门不断完善跨境资本流动“宏观审慎+微观监管”两位一体管理框架,稳步推进资本项目开放。我国开始大幅简化外商直接投资外汇管理,加强对外直接投资分类管理,直接投资已实现基本可兑换。为不断提升贸易便利化水平,我国大力推进区块链技术在外汇管理领域的应用,推动“放管服”改革,完善外汇局“互联网+政务服务”网上办理系统,持续优化营商环境。

2015年以来,受国内外多重因素综合作用影响,我国外汇市场出现了几轮较严重的“资本流出—外汇储备下降—人民币贬值”负向螺旋。鉴于2018年以来中美经贸摩擦不断升级,外部环境复杂多变,外汇管理部门及时制定和实施了包括增强人民币汇率弹性、启动部分宏观审慎管理工具、加强市场预期引导等在内的一揽子应对措施,跨境资本流动宏观审慎管理框架初步形成,并不断完善外汇市场微观监管政策体系。

总之,今后我国将进一步完善汇率形成机制,增强汇率浮动弹性,扩大其浮动区间,从而加大投机进出资金的风险成本,抑制其投机操作,起到释放升值压力、减少外汇储备快增的作用。在汇率机制不断完善的过程中,企业、金融机构、居民和其他市场主体都需要适应从管制到放松的环境变化,学会认识和应对汇率风险。目前,也需要建立多层次、多产品的金融市场,开发金融衍生产品,鼓励金融创新,增加可供市场主体选择的管理风险的金融工具。

随着外汇储备不断增加,如何更有效地运用外汇储备已被提上议事日程,科学运用外汇储备必须按照“安全、流动、增值”的原则经营管理好外汇储备。另外,必须从国家战略的角度考虑富余储备的多元化运用渠道。

10.1.6 我国外汇储备变动特点

纵观我国外汇储备的发展史,可以总结出我国外汇储备供应变动的一些特点。

首先,从需求上看,进口和还本付息构成需求变动的主体,这二者的变动都具有周期性。一般地,在我国经济扩张、投资规模超常增长时期,进口需求增长率很高;相反,国民经济紧缩时期或投资规模压缩时期,进口需求下降。还本付息则受外债规模和期限制约,每隔7~8年出现一次偿债高峰期,并导致外汇储备余额下降。

其次,从供应上看,资本净流入和出口是外汇储备增长的主要渠道。1994年新外汇体制执行以来,我国外汇储备总量的增减由外汇指定银行的结售汇差额来决定,外汇收支核算与以前有所不同:外汇储备=上期末外汇储备余额+贸易项目结售汇差额+非贸易项目结售汇差额+资本与金融项目结售汇差额。

再次,外汇储备变动具有很强的政策性。国家对外汇供求,尤其是外汇需求有较强的控制,每当政府放松进口和国际借款限制时,外汇储备增长幅度就下降,反之则上升。由于政府对外汇指定银行的结算周转外汇余额实行按比例管理,政府可以根据政策的需要调整这一比例,将外汇储备变动控制在目标范围内。

最后,在20世纪80年代,外汇储备规模十分有限,必须借助严格的进口、劳务、资本输出管制,或者大规模引进外资,才能满足对外支付、稳定汇率的需要。自20世纪90年代以来,我国外汇储备规模飞速增长,无论经常项目还是资本项目都进入了良性循环,政府运用宏观经济政策调节经济的效力已经比较明显地反映在内外经济活动上,充足的外汇储备为下一轮国民经济的高速增长奠定了良好的基础,也为政府的宏观调控创造了宽松的环境。

10.2 外汇储备规模管理

10.2.1 外汇储备管理内容与目标

10.2.1.1 外汇储备管理内容

外汇储备管理是国民经济宏观管理不可分割的组成部分。外汇储备管理是指一国政府及货币当局根据一定时期内本国的国际收支状况和经济发展的要求,对外汇储备的规模、结构及储备资产的运用等进行计划、调整、控制,以实现储备资产规模适度化、结构最优化、使用高效化的整个过程。由此可见,外汇储备管理需要解决两个紧密联系的问题:一是如何确定和保持外汇储备的适度规模;二是在储备总额既定的条件下,如何实现储备资产结构的最优化。因此,外汇储备管理包括质和量两个方面的管理。所谓量的管理,是指对外汇储备规模的选择与调整;质的管理则是指对外汇储备经营的管理,主要是对外汇储备结构的确定和调整。前者通常被称为外汇储备的规模管理,后者则被称作外汇储备的结构管理。通过对外汇储备实施有效的管理,将实现两个管理目标:①维持一国国际收支的正常运行;②提高一国外汇储备资产的使用效率。

10.2.1.2 外汇储备管理体制

世界各国的政体、国情千差万别,宏观经济管理很少有统一的模式,但是外汇储备的管理权一般属于政府,具体的管理工作则由各国货币当局(主要是中央银行)及其各个具体部门负责进行。一国政府从国民经济发展的总体规划出发,拟订出一定时期内该国外汇储备管理的宏观政策,根据这一政策的要求,货币当局制定出具体的管理细则并实施管理。

外汇储备作为一种具有特殊用途的金融资产,对其管理既要遵循一般金融资产的流动性、收益性、安全性的管理要求,又要满足特定的国民经济发展要求,因此需要相当多的管理技术与管理经验。有些国家,尤其是一些发展中国家,由于缺乏外汇储备管理方向的必要设施和专门人才,其货币当局往往委托西方国家一些有经验、资信好的国际性商业银行代为经营一部分或全部外汇储备。具体做法是,该国货币当局定期拨给被委托银行一笔储备资产,而后者则按照其提出的条件进行管理和经营,同时收取一定的管理费。这种做法虽然能在缺乏管理条件的情况下获得比较好的经济效益,但却容易造成对外国银行的依赖。

10.2.1.3 外汇储备管理原则

(1)保证国民经济发展所需的必要的进口支付。进口是国民收入的增函数,随国民收入的增长而增长。如果国民收入处于一个较低的水平,那么扩大进口规模,就可以推动国民收入达到较高的水平。对于众多的发展中国家,在较长一段时间里保持一定的进口规模,是其国民经济发展的必要条件。特别是在经济、金融全球化的大环境下,各国经济发展对外依赖程度日益增加,只有保证对外贸易以及资本流动的正常支付,国民经济才能获得稳定发展的外部条件。无论通过什么途径来获得外汇,外汇储备都应该满足进口的对外支付需要。

(2)保证国内通货膨胀不超过适度水平。外汇储备作为一国中央银行的资产,从货币供应角度看,就是该国基础货币的一个组成部分。在国内信贷总量不变、存款准备金率和货币流通速度一定的情况下,外汇储备金额增加,流通中的货币将数倍地增长,这就要求对外汇储备规模进行调节,以防止通货膨胀超过目标水平。

(3)将外汇储备规模管理置于主要宏观经济政策调控之下。外汇储备规模与国民收入、货币供应一样,也是国民经济的一个可以用政策加以控制的总量。在财政政策、货币政策致力于解决国内经济发展问题时,通过对外汇储备的流量控制,或者对外汇储备存量规模进行调整,冲销国际收支不平衡对国内投资与消费的不利影响,以利于一国经济对内、对外同时平衡发展。

(4)确保外汇储备资产的安全与效益。通过储备资产的经营,确保货币价值不受外汇风险和利率风险的损害,努力使外汇储备资产保值和增值,提高储备资产的运用效率。

10.2.2 外汇储备规模管理的意义

规模管理是指确定和维持一国适度的外汇储备水平。实践证明:外汇储备并非越多越好。过多的外汇储备虽然有较强的平衡国际收支的能力和抑制外汇市场波动的功能,但仍然会影响一国经济的发展。首先,获取和持有外汇储备是有机会成本的。外汇储备代表一定的实际资源,持有外汇储备意味着这部分资源被闲置,而放弃了将其转化为进口生产资料等实际资源所可能带来的收益。其次,外汇储备尤其是外汇储备的多少,与本国货币的投放量有着密切的联系。外汇储备越大,而这部分储备所代表的购买力没有实现,则它所对应的货币投放就缺乏必要的物质保证,会增加一国的货币投放量,可能引起国内的通货膨胀。

当然,一国的外汇储备水平也不能过低。一国之所以需要外汇储备,在于持有外汇储备的所得利益,即可利用外汇储备弥补国际收支逆差、支持本币汇率和充当信用保证。若一国的外汇储备规模过小,就意味着其资源配置的扭曲,会削弱货币当局平衡国际收支的能力,轻者引起支付危机,重者导致国内经济失衡、经济脆弱,不利于一国经济的稳定增长,同时也会降低该国的国际信誉和国际清偿能力,在受到巨大冲击时会付出格外沉重的代价。因此,一国的外汇储备既不能过多,也不能过少,应维持在一个合理的水平上,寻找到外汇储备的适度规模。

10.2.3 影响外汇储备适度规模的因素

适度的外汇储备规模,又称最适度储备量,是既能满足一国国民经济发展对外汇储备的需求,又能使外汇储备充分发挥作用,并且使外汇储备的机会成本损失最小的储备量。它的规模和增长速度应能满足经济增长和维持国际收支均衡的需要,达到合理利用国内资源,以保证合理发挥外汇储备的作用。适度的外汇储备规模并无统一的标准,各国的不同情况、世界经济环境的变化都会引起适度储备量标准的变动,确定最适度外汇储备量的因素主要有以下几种:

(1)一国的经济发展水平。这是决定一国适度储备量最基本的因素。一国的经济规模越大,对外开放程度越高,则其进口规模越大,利用外资越多,从而需要越多的外汇储备量。衡量一国经济的发展水平的常用尺度是该国的国民生产总值(GDP)。世界各国外汇储备量的增加,基本上都是和各国国民生产总值联系在一起的。因为外汇储备量是货币供应量的一部分,国民生产总值的增加就意味着所需货币供应量的增加,因而外汇储备也必然增加。在贸易收支平衡的情况下,外汇储备量与国民生产总值的比值一般保持在15%~30%之间。

(2)国际收支的差额状况及管理效率。外汇储备的主要作用是弥补国际收支逆差,因此,一国的国际收支状况对该国的储备需求有重要影响。一般来说,一国的外汇储备量与其国际收支顺差呈反方向变化。如果一国国际收支持续顺差,则对外汇储备的需求就相应地减少;反之则多。而一国的政策调节国际收支差额的效率越高,储备需求就越小,储备需求与调节效率呈反方向变化。

(3)一国在国际市场上的融资能力。一国在国际市场上的融资能力,包括获取外国政府和国际金融组织贷款的能力、获取外国商业银行贷款的能力以及在国际债券市场上的融资能力。如果一国在国际金融市场上具有较高的信誉,能迅速方便地获得国际金融机构或外国政府的贷款,并且贷款来源稳定,则对储备量的需求相对较少;与此相反,若一国国际资信较差,融资能力低,则对储备量的需求较高,两者呈反方向变化。当然,若一国的外汇储备水平过低,会影响其国际信誉,降低其借用外债的能力,而且,借款的成本较高。因此,靠借款来维持国际清偿能力需要付出一定的代价。

(4)汇率制度的安排与外汇管制。外汇储备和外汇制度有着密切的联系。因为国际储备的一大作用就是干预汇率。如果一国采取的是固定汇率制或钉住汇率制,并且政府不愿经常性地改变汇率水平,就需要持有较多的储备,作为干预外汇市场的物质基础;反之,实行浮动汇率制或弹性汇率制的国家可利用汇率的自发调节机制,适当减少外汇储备量。如果一国对外实行严格的外汇管制,如发展中国家对外汇收支进行严格的管理,其用汇量必然受到限制,国际收支逆差的可能性小,对外汇储备的需求就小;相反,外汇管制较松或已取消外汇管制的国家就需要较多的外汇储备。

(5)一国的对外开放程度。当今的世界经济由于各国的相互对外开放而相互联系、相互影响。通常衡量一国开放程度的指标是对外贸易依存度,即进出口总额与国民生产总值的比例。一国的经济越开放,国民经济对外依存度越大,所需的外汇储备量越多;反之,则较少。

(6)本币在外汇储备货币中的地位。如果一国货币是外汇储备货币,那么该国就可以用本币来偿付国际债务,即通过增加本国货币的对外负债来弥补国际收支逆差,因此,对外汇储备量的需求就少。目前,只有少数发达国家的货币成为主要的外汇储备货币,这使这些国家能维持较低的外汇储备水平。而众多的发展中国家,作为非储备货币发行国,只能用外汇储备货币来偿付国际债务,则不得不维持较高比例的储备量。而一国外汇储备需求也与该国货币是否可自由兑换密切相关,要实现本币的自由兑换则需要较多的外汇储备。

(7)国际货币合作状况及政策协调。如果一国货币当局与他国或国际金融机构(如 IMF、WB 等)在经济、金融、货币等方面有着良好的合作关系,就可以通过签订互惠信贷、备用信贷协议等互为支持帮助。各国间实行政策协调,既可缩小国际收支不平衡的缺口幅度,又可增强调节国际收支的实力,则可减少外汇储备的需求;反之,会增加储备需求。

10.2.4 我国外汇规模的管理

作为发展中国家,我国最适度的外汇储备量必须根据我国的国情,综合考虑以下因素。

10.2.4.1 我国的对外贸易和经济发展状况

贸易收支是我国外汇储备的重要来源。改革开放以来,我国对外贸易有很大发展,据商务部资料显示,我国对外贸易 2018 年达到 4.6 万亿美元,比上年增长

12.6%。其中:货物出口2.5万亿美元,增长9.9%;货物进口2.1万亿美元,增长15.8%。进出口差额(出口减进口)3 517.6亿美元,比上年减少680亿美元。对外贸易额继续稳居全球第一位。但由于我国的外贸依存度高,出口粗放性增长,对外贸易的商品结构不合理,贸易摩擦不断等问题的存在,有必要保持中等偏高的外汇储备水平,以满足贸易支付的需要。图10-1显示了我国近年来的货物进出口总额。

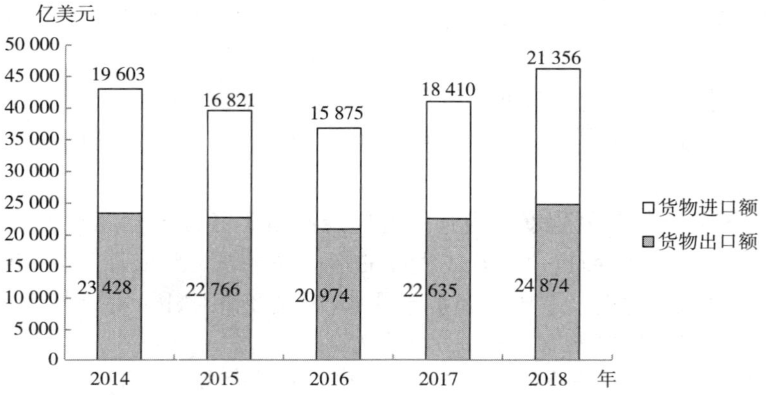

图10-1　2014~2018年货物进出口总额

10.2.4.2　我国利用外资的水平

利用外资是我国的一项基本国策,我国利用外资数额逐渐增多,外债数额不断扩大,2018年全年非金融领域新批外商直接投资企业60 533家,比上年增加69.79%。实际使用外商直接投资金额1 349.66亿美元,增加3%。外资流入能增加外汇储备,但因外资的不确定性,随着外资的流出,这部分储备也会相应减少,特别是其中的游资更会对一国经济产生负面影响。因而,要充分估量外汇储备的维持本币汇率稳定的作用,并考虑到外汇储备在我国对外举债中的信用保证作用。

10.2.4.3　我国的汇率制度

自1994年起,人民币实现了以市场供求为基础的、单一的、有管理的浮动汇率制,1996年,人民币实现了经常项目下的可兑换。自2005年7月21日起,我国开始实行以市场供求为基础、参考一揽子货币进行调节、有管理的浮动汇率制度。人民币汇率不再盯住单一美元,形成更富弹性的人民币汇率机制。自2006年起,我国引入做市商制度和询价交易机制。2007年5月21日,中国人民银行宣布将人民币兑美元汇率日波动区间从0.3%扩大至0.5%。为增加人民币汇率弹性,我国在2010年进一步推进汇率形成机制改革,采取参考一揽子货币进行调节,以市场供求作为决定汇率的重要指标。这将有利于推动我国经济资源更加合理有效地配置,促进经济快速发展。自 2015 年 8 月 11 日起,人民银行决定完善人民币兑美元中间价报价机制,人民币市场化水平明显提升。中国经济改革的深化,人民币资本项目下可兑换的实现,客观上都需要保有充足的外汇储备用以应付随时可能发生的兑换要求,维持外汇市场和汇率的相对稳定。

10.2.4.4 维护我国香港国际金融中心的繁荣与稳定

1997 年香港回归祖国后,维持香港国际金融中心的繁荣与稳定成为一个现实的经济和政治问题。保持良好的国际收支状况、维持人民币汇率的稳定对于港币汇率的稳定有着极为重要的作用。金融市场频繁的剧烈动荡,需要充足的外汇储备作为支撑。

此外,现有的产业结构及调整方向、企业的平均创汇收益、外贸条件的变化、我国的外债结构和对外融资能力等因素,也影响着我国最适度的外汇储备规模的确定。

目前,对于中国过万亿美元的外汇储备,其规模管理涉及总量控制和保值增值两大方面。在总量控制上,根据中国的总体经济规模,应逐步控制外汇储备总量过快增长,比如,限制投机性国际热钱过多流入,通过适当增加进口以减少贸易顺差,同时尽快放宽中国企业境外投资限制,防止外汇储备过快增长而造成新的负担。这其中颇值得关注的,就是如何放宽中国企业的境外投资限制。因为这不仅涉及外汇储备总量调控,也事关其保值增值。推进中国企业更快更好地“走出去”,是中国扩大对外开放战略的一个重要组成部分,为此就需要逐步放宽中国企业在境外投资的限制,甚至要提供必要的政策性财务支持。

10.3 外汇储备结构管理

10.3.1 外汇储备结构管理的必要性

外汇储备的结构安排包括储备货币的币种选择及其在储备中所占比重的确定。外汇储备结构安排是一件十分复杂的事情,目前世界上可自由兑换的货币超过 60 种,这意味着在只投资于一种金融工具的前提下,可以对外汇储备做 60 多种安排,而实际上能够作为外汇储备资产投资的金融工具有 10 多种,那么根据排列组合原理,外汇储备结构安排将超过 600 多种。这仅仅是静态的考察,如果动态地考察,每天外汇储备结构都在发生变化。虽然科技的发展、大型集成电路和计算机技术可以使外汇储备结构调整的操作变得比较容易,但是,灵活多样的经济生活并不是简单的数学游戏,外汇储备结构安排是否妥当,直接影响到储备资产的价值稳定及其功能的实现。

10.3.1.1　汇率风险管理

前面我们曾经提到过,外汇储备呈现出多元化趋势,一国的外汇储备是好几种货币计价资产的组合。按照 IMF 的要求,各国的外汇储备通常以美元作为计量货币,也就是,不同币种的资产都要按照报告期当日的汇率折算为美元资产,从而得到特定时点的外汇储备总金额。由于外汇储备规模的增减变化取决于外汇储备流量,即使一国从上一时期到当前时期,依照权责发生制的原理,以进出口、劳务、资本流动行为发生时的汇率折算的美元收支是平衡的;但是,由于时间因素的作用,不同时期的汇率也不相同,导致国际收支按实际支付期折算的美元计量时往往会出现顺差或者逆差,从而引起外汇储备存量发生改变。这种因储备货币之间汇率波动造成的储备资产价值的不确定性,被称为外汇储备资产的汇率风险。

储备资产的实物载体是各种各样的货币市场工具和资本市场工具,这些金融工具的结构由以下两种方式形成:

第一,实际国际经济交往的外汇收入。从事商品、劳务及资本品买卖的私人部门和政府部门,根据自身经营的需要所选择的金融工具,卖给国家兑换为本币,从而形成国家的外汇储备。

第二,调节性安排。国家用本币买入的、来自实际国际经济交往的外币金融工具,其结构如果不符合该国对外汇储备管理的需要,就必须在金融工具之间进行买卖调整,以达到适当的或者最佳的外汇储备资产结构。

10.3.1.2　利率风险管理

在当今的金融市场上,绝大多数金融工具是浮动利率工具。如果一国的外汇储备资产以浮动利率金融工具为主,利率上浮时储备资产的实际收益将超过预期收益,储备规模自行膨胀;相反,利率下浮时储备资产的实际收益达不到预期水平,储备规模将自行缩水。这种因储备资产的利率发生波动,造成储备资产的收益不确定的风险被称为外汇储备资产的利率风险。在前面章节我们已经讲到,即使同属于无风险的国债工具,美元、德国马克、日元之间的利差有时扩大,有时缩小,而且不同时期利率差异比较大。例如,1999 年与 1994 年相比,这三大货币的利率水平几乎都减少了 2 个百分点,这意味着以这三种货币表示的储备资产的收益减少了 2 个百分点。为了保持储备资产在风险一定的情况下获得较高的收益,必须及时进行货币之间的调整,将储备资产安排在收益率较高的货币上。当然,金融资产种类很多,除了无风险的国债外,还有企业债券、金融债券、股票以及基金收益凭证,这些金融资产的收益都比国债高,相应地风险也比较大。各国货币管理当局的风险管理水平有差异,风险管理水平高的国家,可以适当选择国债以外的收益水平更高的资产。

10.3.1.3　综合风险管理

从经济学角度看,目前利率水平偏高的货币在未来有贬值的压力,相反目前利率水平偏低的货币在未来有升值的压力,因此储备资产的利率风险管理与汇率风险管理不是两种相互独立的管理,而是风险管理的两个方面,必须同时着手、同时考虑。例如,如果一国的储备选择了日本的国债,以美元为核算货币,那么这种安排与选择美元相比,收益的差距将由两个部分构成:

名义收益率差异=本期日元国债利率-本期美元国债利率

货币贬值率=(本期汇率-前期汇率)/前期汇率×100%

因此,

收益的差距=名义收益率差异-货币贬值率

外汇储备资产的汇率风险和利率风险,不受某个国家的左右,而是受一些能够对主要国际储备货币发挥作用的国家的经济政策影响。各国基于自己的经济发展需要,独立地实施政策,由于各国经济发展的周期不一致,以及国际合作并不十分紧密,它们对汇率和利率的影响方向、时间、力度都具有分散性,有时相互冲销,缩小了风险,有时雪上加霜,加剧了风险。要对外汇储备资产的汇率风险及利率风险进行有效的管理,必须首先了解外汇储备资产的种类及其特点,然后合理安排外汇储备资产的结构,通过良好的、科学的资产组合,将风险控制在适度的范围内,从而实现储备资产保值增值的目标。

10.3.2 外汇储备结构管理指导思想

10.3.2.1 外汇储备资产的币种安排基本符合对外经济活动的支付需要

任何一个国家,受制于地理环境、历史文化关系以及经济结构,其对外经济往来都有比较确定的对象,在币种选择上也比较稳定,基本的对外收支金额及币种结构由实际发生额确定。外汇储备资产应该坚持收支币种匹配原则,只对收支差额部分进行调整。汇率风险产生的重要前提是两种货币之间的兑换,因此,对外收支都使用同一种货币时不存在汇率风险。关于外汇储备资产中如何安排币种的问题,有两种迥然不同的观点。

第一种观点是以软硬币的比例作为标准。有升值趋势的硬币越多,或者有贬值趋势的软币越少,外汇储备的质量越高;如果结合国际金融市场的利率来考虑,防止出现硬币与软币的汇差收益小于二者之间利差损失的"软币不软,硬币不硬"问题,即强调以综合收益率的高低来衡量外汇储备质量。这种观点基本上将外汇储备视作一种可以随意调动的纯资产,在币种结构安排上以资产收益最大化为首要目标,然后才考虑外汇储备资产的其他管理目标。

第二种观点是以满足实际的对外收支需要为标准,将外汇储备功能的实现及管理的简便作为主要目标。币种安排取决于对外支付尤其是经常项目国际结算的需要。如果需要支付的 A 币金额大,就在外汇储备资产中安排较大比重的 A 币;反之则安排较小比例的 A 币,这种安排并不十分强调 A 币究竟是硬币还是软币。

在外汇储备资产总量一定的情况下,外汇储备的来源已经确定。如果外汇储备来源的货币结构基本上符合对外支出结构,就不需要进行储备资产结构调整,无论汇率怎样波动,都不会妨碍对外支付需要的满足。如果外汇储备来源与支出在币种结构上相差甚远,则必须进行货币结构的调整。也许是把一种来源货币兑换成支付所需货币,也许是把好几种来源货币同时兑换成支付所需货币,这就不仅仅是计价货币与另一种储备货币之间的兑换了。按照第一种观点,衡量两种非计价货币之间的比重是否合理,将涉及三种货币之间的兑换;而按照第二种观点,只需考虑两种货币之间的兑换,管理起来简便得多。不过这两种货币在何时进行兑换,对外汇储备资产总量却有很大影响。等量货币按照不同的汇率兑换成另一种货币,高价买入还是低价买入,结果当然大相径庭。在浮动汇率制度下,主要国际储备货币之间的汇率波动十分剧烈,一年中上下浮动的幅度绝对值之和往往超过50%,甚至出现一个月内汇率波动幅度超过20%的情况。选择适当的货币兑换时间,已成为外汇储备结构管理的重点。

10.3.2.2 遵循安全性、流动性、收益性的顺序选择金融工具

任何一种金融工具,都是安全性、流动性和收益性的组合体,这三种特性的不同组合,正是金融工具创新的根源,也是金融工具之间进行区分的标志。在外汇储备资产币种结构确定的前提下,金融工具的选择就成为影响外汇储备总量不容忽视的因素。由于资本市场金融工具的收益率明显高于货币市场金融工具,因此在基本不影响对外支付的流动性要求的条件下,外汇储备中为支付长期资金预留的资金,以及一部分暂时不用的外汇平准基金,应该尽可能多地投资于资本市场金融工具。虽然从收益性上看,一般情况是:公司股票>公司债券>政府债券。但考虑到信用风险,外汇储备资产不能投资于公司股票,拥有最高资信级别的公司债券,在其二级市场比较发达的前提下,可以在外汇储备中占有少量的比重。对于政府债券,也应该视债券发行国的政权组织状况,以及中央政府债券、地方政府债券和政府部门债券的收益率状况,决定三者各自的比重。一般地,资本市场金融工具在外汇储备资产中的比例不应该低于1/3。经常项目收支,大都在3个月内需要进行清算,要求外汇储备资产保持较高的流动性,收益性低的货币市场金融工具恰好能够满足这种需要。外汇储备资产的安全性与本币资产的安全性的范畴并不完全一致,后者主要是指偿还风险或信用风险,前者除信用风险外,还包括汇率风险。外汇储备资产的安全性不仅指某种金融工具到期能够连本带利收回资金,而且要兑换为计价货币后进行衡量,要求更为苛刻。如果以计价货币核算的某种金融工具到期值低于期初值,那么,这种金融工具的安全性就很差。鉴于此,货币市场金融工具中的创新产品——衍生金融工具在外汇储备资产中应该占有较大的比例。

10.3.2.3 外汇储备资产的币种结构要符合国际货币制度的演变

国际货币制度是世界各国公认的、被普遍接受的关于货币汇兑、国际收支调节、国际储备货币的规章制度的总和。为了避免各国过分追求本国利益,从而制定以邻为壑、危害国际经济秩序的政策,需要有一种货币制度来保护各国共同的利益,限制或者监督个别国家损人利己的行为。如果一国采取本币贬值、外汇倾销措施,或者对外汇储备的持续增长置之不理,没有遵守国际货币制度的要求,那么该国就会受到其他国家的谴责,甚至受到各种制裁。因此,各国的外汇储备结构必然受当时盛行的国际货币制度的影响,随着国际货币制度的演变而调整。在"牙买加货币制度"下,国际储备货币多元化,至于各种储备货币在总储备中所占的比重,一般来说,世界上大多数国家都选择美元作为其外汇储备构成的主体。自 20 世纪 70 年代后期以来,虽然美元的地位有所削弱而德国马克和日元(1999 年欧元诞生以后,欧元的地位越来越重要)的地位不断提高,但由于历史的原因,在国际贸易和国际借贷中仍以美元的使用量为最大;而且美国的货币市场和证券市场居世界之首,又是活跃的国际投资中心,因此美元仍是多数国家最主要的储备货币,世界各国的外汇储备中,有 50%左右以美元为面值的金融资产。其他的储备货币主要有欧元、日元、英镑、瑞士法郎等。

10.3.3 外汇储备货币结构的管理

外汇储备货币结构的管理包括储备货币币种的选择和安排、调整各种储备货币在外汇储备中的比重两个方面。

一国外汇储备中储备货币币种的构成及其结构主要取决于下列因素:①该国贸易与金融性对外支付所需币种;②该国外债的币种构成;③该国货币当局在外汇市场干预本国货币汇率所需币种;④各种储备货币的收益率;⑤一国经济政策的要求。

在布雷顿森林体系 20 世纪 70 年代初瓦解之后,美元的储备地位虽然被削弱了,但仍是最主要的储备货币,多数国家都将美元作为其外汇储备构成中的主体。这是因为:首先,美元是国际结算中使用得最多的货币,多数国家将美元作为主要储备货币是同国际支付中使用货币的情况是一致的。其次,美国的货币市场与证券市场最为发达,特别是美国政府每年发行巨额政府债券,为其他国家外汇储备的投资提供了便利和条件,因而美元是多数国家外汇储备中最主要的储备货币。

10.3.4 外汇储备资产形式的结构管理

外汇储备资产形式的结构管理的目标是确保流动性与营利性的恰当结合。由于外汇储备的主要作用是弥补国际收支逆差,因而在流动性与营利性中,各国货币当局更重视流动性。按照流动性的高低,外汇储备资产可分成以下三个部分。

10.3.4.1 一级储备

一级储备,流动性最高,但营利性最低,包括在国外银行的活期存款,外币商业票据和外国短期政府债券。其中,在国外银行的活期存款,可随时开出支票进行对外支付,流动性最高。由于储备货币发行国一般都有发达的二级市场,短期政府债券和商业票据容易变现。但是,这些流动性很高的资产的营利性却是比较低的。鉴于这种情况,货币当局需根据季节或特定时期短期对外支付的需要安排一定数量的一级储备,但要控制其在外汇储备资产中所占的比重。

10.3.4.2 二级储备

二级储备,营利性高于一级储备,但流动性低于一级储备,如2~5年期的中期外国政府债券。二级储备是在必要时弥补一级储备不足以应付对外支付需要的储备资产。准确预测短期对外支付的金额是难以完全做到的。任何一国货币当局必须持有一定数量的二级储备。

10.3.4.3 三级储备

三级储备,营利性高于二级储备,但流动性低于二级储备,如外国政府长期债券。此类储备资产到期时可转化为一级储备。如提前动用,将会蒙受较大损失。一国货币当局可根据对外债务的结构持有一定数量的三级储备,可提高持有外汇储备资产的营利性。

国情不同,各国货币当局持有上述三级储备的结构也就互不相同。一般来说,国际收支逆差国须在其储备资产中保留较大比重的一级储备,而顺差国则可保留较小比重的一级储备和较大比重的三级储备。

10.3.5 我国外汇储备结构的管理

在外汇储备结构的管理上,我国应以安全性为第一要求,在保证外汇储备资产安全性和流动性的前提下,做到有所增值。

首先,坚持以较为坚挺货币为主的储备货币多元化的原则,保持外汇储备购买力的相对稳定。根据对外贸易国别和收付的货币,以及外债还本付息的币种、对外支付外汇的币种设置外汇储备结构。同时,还要根据国际金融市场利率与汇率的变动趋势,对外汇储备的货币结构及时进行调整。

其次,外汇储备资产投资结构的管理,要做到既能满足对外支付的需要,又能获得最大收益。要根据对外支付的时间,安排外汇储备资产的投向。为此,要合理安排外汇储备资产投资的短期、中期和长期结构。

目前,数万亿美元的外汇储备是我国庞大的财富积累,也是抵御金融风险的重要保障,为进一步改革开放提供了坚实的财富基础。但外汇储备数量也应适度,而非越多越好。持有过多的美元资产,首先面临的是美元贬值的风险。美国经济存在双赤字的结构性问题,导致美元在国际市场上周期性贬值,加上通货膨胀的因素,大量持有美元资产,将面临外汇储备财富严重缩水的风险。因此,有必要加大外汇储备多元化的力度。央行也曾公开表示,要优化外汇储备的货币结构和资产结构,拓宽外汇储备投资领域。

货币比重的调整十分重要。欧元自 1999 年诞生以来,在国际货币市场的地位逐渐稳固,许多国家央行大量增持欧元,尤其是俄罗斯央行,将外汇储备结构中欧元所占比例从最初的 10%逐渐提高到 40%,印度和一些中东国家也纷纷效仿。欧元也应是中国增持的首选货币。近年来,英镑虽然取代日元成为第三大国际储备货币,但因中日两国经济贸易关系紧密,因此日元应是中国增持的第二优先考虑对象,然后才是英镑。另外,一些亚太地区国家与中国的贸易量也较大,可考虑适度增持这些国家的货币,这包括韩元、澳元、新加坡元等。黄金作为一种国际通用的硬货币,具有避险和保值的作用,也应在增持范围之内。为了提高外汇资产收益率,可以减少外汇现金比例,增加购买收益率较高的公债。

从市场角度来看,中国外汇储备结构调整,将会加大美元中长期贬值的压力,甚至有可能在短期内加剧美元下跌。与之相反,对于属增持范畴内的货币,具有中长期利好的性质。但是,中国的储备结构调整过程将是缓慢和长期的,而且具有政策的隐蔽性,总体上对外汇市场短期走势作用比较有限。

本章小结

外汇储备管理包括量的管理和质的管理两个方面,前者是指对外汇储备规模的管理,后者是指对外汇储备结构的管理。本章首先从介绍国际储备开始,分析了国际储备的概念、特征、构成以及其作用;接着从外汇储备规模管理和外汇储备结构管理两个方面阐述了外汇储备管理的内容,并且说明了中国外汇储备管理的现状,目的是为了让读者掌握外汇储备管理的内容以及其重要性。

附录 1

中华人民共和国外汇管理条例

1996 年 1 月 29 日中华人民共和国国务院令第 193 号发布
根据 1997 年 1 月 14 日《国务院关于修改〈中华人民共和国外汇管理条例〉的决定》修订　2008 年 8 月 1 日国务院第 20 次常务会议修订通过

第一章　总　则

第一条　为了加强外汇管理,促进国际收支平衡,促进国民经济健康发展,制定本条例。

第二条　国务院外汇管理部门及其分支机构(以下统称外汇管理机关)依法履行外汇管理职责,负责本条例的实施。

第三条　本条例所称外汇,是指下列以外币表示的可以用作国际清偿的支付手段和资产:

(一)外币现钞,包括纸币、铸币;

(二)外币支付凭证或者支付工具,包括票据、银行存款凭证、银行卡等;

(三)外币有价证券,包括债券、股票等;

(四)特别提款权;

(五)其他外汇资产。

第四条　境内机构、境内个人的外汇收支或者外汇经营活动,以及境外机构、境外个人在境内的外汇收支或者外汇经营活动,适用本条例。

第五条　国家对经常性国际支付和转移不予限制。

第六条　国家实行国际收支统计申报制度。

国务院外汇管理部门应当对国际收支进行统计、监测,定期公布国际收支状况。

第七条　经营外汇业务的金融机构应当按照国务院外汇管理部门的规定为客户开立外汇账户,并通过外汇账户办理外汇业务。

经营外汇业务的金融机构应当依法向外汇管理机关报送客户的外汇收支及账户变动情况。

第八条　中华人民共和国境内禁止外币流通,并不得以外币计价结算,但国家另有规定的除外。

第九条 境内机构、境内个人的外汇收入可以调回境内或者存放境外;调回境内或者存放境外的条件、期限等,由国务院外汇管理部门根据国际收支状况和外汇管理的需要做出规定。

第十条 国务院外汇管理部门依法持有、管理、经营国家外汇储备,遵循安全、流动、增值的原则。

第十一条 国际收支出现或者可能出现严重失衡,以及国民经济出现或者可能出现严重危机时,国家可以对国际收支采取必要的保障、控制等措施。

第二章 经常项目外汇管理

第十二条 经常项目外汇收支应当具有真实、合法的交易基础。经营结汇、售汇业务的金融机构应当按照国务院外汇管理部门的规定,对交易单证的真实性及其与外汇收支的一致性进行合理审查。

外汇管理机关有权对前款规定事项进行监督检查。

第十三条 经常项目外汇收入,可以按照国家有关规定保留或者卖给经营结汇、售汇业务的金融机构。

第十四条 经常项目外汇支出,应当按照国务院外汇管理部门关于付汇与购汇的管理规定,凭有效单证以自有外汇支付或者向经营结汇、售汇业务的金融机构购汇支付。

第十五条 携带、申报外币现钞出入境的限额,由国务院外汇管理部门规定。

第三章 资本项目外汇管理

第十六条 境外机构、境外个人在境内直接投资,经有关主管部门批准后,应当到外汇管理机关办理登记。

境外机构、境外个人在境内从事有价证券或者衍生产品发行、交易,应当遵守国家关于市场准入的规定,并按照国务院外汇管理部门的规定办理登记。

第十七条 境内机构、境内个人向境外直接投资或者从事境外有价证券、衍生产品发行、交易,应当按照国务院外汇管理部门的规定办理登记。国家规定需要事先经有关主管部门批准或者备案的,应当在外汇登记前办理批准或者备案手续。

第十八条 国家对外债实行规模管理。借用外债应当按照国家有关规定办理,并到外汇管理机关办理外债登记。

国务院外汇管理部门负责全国的外债统计与监测,并定期公布外债情况。

第十九条 提供对外担保,应当向外汇管理机关提出申请,由外汇管理机关根据申请人的资产负债等情况做出批准或者不批准的决定;国家规定其经营范围需经有关主管部门批准的,应当在向外汇管理机关提出申请前办理批准手续。申请人签订对外担保合同后,应当到外汇管理机关办理对外担保登记。

经国务院批准为使用外国政府或者国际金融组织贷款进行转贷提供对外担保的,不适用前款规定。

第二十条 银行业金融机构在经批准的经营范围内可以直接向境外提供商业贷款。其他境内机构向境外提供商业贷款,应当向外汇管理机关提出申请,外汇管理机关根据申请人的资产负债等情况作出批准或者不批准的决定;国家规定其经营范围需经有关主管部门批准的,应当在向外汇管理机关提出申请前办理批准手续。

向境外提供商业贷款,应当按照国务院外汇管理部门的规定办理登记。

第二十一条 资本项目外汇收入保留或者卖给经营结汇、售汇业务的金融机构,应当经外汇管理机关批准,但国家规定无须批准的除外。

第二十二条 资本项目外汇支出,应当按照国务院外汇管理部门关于付汇与购汇的管理规定,凭有效单证以自有外汇支付或者向经营结汇、售汇业务的金融机构购汇支付。国家规定应当经外汇管理机关批准的,应当在外汇支付前办理批准手续。

依法终止的外商投资企业,按照国家有关规定进行清算、纳税后,属于外方投资者所有的人民币,可以向经营结汇、售汇业务的金融机构购汇汇出。

第二十三条 资本项目外汇及结汇资金,应当按照有关主管部门及外汇管理机关批准的用途使用。外汇管理机关有权对资本项目外汇及结汇资金使用和账户变动情况进行监督检查。

第四章 金融机构外汇业务管理

第二十四条 金融机构经营或者终止经营结汇、售汇业务,应当经外汇管理机关批准;经营或者终止经营其他外汇业务,应当按照职责分工经外汇管理机关或者金融业监督管理机构批准。

第二十五条 外汇管理机关对金融机构外汇业务实行综合头寸管理,具体办法由国务院外汇管理部门制定。

第二十六条 金融机构的资本金、利润以及因本外币资产不匹配需要进行人民币与外币间转换的,应当经外汇管理机关批准。

第五章 人民币汇率和外汇市场管理

第二十七条 人民币汇率实行以市场供求为基础的、有管理的浮动汇率制度。

第二十八条 经营结汇、售汇业务的金融机构和符合国务院外汇管理部门规定条件的其他机构，可以按照国务院外汇管理部门的规定在银行间外汇市场进行外汇交易。

第二十九条 外汇市场交易应当遵循公开、公平、公正和诚实信用的原则。

第三十条 外汇市场交易的币种和形式由国务院外汇管理部门规定。

第三十一条 国务院外汇管理部门依法监督管理全国的外汇市场。

第三十二条 国务院外汇管理部门可以根据外汇市场的变化和货币政策的要求，依法对外汇市场进行调节。

第六章 监督管理

第三十三条 外汇管理机关依法履行职责，有权采取下列措施：

（一）对经营外汇业务的金融机构进行现场检查；

（二）进入涉嫌外汇违法行为发生场所调查取证；

（三）询问有外汇收支或者外汇经营活动的机构和个人，要求其对与被调查外汇违法事件直接有关的事项作出说明；

（四）查阅、复制与被调查外汇违法事件直接有关的交易单证等资料；

（五）查阅、复制被调查外汇违法事件的当事人和直接有关的单位、个人的财务会计资料及相关文件，对可能被转移、隐匿或者毁损的文件和资料，可以予以封存；

（六）经国务院外汇管理部门或者省级外汇管理机关负责人批准，查询被调查外汇违法事件的当事人和直接有关的单位、个人的账户，但个人储蓄存款账户除外；

（七）对有证据证明已经或者可能转移、隐匿违法资金等涉案财产或者隐匿、伪造、毁损重要证据的，可以申请人民法院冻结或者查封。

有关单位和个人应当配合外汇管理机关的监督检查，如实说明有关情况并提供有关文件、资料，不得拒绝、阻碍和隐瞒。

第三十四条 外汇管理机关依法进行监督检查或者调查，监督检查或者调查的人员不得少于2人，并应当出示证件。监督检查、调查的人员少于2人或者未出示证件的，被监督检查、调查的单位和个人有权拒绝。

第三十五条 有外汇经营活动的境内机构，应当按照国务院外汇管理部门的规定报送财务会计报告、统计报表等资料。

第三十六条 经营外汇业务的金融机构发现客户有外汇违法行为的，应当及时向外汇管理机关报告。

第三十七条 国务院外汇管理部门为履行外汇管理职责，可以从国务院有关部门、机构获取所必需的信息，国务院有关部门、机构应当提供。

国务院外汇管理部门应当向国务院有关部门、机构通报外汇管理工作情况。

第三十八条 任何单位和个人都有权举报外汇违法行为。

外汇管理机关应当为举报人保密，并按照规定对举报人或者协助查处外汇违法行为有功的单位和个人给予奖励。

第七章 法律责任

第三十九条 有违反规定将境内外汇转移境外，或者以欺骗手段将境内资本转移境外等逃汇行为的，由外汇管理机关责令限期调回外汇，处逃汇金额30%以下的罚款；情节严重的，处逃汇金额30%以上等值以下的罚款；构成犯罪的，依法追究刑事责任。

第四十条 有违反规定以外汇收付应当以人民币收付的款项，或者以虚假、无效的交易单证等向经营结汇、售汇业务的金融机构骗购外汇等非法套汇行为的，由外汇管理机关责令对非法套汇资金予以回兑，处非法套汇金额30%以下的罚款；情节严重的，处非法套汇金额30%以上等值以下的罚款；构成犯罪的，依法追究刑事责任。

第四十一条 违反规定将外汇汇入境内的，由外汇管理机关责令改正，处违法金额30%以下的罚款；情节严重的，处违法金额30%以上等值以下的罚款。

非法结汇的，由外汇管理机关责令对非法结汇资金予以回兑，处违法金额30%以下的罚款。

第四十二条 违反规定携带外汇出入境的，由外汇管理机关给予警告，可以处违法金额20%以下的罚款。法律、行政法规规定由海关予以处罚的，从其规定。

第四十三条 有擅自对外借款、在境外发行债券或者提供对外担保等违反外债管理行为的，由外汇管理机关给予警告，处违法金额30%以下的罚款。

第四十四条 违反规定，擅自改变外汇或者结汇资金用途的，由外汇管理机关责令改正，没收违法所得，处违法金额30%以下的罚款；情节严重的，处违法金额30%以上等值以下的罚款。

有违反规定以外币在境内计价结算或者划转外汇等非法使用外汇行为的，由外汇管理机关责令改正，给予警告，可以处违法金额30%以下的罚款。

第四十五条 私自买卖外汇、变相买卖外汇、倒买倒卖外汇或者非法介绍买卖外汇数额较大的，由外汇管理机关给予警告，没收违法所得，处违法金额30%以下的罚款；情节严重的，处违法金额30%以上等值以下的罚款；构成犯罪的，依法追究刑事责任。

第四十六条 未经批准擅自经营结汇、售汇业务的，由外汇管理机关责令改正,有违法所得的,没收违法所得,违法所得50万元以上的,并处违法所得1倍以上5倍以下的罚款;没有违法所得或者违法所得不足50万元的,处50万元以上200万元以下的罚款;情节严重的,由有关主管部门责令停业整顿或者吊销业务许可证;构成犯罪的,依法追究刑事责任。

未经批准经营结汇、售汇业务以外的其他外汇业务的,由外汇管理机关或者金融业监督管理机构依照前款规定予以处罚。

第四十七条　金融机构有下列情形之一的,由外汇管理机关责令限期改正,没收违法所得,并处20万元以上100万元以下的罚款;情节严重或者逾期不改正的,由外汇管理机关责令停止经营相关业务:

(一)办理经常项目资金收付,未对交易单证的真实性及其与外汇收支的一致性进行合理审查的;

(二)违反规定办理资本项目资金收付的;

(三)违反规定办理结汇、售汇业务的;

(四)违反外汇业务综合头寸管理的;

(五)违反外汇市场交易管理的。

第四十八条　有下列情形之一的,由外汇管理机关责令改正,给予警告,对机构可以处30万元以下的罚款,对个人可以处5万元以下的罚款:

(一)未按照规定进行国际收支统计申报的;

(二)未按照规定报送财务会计报告、统计报表等资料的;

(三)未按照规定提交有效单证或者提交的单证不真实的;

(四)违反外汇账户管理规定的;

(五)违反外汇登记管理规定的;

(六)拒绝、阻碍外汇管理机关依法进行监督检查或者调查的。

第四十九条　境内机构违反外汇管理规定的,除依照本条例给予处罚外,对直接负责的主管人员和其他直接责任人员,应当给予处分;对金融机构负有直接责任的董事、监事、高级管理人员和其他直接责任人员给予警告,处5万元以上50万元以下的罚款;构成犯罪的,依法追究刑事责任。

第五十条　外汇管理机关工作人员徇私舞弊、滥用职权、玩忽职守,构成犯罪的,依法追究刑事责任;尚不构成犯罪的,依法给予处分。

第五十一条　当事人对外汇管理机关作出的具体行政行为不服的,可以依法申请行政复议;对行政复议决定仍不服的,可以依法向人民法院提起行政诉讼。

第八章　附　则

第五十二条　本条例下列用语的含义:

（一）境内机构，是指中华人民共和国境内的国家机关、企业、事业单位、社会团体、部队等，外国驻华外交领事机构和国际组织驻华代表机构除外。

（二）境内个人，是指中国公民和在中华人民共和国境内连续居住满 1 年的外国人，外国驻华外交人员和国际组织驻华代表除外。

（三）经常项目，是指国际收支中涉及货物、服务、收益及经常转移的交易项目等。

（四）资本项目，是指国际收支中引起对外资产和负债水平发生变化的交易项目，包括资本转移、直接投资、证券投资、衍生产品及贷款等。

第五十三条 非金融机构经营结汇、售汇业务，应当由国务院外汇管理部门批准，具体管理办法由国务院外汇管理部门另行制定。

第五十四条 本条例自公布之日起施行。

附录 2

区块链与比特币、数字货币的区别①

近段时间，有关区块链、比特币、数字货币的文章刷爆了互联网。比特币，有人说它是未来的世界数字货币，有人说它其实就是赌博工具。区块链技术同样受到热捧，各大互联网公司、银行甚至是政府部门都纷纷投入研发。多个国家和地区发力法定数字货币的研究与开发工作，中国人民银行也成立了加密数字货币研究所。那么，什么是区块链？什么是比特币？什么是数字货币？它们之间有什么区别呢？

一、区块链

区块链（Blockchain），从字面看是个计算机术语。区块，就是数据块；链，就是把这些数据块连接在一起。通俗一点说，区块链技术就指一种全民参与记账的方式。所有的系统背后都有一个数据库，你可以把数据库看成是一个大账本，那么谁来记这个账本就变得很重要。目前就是谁的系统谁来记账，微信的账本就是腾讯在记，淘宝的账本就是阿里在记。

区块链，本质上是一种特殊的分布式数据库。举个例子：假如你写了大量的文章，存在办公电脑中，你家里的电脑同时存有完全一样的内容，你出差携带的笔记本电脑也同时存有完全一样的内容。这样，三台电脑因为使用了区块链，它们的内容会通过互联网自动同步。你出差时在笔记本电脑对文章进行新增，办公室和家里的电脑会自动保持同步。如果你的文章是和朋友合作写的，朋友的电脑也加入你的区块链网络，你和朋友的电脑都会同步保持内容一致。

这种数据分布在不同的电脑上进行存储，称为分布式数据存储。所有的电脑都是平等的，都保持了整个数据。所以说，区块链是去中心化，没有哪台电脑处于主导地位。数据都按时间顺序存储在不同的区块中，各个区块都通过特殊加密机制链接起来，构成了完整的数据。你不能修改以往的数据，只能往新的区块中写入新数据。要修改其中一个区块中的数据，必须要对所有区块都同时进行修改，否则的话链条就断了，这会耗费难以想象的时间与工作量，几乎是办不到的。所以区块链具有防篡改性、可追溯性，解决了大家对数据是否被非法修改的信任问题。

简而言之，区块链让信息与数据的参与方更为平等，不依赖第三方的保证与见

① 资料来源：腾讯网，2019-10-29。

证,让信息与数据共享透明,不可篡改,可追溯,用技术解决了人类社会的“信任”问题。区块链,也因此被一些经济学家称为“信任机器”。

二、比特币

对于刚接触比特币的新人,大多数会有一个问题,什么是比特币?如果简要地描述,比特币就是一个去中心化的账本。拿招商银行举例,现实情况中招商银行保存了所有客户的存款账本,去中心化含义就是这个账本在每个招商客户身上都有一个备份,任意招商用户 A 都可以查看招商用户 B 的存款账本。

比特币的特性:

1. 比特币本质是个计算机软件。比特币是用 C++语言开发的一款计算机软件,它可以运行在多种平台,任何个人都可以在自己的电脑上下载并运行此软件。

2. 比特币账本的不可篡改性。比特币数据是不可篡改的,不可篡改的意思是,用户不能单独只修改一处。如果修改了一处,则牵一发而动全身,后续所有的数据都必须要改动。最恰当的比喻就是家谱关系,A->B->C->D->E->F->G,如果 C 没有生出 D,那就没有了 E、F、G 了。

3. 比特币的货币支付价值。相比传统的跨国银行转账,比特币支付有以下三个优点:一是转账速度快,跨国、跨地区等大多数几分钟就可以完成;二是手续费低,无论小额还是大额转账都只需要支付同样的手续费;三是比特币网络 7×24 运行,没有周末和节假日,全年无休。

4. 比特币的存款不可侵犯。比特币的存款不同于银行存款,银行可能因为各种原因冻结了你的银行卡,但你的比特币存款,任何个人、机构、国家都无法冻结。这个特性也是比特币的一把双刃剑。

5. 比特币的隐私性。虽然每个用户的电脑上拥有 250G 数据,但你无法知道某笔存款是哪个用户的,所有存款方都是一串字符,类似 1A1zP1eP5QGefi2DMPTfTL5SLmv7DivfNa,这个就是比特币的地址。

三、数字货币

数字货币是法定货币的另一种存在和流通形式。相对于现在流通的纸币和硬币,它以数字的方式存在,是基于区块链技术诞生的。数字货币的适用范围是全世界,并且拥有货币的所有特性,如价值尺度、流通手段、支付手段、世界货币等。数字货币的发行单位是各国政府。

数字货币的基本特征:①核心是密码学;②流水式记账货币;③区块链的分布账本;④P2P 的网络协议;⑤网络支付系统。

其实,现代的货币已经接近数字货币了。社会上有大量的钱,央行却只印了少数的钱,这些“多出来”的钱不是央行印的,但它却真实地躺在我们银行账户上,从哪儿来的？

答案是：银行与你我共同创造出来的。张三将10 000元纸币存到银行，银行上缴央行2 000元作为准备金，剩余的8 000元借给了李四。张三银行账上有10 000元，他可以自由地使用它。李四账上有8 000元，他也可以自由地使用它。8 000元好像是凭空出来的，央行并没有发行它。

这个过程，就是货币的派生。这些派生出来的钱，就是银行账户上的一个数字而已。如果大家都去银行把钱取出来，银行肯定没有这么多纸币，会被“挤兑”。这种银行与你我共同创造出来的货币，也被称为信用货币。央行研究的加密数字货币，只能是央行发行的基础货币，它也会像纸币一样，每一个都会有自己的唯一编号。它最大的作用是取代纸币。

四、区块链和数字货币的关系

区块链是数字货币发行的底层技术，这也是两者之间最直接的关系，它们可以相互独立存在。

从价格或者价值的角度来说，数字货币一般等同于法币，一个一元人民币的数字货币与一元的人民币纸币是等同的；虚拟货币一般是由平台来定价，说它是多少就是多少，比特币则由市场定价，因此价格波动巨大。

五、区块链和比特币的区别

1. 本质区别。这两者是有本质区别的，比特币是一个基于密码学的数字货币，而区块链是一种价值传递的协议。

2. 交易速度的区别。比特币的交易速度最大只能是7笔/秒，请注意，这里说的是最大而不是平均，因为这是一个非常严格的一个定义，对于区块链来说，其实每秒的交易次数可以达到上万次或者更多，所以这也是区块链和比特币的一个主要区别。很多人会混淆说，区块链这个交易的速度7笔/秒，这是不对的，这是比特币的一个限制，区块链根据它不同的共识算法以及链接方式，可以达到非常高的交易速度。

3. 链接形式不同。比特币是基于互联网的一个区块链，我们把它称之为公有链。区块链可以有公有链的形式，也可以有私有链或者联盟链的形式。

4. “比特币”概念先于“区块链”被提出。2009年，署名为“中本聪”的作者发表一份白皮书，其标题是：《比特币：一种点对点的电子现金系统》(Bitcoin：A Peer-to-Peer Electronic Cash System)，由此“比特币”概念开始进入人们视野。中本聪的文章中并没有提及“区块链”，只是把数据结构用一些词来解释和定义。由于数据结构里有transaction，block，chain，后来者把整个体系拿出来，叫作“区块链”。

5. 区块链是比特币原创的核心技术。比特币发明之后，很多人参考比特币中的区块链实现,使用类似的技术实现各种应用,这类技术统称区块链技术。用区块链技术实现的各种链即为区块链。事实上,区块链相关技术在此之前已经使用。中本聪提出比特币概念的创新之处在于:从经济运行角度构建了一套能够完美融合这些技术的体系,实现了技术与经济的完美融合。

由此人们不难发现,其实比特币是一种数字货币,而区块链是一种价值传递的协议,二者本质区别是相当大的。但是区块链技术和比特币蕴含的投资商机非常巨大,如果投资者能够把握住,也许会为你带来巨大的商机和无限的前景。

附录 3

外汇交易与管理中常用术语中英文对照

外汇	foreign exchange
外汇市场	foreign exchange market
浮动汇率制	floating exchange rates system
外汇经纪人	foreign exchange broker
外汇交易	foreign exchange transaction
依据市场汇率法	according-to-market-rate approach
基本分析法	fundamental approach
技术分析法	technical analysis
即期外汇交易	spot exchange transaction
即期外汇市场	spot exchange market
交割日	delivery date
标准交割日	Value Spot or VAL SP
隔日交割	Value Tomorrow or VAL TOM
当日交割	Value Today or VAL TOD
直接报价法	direct quotation
间接报价法	indirect quotation
被报价货币	reference currency
双向报价	two way quotation
票汇	remittance by banker's demand draft, D/D
信汇	mail transfer, M/T
电汇	telegraphic transfer, T/T
交叉汇率	cross rate
即期抛补	spot covering
套期保值	hedge
套利投机	speculation
远期外汇交易	forward transaction
固定交割日的期汇交易	fixed forward transaction
选择交割日的期汇交易	optional forward transaction

远期外汇交易交割日	value date
利率平价	interest parity
远期掉期率	forward swap rate
畸零期间的远期合约	odd-date forward
完整汇率报价方法	outright rate quotation
远期差价报价方法	swap rate quotation
内插法	interpolation
外汇换汇交易	swap transaction
换汇汇率	swap rate
即期对远期换汇交易	spot against forward
即期对即期换汇交易	spot against spot
远期对远期的换汇交易	forward against forward
纯粹的换汇交易	pure swap transactions
操纵性的换汇交易	engineered swap transactions
平均天数法	average days approach
差补法	imputation methods
资金缺口	cash flow gap
外汇期货交易	foreign exchange futures Transaction
交易所	futures exchange
清算机构	clearing house
交割结算	delivery and settlement
保证金	margin
逐日盯市制度	mark to market daily
买空	buy long
卖空	sell short
空头	short
多头	long
外汇期权交易	foreign exchange option transaction
期权费	premium
执行价格	strike price
看涨期权	call option
看跌期权	put option
欧式期权	European option
美式期权	American option
外汇互换交易	foreign exchange swap

货币互换交易	currency swap
利率互换交易	interest-rate swap
经常项目外汇管理	management of foreign exchange under current account
贸易外汇管理	trade foreign exchange management
服务贸易外汇管理	service trade foreign exchange management
国际资本流动	international capital flows
外债管理	external debt management
证券投资管理	security investment management
直接投资管理	management of foreign direct investment
资本项目管制	capital account control
国际储备	international reserve
外汇储备规模管理	management of scale of foreign exchange reserves
外汇储备结构管理	management of stricture of foreign exchange reserves
外汇市场管理	foreign exchange management